教育部新世纪优秀人才支持计划(NCET-09-0869)

山西大学建校110周年学术文库

中国资本市场效率研究
—— 判别原理、方法与改进途径

Research on Capital Market Efficiency in China
——Discriminant Principle, Methodology and Ways for Improvements

张信东 史金凤 著

科学出版社
北京

内 容 简 介

本书从信息效率和配置效率两个视角，深层次分析了资本市场效率的内涵和外延。本书较为系统完整地梳理了资本市场信息效率的判别原理、方法和相关研究成果，在综合已有判别方法优劣和适用性条件的基础上，探寻适合中国资本市场效率判别的有效方法，并基于相同区间的数据样本，实证检验了中国资本市场的效率水平。同时，本书还从实体经济与虚拟经济的联动性出发，提出了基于二者指标变动的一致性程度来衡量资本市场配置效率的新思路和新方法。最后，从制度、政策等宏观层面及上市公司 R&D 投入等微观层面，探究了提升资本市场效率的有效途径。

本书可作为金融、经济、会计、统计等相关专业本科生和研究生的参考书，也可为证券、基金等领域的专业人士提供参考。

图书在版编目(CIP)数据

中国资本市场效率研究——判别原理、方法与改进途径/张信东，史金凤著. —北京：科学出版社，2013

(山西大学建校 110 周年学术文库)

ISBN 978-7-037933-7

Ⅰ.①中… Ⅱ.①张… ②史… Ⅲ.①资本市场-经济效率-研究-中国 Ⅳ.①F832.5

中国版本图书馆 CIP 数据核字（2012）第 134231 号

责任编辑：石 卉 程 凤／责任校对：韩 杨
责任印制：李 彤／封面设计：无极书装
编辑部电话：010-64035853
E-mail：houjunlin@mail.sciencep.com

科学出版社 出版
北京东黄城根北街 16 号
邮政编码：100717
http://www.sciencep.com

北京凌奇印刷有限责任公司 印刷
科学出版社发行 各地新华书店经销

*

2013 年 8 月第 一 版 开本：B5（720×1000）
2022 年 4 月第十次印刷 印张：13
字数：249 600
定价：58.00 元
（如有印装质量问题，我社负责调换）

总　　序

　　2012年5月8日，山西大学将迎来110年校庆。为了隆重纪念母校110年华诞，系统展现近年来山西大学创造的优秀学术成果，我们决定出版这套《山西大学建校110周年学术文库》。

　　山西大学诞生于"三千年未有之变局"的晚清时代，在"西学东渐，革故鼎新"中应运而生，开创了近代山西乃至中国高等教育的先河。百年沧桑，历史巨变，山西大学始终与时代同呼吸，与祖国共命运，进行了可歌可泣的学术实践，创造了令人瞩目的办学业绩。百年校庆以来，学校顺应高等教育发展潮流，以科学的发展理念引领改革创新，实现了新的跨越和腾飞，逐步成长为一所学科门类齐全、科研实力雄厚的具有地方示范作用的研究型大学，谱写了兴学育人的崭新篇章，赢得社会各界的广泛赞誉。

　　大学因学术而兴，因文化而繁荣。山西大学素有"中西会通"的文化传统，始终流淌着"求真至善"的学术血脉。不论是草创之初的中西两斋，还是新时期的多学科并行交融，无不展现着山大人特有的文化风格和学术气派。今天，我们出版这套丛书，正是传承山大百年文脉，弘扬不朽学术精神的身体力行之举。

　　《山西大学建校110周年学术文库》的编撰由科技处、社科处组织，将我校近10年来的优秀科研成果辑以成书，予以出版。我们相信，《山西大学建校110周年学术文库》对于继承与发扬山西大学学术精神，对于深化相关学科领域的研究，对于促进山西高校的学术繁荣，必将起到积极的推动作用。

　　谨以此丛书献给历经岁月沧桑，培育桃李芬芳的山大母校，祝愿母校在新的征程中继往开来，永续鸿猷。

郭贵春
二〇一一年十一月十日

前　　言

　　2007年，美国次贷危机演变成全球金融海啸进而引发经济衰退，严重影响居民消费，导致经济下滑，引起业界与学界对金融危机的深度反思，各国政府积极采取应对措施，欧洲中央银行（欧洲央行）、美国联邦储备委员会（美联储）、澳大利亚储备银行（澳联储）等多次向金融系统大规模注资，以期将经济拉回到新的平稳常态中。当人们认为危机开始缓和，经济复苏的曙光近在眼前，各国在新常态中重新寻找自己的定位时，接踵而至的欧洲主权债务危机再次把世界拖到衰退的边缘，不仅累及全球股市下跌，还使全球实体经济下滑，多家企业倒闭。

　　全球性金融危机的爆发给世界经济带来沉重打击的同时，也撼动了现代金融理论的基石——"有效市场假说"（efficient market hypothesis，EMH），引发了一系列对"有效市场假说"的批评，认为"有效市场假说"对资产泡沫负有责任、对投资者的判断失误负有责任、对监管失误负有责任。同时，资本市场信息效率的判断结论——"已经基本达到有效"也受到了质疑，雷曼兄弟和其他大型金融机构的崩溃是资本市场无效的证据，有效的资本市场应该能够吸收并消化这种倒闭的诱因，进行调整，进而规避这个灾难。甚至，有人认为"有效市场假说"是此次危机爆发的重要原因。然而，捍卫者们仍坚信"有效市场假说"的合理性，坚持"有效市场假说"下"市场价格反映了所有的信息"，"没有无风险的套利机会存在"等观点，反驳"有效市场假说"对危机发生应负有责任的说法。如果说"有效市场假说"真的是危机的根源，那么"有效市场假说"提出之前，世界上大大小小的危机又该怪罪到谁的身上呢？如今，关于"有效市场假说"这一古老话题的争论愈演愈烈。

　　福克斯（Fox）在《理性预期的神话》（*The Myth of the Rational Market, a History of Risk, Reward, and Delusion on Wall Street*）中提到，行为金融学派代表人物席勒（Shiller）用词非常严厉地否定了"有效市场假说"，认为"有效市场假说"是经济学观点中最主要的错误之一。美国著名价值型投资专家格兰森（Grantham）认为"有效市场假说"对这次危机有或多或少的直接责任。2008年诺贝尔经济学奖得主克鲁格曼（Krugman）也赞成这一观点，认为"有效市场假说"使一些经济学家忽视了金融泡沫的出现，并在通货膨胀泡沫中也有着不可推卸的责任，他认为"有效市场假说"的信念蒙蔽了大多数经济学家的眼睛，让他们忽视了历史上最大金融泡沫的出现，而且"有效市场假说"在该泡沫的膨胀中起到了非常重要的作用。

另一些学者则坚持在这些否定的声音中为"有效市场假说"辩护，指出了批判者们对"有效市场假说"的理解与其真实含义的偏差，提出了关于"有效市场假说"与金融危机关系的不同看法。全世界金融研究论文引用率最高的经济学家之一、"有效市场假说"之父法玛（Fama）十分肯定有效市场理论的正确性与重要性，认为有效市场理论在2007~2008年的经济衰退中表现很好，市场价格在市场参与者对衰退有所意识之前已经下降，这正是市场有效的证据。此外，法玛用福克斯的《理性预期的神话》中的原文反驳了他的批评，指出福克斯提到的"被动投资是所有投资者的最好选择"意味着市场为投资者提供了好的投资环境，市场是有效的。如果投资者或银行能够更多地考虑市场有效性，则不会出现如此大的问题。美国经济顾问委员会（Council of Economic Advisors）委员、《漫步华尔街》的作者麦基尔（Malkiel）支持法玛的观点，认为此次金融危机的爆发不是因为"有效市场假说"的存在，而是起因于对其的误解，对"有效市场假说"的忽视才是引起危机的原因，并解释了对"有效市场假说"的忽视如何能够引起金融危机。他将此次全球性金融危机的爆发归因于人们的过度自信，人们认为市场已经达到了有效，而忽视了市场有效的判别与检验。同时指出，现有的对"有效市场假说"的批评针对一个过于局限的"有效市场假说"含义，即"有效市场假说"意味着价格永远是正确的，有效的市场上不存在泡沫。他认为市场有效并不意味着市场上的资产价格永远正确，资产价格一直是错误的，随着新信息的到来而不断调整，但没有人知道错误的类型是价格过高还是价格过低，"有效市场假说"也不意味着市场中不存在泡沫，不否定宏观环境的影响。他的观点是：在有效的市场中，不存在不承担风险的套利机会，即使存在也不能够持续，"有效市场假说"可以与行为金融理论和平共存。

简言之，全球金融危机的爆发扣动了对准"有效市场假说"的扳机，一瞬间涌现出许多严厉的批评，认为"有效市场假说"应为此次金融危机承担责任，甚至更有激进的观点认为"有效市场假说"本身就是错误。"有效市场假说"的拥护者们则掀起了新一轮捍卫的高潮。学者们的争论将"有效市场假说"的研究再次推到了风口浪尖上，资本市场的效率到底如何依然是学者们关注和亟待解决的问题。因而，在危机四伏的今天，还需重新审视资本市场的效率，以确保金融的稳定安全与经济的平稳、较快发展。正如次贷危机引发的全球性金融危机，如果市场参与者能够真正重视市场的效率，这次危机也许会避免。次贷危机开始前，人们对新的金融产品不了解、盲目跟风，致使金融资产价格过度上涨，关于新产品风险的信息被忽略，未能充分反映到价格中，市场处于效率水平较低的状态，而人们仍旧认为市场的效率很高，从而造成风险的进一步扩大，最终导致次贷危机。

如果市场效率的判别和检验得到了足够的重视，那么这次代价也许不会这么惨重。

　　世界承受了金融危机的冲击，中国资本市场也未能幸免，经历了危机洗礼后的中国资本市场运行状态究竟如何，资本市场效率是否受到了损伤？这仍是决策层和学者们共同关注的焦点。我们多年来跟踪研究我国金融市场效率问题、中国上市公司投融资问题，重点关注了我国资本市场信息效率和配置效率的内涵、效率甄别及效率提升途径，特别是对效率甄别方法在我国资本市场的适用性，对在实证研究结论方面存在的不同观点和有争议的问题，进行了较为深入和系统的研究。我们一直跟踪国际国内资本市场动态、金融会计领域的学术研究前沿，在夯实研究基础的同时，发挥我们统计运用的优势，有深度及有方法特色地探究和解析了中国资本市场特征，致力于资本市场效率的定性与定量分析，以及效率甄别的适用性方法研究。在资本市场信息效率研究中突出对传统信息效率的成果梳理，现有实证方法的优劣对比分析，适用于中国资本市场的判别方法的探索；在资本市场配置效率研究中突出效率评价新思路的开辟，通过实体经济与虚拟经济的联动性探索效率评价的新视角。在合理识别我国资本市场效率特征的基础上，关注上市公司质量提升的市场表现，寻求提升资本市场效率的有效途径，为现代金融理论和实践的发展提供科学依据和决策支撑，多年来在该领域的持续研究工作形成了一系列的学术成果，并将其发表在《中国工业经济》、《南开管理评论》、《会计研究》、《中国软科学》、《研究与发展管理》等国家自然科学基金委员会认定期刊和CSSCI期刊上。期间，我们也承担或完成了多项省部级研究课题，如教育部新世纪优秀人才支持计划"企业投融资行为与资本市场效率"（NCET-09-0869），教育部人文社会科学研究项目"我国新型资本市场的效率特征及有效性判别方法研究"（06JA630035）和"储蓄分流与金融效率"（07JA630027），山西省高等学校优秀青年学术带头人项目"金融效率与国有银行改革（0805214）"等。基于团队成员多年来在资本市场效率和上市公司投融资方面的研究积累，对国际国内资本市场起伏动荡所形成的连续思考，以及近期研究工作所得到的一些结论，我们构架了以资本市场信息效率和配置效率为主线，以效率判别原理和判别方法的诠释和甄别为核心，以探寻市场效率改进和提升方法为目标的表达框架，将近年来的学术研究工作积累、心得体会和相关成果汇集成册，选择在2008年世界金融危机、欧债危机依然蔓延、亟待推出有效救助措施、摆脱困境的历史时期，借母校——山西大学建校110周年校庆的契机，呈献给读者。

目　　录

i	▶总序	
iii	▶前言	
1	▶第一章　中国资本市场效率及效率研究	
	第一节　资本市场特征及效率研究 ……………………	2
	第二节　资本市场的效率内涵 …………………………	8
	第三节　中国资本市场效率研究的特点 ………………	13
17	▶第二章　资本市场信息效率理论、模型与判别方法	
	第一节　资本市场信息效率理论沿革 …………………	18
	第二节　资本市场信息效率检验含义 …………………	20
	第三节　资本市场信息效率判别方法 …………………	22
	第四节　资本市场信息效率检验成果 …………………	32
	第五节　有效性的挑战与应对 …………………………	42
	第六节　市场有效性检验方法的适用性分析 …………	49
52	▶第三章　中国资本市场信息效率判别	
	第一节　中国资本市场信息效率判别研究成果一览 …	52
	第二节　中国资本市场弱式效率判别 …………………	63
	第三节　中国资本市场半强式效率判别 ………………	75
	第四节　中国资本市场信息效率研究展望 ……………	83

第四章 资本市场配置效率及判别 ... 85

- 第一节 资本市场配置效率判别方法与原理 ……………… 85
- 第二节 资本市场配置效率研究设计 …………………… 98
- 第三节 实证结果与分析 ………………………………… 106
- 第四节 小结 ……………………………………………… 118

第五章 中国资本市场信息效率的提升 ... 120

- 第一节 股权分置改革与资本市场效率 …………………… 121
- 第二节 货币政策调整与资本市场效率 …………………… 130
- 第三节 财政政策调整与资本市场效率 …………………… 143
- 第四节 小结 ……………………………………………… 151

第六章 上市公司质量改进与资本市场效率 ... 153

- 第一节 R&D 企业的界定和 R&D 投资特性 ……………… 154
- 第二节 R&D 的价值相关性及研究回顾 …………………… 155
- 第三节 R&D 投入与公司成长性 …………………………… 158
- 第四节 R&D 投入与公司价值 ……………………………… 166
- 第五节 小结 ……………………………………………… 177

参考文献 ... 179

后记 ... 194

第一章 中国资本市场效率及效率研究

中国资本市场是在特殊的历史背景和制度环境下产生和成长起来的。资本市场从无到有,在曲折中不断发展壮大,从 1991 年建市到 2011 年年底的 20 年,沪深股市总市值占当年国内生产总值(GDP)的比例(表 1-1)已经日益彰显其在国民经济和社会服务当中的地位和重要性。资本市场已成为企业直接融资的主要渠道之一,也是企业在成长过程中追求的目标之一,上市促进了企业的快速发展,也带动了国家经济的持续增长。因此,资本市场的健康稳定发展一直是政府决策层和学界关注和致力解决的问题,而效率问题则是资本市场研究的核心问题之一。

表 1-1 股票市场基本情况

年份	境内上市公司数(A、B 股)/家	股票市价总值/亿元	GDP/亿元	占 GDP 比例/%
1992	53	1 048	26 937.28	3.89
1993	183	3 531	35 260.02	10.01
1994	291	3 691	48 108.46	7.67
1995	323	3 474	59 810.53	5.81
1996	530	9 842	70 142.49	14.03
1997	745	17 529	78 060.84	22.46
1998	851	19 506	83 024.28	23.49
1999	949	26 471	88 479.15	29.92
2000	1 088	48 091	98 000.45	49.07
2001	1 160	43 522	108 068.22	40.27
2002	1 224	38 329	119 095.69	32.18
2003	1 287	42 458	135 173.98	31.41
2004	1 377	37 056	159 586.75	23.22
2005	1 381	32 430	185 808.56	17.45
2006	1 434	89 404	217 522.67	41.10
2007	1 550	327 141	267 763.66	122.18
2008	1 625	121 366	316 228.82	38.38
2009	1 718	243 939	343 464.69	71.02
2010	2 063	265 400	397 960.71	66.69

资料来源:中宏数据库

资本市场的效率如何刻画?从学界角度,市场效率重在通过证券价格自身的市场反应程度来描述。因此,学界期望通过研究引导证券价格在"看不见的手"

的市场机制作用下真正回归证券本身的内在价值，期望从影响证券价格的因素入手来探寻改善资本市场资源配置效率的根源。从政府决策层角度，市场效率重在发挥"看得见的手"的作用，期望通过政府制定政策和监管，引导市场参与主体的资金流向和资金流量，从而达到资本市场配置的高效率或使现有配置状况得到根本改善。结合当前中国新型资本市场的特点，继续学界的相关研究工作，对已有工作成果进行梳理和再认识，重新审视资本市场效率特征，实证检验中国资本市场的效率水平，深层次分析国家宏观层面政策、法规、制度的制定实施与上市公司微观层面质素的提高对资本市场资金配置效率改善与提升的作用与效果，基于实体经济与虚拟经济的联动性探究资本市场有效性检验的适宜方法。对这些问题的探索与研究，有助于我国资本市场高效率配置机制的形成，有助于资本市场资源配置功能的充分发挥，具有积极的现实意义和一定的理论价值。

然而，长期以来，关于资本市场的概念界定、对其内涵与外延的理解、研究范畴的圈定，以及资本市场效率和有效性的描述、配置效率水平的评判等，在理论探讨和实证分析时都不尽相同，这直接影响到研究结论的可靠性和研究成果的实际应用价值。从本质上看，资本市场效率有两个层面的含义：一是基于市场层面的定价效率，也称信息效率（指虚拟资本价格对信息的反应速度和反应程度）；二是上市公司层面的投融资效率，体现为公司投资效率和筹资效率。由于中国资本市场还主要表现为筹资市场，所以，资本结构决定和募集资本的运作效率非常重要。西方资本市场效率的定义和研究主要侧重于证券市场价格对信息的反应速度和反应程度，这一信息效率隐含的一个重要前提是证券市场的制度环境是给定的，或者说制度因素不对资本市场运作机制产生影响（徐涛，2003），这与我国资本市场产生和发展的现实基础不符。因而，研究我国资本市场效率，寻求适宜我国资本市场发展阶段的效率判别方法，探究提升我国资本市场配置效率的有效途径，必须首先理清资本市场相关概念、研究范围，以及资本市场的效率及其特征，把握我国资本市场效率概念的内涵及效率分析与研究的特点。

第一节 资本市场特征及效率研究

一、资本市场概念、内涵及研究范畴界定

市场是实现资源配置的有效方式之一，任何一种有关商品和劳务的交易机制都可以形成一种市场，关于资金资源的配置和交易就形成了金融市场。金融市场是金融商品买卖的场所，是以金融资产（货币、资本、有价证券等）为交易标的

物的市场，不同于一般的商品市场，其交易的商品对象是金融资产，交易的目的是进行资金的融通，交易的达成往往伴随着信用合同关系的建立或解除。在金融市场上，参与者通过交易把资金在不同时间（当前和未来之间）、不同空间（参与者之间）进行分配。在当今互联网经济背景下，其配置突破了时间和空间的限制，使金融市场的参与双方，即有多余资金需要进行投资的资金供给者和需要筹集资金的资金需求者，能够以信用为基础在一定时期内对资金使用权进行有偿转让，提高了实体经济的流动性和增长能力。但是，相比一般商品交易活动，金融市场交易不仅具有创造财富神话的诱惑，还伴随着灰飞烟灭的落魄，深藏着极大的风险性。

金融市场按所交易金融工具的期限可以划分为货币市场和资本市场。[①] 货币市场是短期资金融通的市场，包括同业拆借市场、票据贴现市场、回购市场和短期信贷市场等，其融资期限短到隔夜，长达一年。例如，存单、票据、货币头寸和短期国债等，具有期限较短、流动性较高、风险较小等特点，通常可以起到货币的作用。资本市场是长期资金融通的市场，包括股票市场、债券市场、基金市场和中长期信贷市场等，一般融资期限在一年以上，最长可达几十年，其特点是期限较长、流动性较低、风险较大，可以给持有者定期带来收入。资本市场上融通的资金主要作为扩大再生产的资本使用，所以被称为资本市场。资本市场不同于一般意义上的商品市场和要素市场，资本市场的重要功能是最大限度地将社会资金转化为投资，促进整个社会资金资源的有效利用。因此，在根本上，资本市场是决定于和服务于实体经济发展的，是实体经济的虚拟化。尽管资本市场和货币市场都是资金供求双方从事交易的场所，被誉为经济体系中聚集资金、分配资金的"水库"和"分流站"，但两个市场分工明确。资金需方通过资本市场筹集长期资金，通过货币市场筹集短期资金，金融监管部门则通过这两个市场来控制和调节金融与经济活动。从历史上看，货币市场是资本市场的基础，货币市场先于资本市场出现，但从现实来看，资本市场的风险要远远大于货币市场，其原因主要是中长期内影响资金使用效果的不确定性增强，不确定因素增多，以及影响资本市场价格水平的因素较多。

在理论研究和实务界，人们对资本市场概念及内涵的理解存在差异，既有交叉重叠的一面，也有些许的区别和不一致。这可能一方面源于金融工具的不断创

[①] 对资本市场概念存在不同理解：一种观点认为资本市场涵盖全部金融市场，包括外汇市场和衍生工具市场；一种观点认为资本市场包括货币、债券和股票市场；一种观点认为资本市场就是直接融通资本的市场；范围比较窄的观点认为资本市场仅包括所交易工具期限在一年以上的金融市场。国内主流认可最后一种观点，本文也采用这种观点。

新、资本市场的复杂多变；另一方面源于学者不同的研究视角和目的，形成了对资本市场概念的几种理解。

资本市场本质内涵是以证券产品为代表的长期金融工具的交易场所，并且内设监管系统以保护投资者利益。可见，以证券发行和交易为主要内容的证券市场，是资本市场的重要组成部分，也是资本市场存在的典型形态，其运用各种金融工具，如股票、债券、储蓄存单、基金产品等调节资金供方和资金需方的资金余缺，进行资金融通，配置金融资产，具有吸收中长期资金的巨大能力。公开发行的股票和债券可在二级市场自由买卖和流通，有着很强的灵活性，通过交易，资金借贷双方和金融中介等证券市场参与者达到了他们各自想要的投资、投机、避险和套利等目的。

2004年1月31日，国务院发布了《关于推进资本市场改革开放和稳定发展的若干意见》，该意见所指的资本市场是以股票、债券产品为主的证券市场。该意见提道"我国资本市场是伴随着经济体制改革的进程逐步发展起来的"，基本将资本市场的关注视野圈定在兴起的证券市场领域。在促进资本市场稳定发展、进一步完善相关政策方面，该意见是这样表述的："完善证券发行上市核准制度，重视资本市场的投资回报，鼓励合规资金入市，继续大力发展证券投资基金，拓宽证券公司融资渠道，继续支持符合条件的证券公司公开发行股票或发行债券筹集长期资金，积极稳妥解决股权分置问题，规范上市公司非流通股份的转让行为，防止国有资产流失，完善资本市场税收政策"。在健全资本市场体系、丰富证券投资品种方面，该意见描述道"建立多层次股票市场体系，积极稳妥发展债券市场，稳步发展期货市场，建立以市场为主导的品种创新机制，研究开发与股票和债券相关的新品种及其衍生产品"，完全将我国资本市场体系的建立等同于证券市场体系的建立。而该意见第五条至第九条的焦点依然是上市公司、证券期货公司、市场监管和行业自律、利用境外资本市场等，如"进一步提高上市公司质量，推进上市公司规范运作；促进资本市场中介服务机构规范发展，提高执业水平；加强法制和诚信建设，提高资本市场监管水平；加强协调配合，防范和化解市场风险；认真总结经验，积极稳妥地推进对外开放"等具体意见，也都是紧紧围绕证券市场内容体系的发展建议。而推进资本市场改革开放和稳定发展的具体任务则被定位于"以扩大直接融资、完善现代市场体系、更大程度地发挥市场在资源配置中的基础性作用为目标，建设透明高效、结构合理、机制健全、功能完善、运行安全的资本市场"。虽然从资本市场长期资金融通场所的界定上，资本市场应该涵盖证券市场、银行市场和保险市场中所有涉及长期资金融通的内容，但从政府重要文件的口径和实务界人士的普遍认识来看，比较明确的关于我国资本市场研究范畴的圈定应该是以证券市场为主体的市场。

圈定资本市场研究范畴为证券市场具有典型意义。资本市场对整个中国金融体系的改革功不可没，它推动了金融体系结构的转型，改善了商业银行的治理结构，增强了金融体系的抗风险能力，改善了金融机构的赢利模式。同时，资本市场在自身建设和发展过程中，对社会发展的影响也日益增强。资本市场的发展使居民的投资品种由早期的单一储蓄，扩展到股票、国债、企业债、可转换公司债券、证券投资基金、权证、期货等多种理财工具，丰富了居民理财方式，提高了居民对国家经济的参与度，增加了居民分享中国经济增长成果的渠道。同时，资本市场的发展也促进了企业的发展壮大和行业整合，改善了企业运营与国有资产管理的模式，促进了民营企业的发展，上市公司日益成为中国经济的重要组成部分。资本市场也带动了消费及相关服务业的发展，财富效应初步显现。在这样一个经济转型的环境和历史背景条件下，综合对国务院发布的具有历史意义的《关于推进资本市场改革开放和稳定发展的若干意见》的解析，以及实证研究中股票、企业中长期债券等证券市场数据可获得性的考虑，还有银行系统与证券市场通过国有四大商业银行股权分置改革（股改）上市的联动，笔者认为圈定资本市场研究范畴为证券市场具有典型意义。

诚然，我们对资本市场概念的理解和内涵的把握应该是动态的，认为它既有严格的界限区分，同时又是一个有弹性的概念。

二、中国资本市场的阶段性发展特征及其对效率研究的启示

资本市场作为我国社会主义市场经济体系的重要组成部分，在政府的高度重视和指导下，发展速度很快，已粗具规模。实践证明，资本市场的建立和发展，对优化资源配置，搞活资金融通，提高资金使用效率，最大限度地将一方的富余资金转化为另一方的投资，促进整个社会资金资源的有效利用，具有重要的意义。同时，资本市场对发展战略性新兴产业，推进产业结构调整，筹措建设资金，建立现代企业制度，推动经济平稳快速增长也具有重要作用。中国资本市场是一个新兴市场，改革开放以来，我国政府积极稳妥推动资本市场的改革与发展，探索出了一条符合市场发展规律和我国国情的发展道路，资本市场体系和产品结构逐步得以完善，资产定价、投资融资、资源配置、风险管理等功能也日益得以发挥，经济的快速发展推动了资本市场日新月异的变化，我国资本市场结构已经从单一的银行金融体制迈向包括银行、证券、保险在内的综合金融体制，其运营模式也逐步从银行、证券、保险分业经营向混业经营方向发展，基本形成了"银行市场＋证券市场"的"政府主导型"发展模式。对我国资本市场现阶段特征的认识，可以从以下几个角度去理解。

第一，股票市场越来越成为国家宏观经济的晴雨表。通常资本市场可分为股

权市场、债券市场和衍生品市场。股权市场是指股票市场。债券市场指债券产品发行和交易的场所。衍生品市场则是指基于股票、债券等基本金融工具的衍生金融工具交易的市场。于1990年11月26日和1991年4月11日先后成立的上海证券交易所（沪市）和深圳证券交易所（深市）是新中国资本市场发展的起点，20多年的风风雨雨，5000多个交易日，见证了中国资本市场从无到有，从单一股票交易到包括股票、债券、可转债、期权等在内的多种金融创新产品交易，从资本弱国到资本大国发展的厚重记忆，已逐步发展成为与我国经济地位相匹配、具有全球影响力的市场。但是，一个不争的事实是自中国资本市场建立以来，重股偏债的现实在2008年国际金融危机之前一直没有得到根本性的改观，股票市场长期以来一直是我国资本市场的主要力量和投资者关注的焦点。在一定意义上，中国股票市场的发展轨迹描绘了中国资本市场的发展历史，因此，从股票市场角度切入研究中国资本市场问题具有代表性。众所周知，中国股票市场日益规范化、市场化和国际化，已成为实体经济进行资金融通和社会资金进行有效配置的重要场所，紧扣经济社会发展脉搏，与人民生活息息相关，因此，股票市场走势能否反映实体经济的预期走势，其中长期走势能否由国民经济的基本面和走势来决定，不仅直接反映了股票市场作为实体经济虚拟化交易平台机制运行的有效性和配置效率，而且股票市场的配置效率从本质上体现了实体经济与虚拟经济之间的协调性。在世界金融危机全球蔓延，中国股票市场与世界的联系越来越紧密并且难以幸免的现实环境下，一个健康成长、稳定发展的股票市场将关乎党和政府的信用，关乎社会、政治的稳定乃至国家安全。因此，关注中国股票市场的运行情况，回答中国股票市场资金资源配置功能发挥的效率水平问题，是金融理论研究和金融实践者绕不开的基本问题，也是金融学界和政府决策层关注和致力解决的问题。

考虑到当前我国资本市场对外开放度的提升，伴随着国际金融危机蔓延的挑战，同时还受到国内传统文化、高储蓄倾向、新股发行制度、股改限售股解禁扎堆等特色要素的影响，我国股票市场阶段性发展的复杂性特征逐渐凸显，对其融资功能的发挥和配置效率的检验需要考虑更多因素的交叉影响和共同影响。本书对股票市场效率判断的思路最终将落脚于对虚拟经济和实体经济联动性的考量上。经济状况是决定股票市场发展的根本，实体经济因素对股票市场的发展影响深远，国内生产总值、通货膨胀、储蓄、投资等实体经济指标将被纳入研究视野，利率汇率等货币政策、财政税收等财政政策在对实体经济发挥作用的同时，对股票市场也产生了联动反应，研究股票市场配置效率离不开对这些政策效果的考核。当然，除了这些外部因素，股票市场本身的制度设置、上市公司质量的改善、商业银行的改革、市场参与主体的行为特征及相关衍生金融工具的发展都会对股票的运行产生影响，并影响到市场效率的配置水平。

第二，国有股权、国有企业改革、股权分置等因素对股票市场影响深远。根植于中国经济转型和历史文化土壤，发展迅猛的资本市场显然具有不同于西方发达资本市场的阶段性特征，这决定了中国资本市场效率研究不能机械模仿甚至套用西方资本市场效率研究的成果和方法，而必须结合我国制度背景、传统文化、国情等现实因素。

回顾改革开放以来中国经济30多年的改革进程，一个共同的认识是，历时仅3~5年，成就举世瞩目的中国经济改革的第一步农村改革是成功的，而从20世纪80年代中期到21世纪初，中国经济改革的第二步国有企业改革却步履维艰。滞后且与现实经济发展速度极不适应的金融体制严重阻碍着经济改革的进程。中国的经济改革实质上已经进入攻坚阶段，迎来了不可回避的、最复杂的和最困难的第三步金融改革。实际上，国有企业改革的最终成效如何，经济改革的最终命运如何，经济增长的势头能否保持，都与我国金融体制的形成、发展和完善息息相关，而确保我国股票市场的健康稳定发展和上市公司的有效治理，以及银行系统与证券市场的协调发展等问题，是金融改革中的热点和焦点，也是金融改革的重头戏。

1990年11月26日和1991年4月11日分别成立的上海证券交易所和深圳证券交易所，以及1992年10月26日成立的国务院证券委员会和1992年10月底成立的中国证券监督管理委员会（简称中国证监会）标志着中国资本市场的正式建立。在资本市场建立之初，由于担心其规模发展过快而失控，监管部门对其进行了严格管制。1998年以前，中国证监会对公司申请上市采取审批制的监管模式，直至2001年正式实行核准制，监管部门不再下达发行规模指标。然而，无论监管方式如何变化，全国各地区新股发行上市募集资金的比例仍保持稳定，中央监管部门在决策时不得不在各部门、各地区之间进行平衡，以类似计划的方式分配上市资源，而这种计划经济特征并不因发行监管模式的变化而变化。因此，各地区的上市资源分配在很大程度依靠地方政府的努力争取，接下来地方政府再决定哪些公司可以获得上市资格。于是，新股发行门槛的设置一方面降低了诸如"中国概念股海外遭袭"事件中低质公司混迹市场的可能性，是对上市公司质量的基本把关；另一方面也产生了上市公司的国有股权性质、国有企业改革重任、股改等富有中国特色的资本市场阶段性特征。

股改的成功推进，标志着中国资本市场逐步走向全流通、国际化和市场化时代。众所周知，我国资本市场建立的主要目的是支持国有企业改革，地方政府在分配上市资源时自然首先选择国有大型企业或地方经济的支柱国有企业。因此，最初上市公司大多由国有企业改制而来，这直接导致了资本市场中国有股份的占比很大。而且，中国资本市场上对流通股与非流通股区分的规定，造成股票市场"同股不同权，同股不同价"的市场隔离现实和价格的"双轨制"状态，加之国有企业改制背负的历史包袱和社会责任，严重制约了股票市场的健康有效发展。鉴于此，从制度层面上再造中国资本市场的股改于2005年4月29日正式启动，截至2008年6月底，我国全部上市公司基本上完成了股权分置改革，标志着中国资本市场全流通时代的正式到来，随着限售股解禁冲击波一浪高于一浪，中国资本市场逐步走向全流通、国际化和市场化发展阶段。

因此，富有中国特色的经济法律制度、历史文化背景对资本市场影响深远，从最初资本市场建立的首要目的是服务国有企业改革到股改的成功推行；从股票发行的行政审批制过渡到发行核准制；从合格境外机构投资者（QFII）到合格境内机构投资者（QDII）的双向开放所增强的国内外资本之间的流动性，到中国证券市场国际影响力、辐射力和竞争力的形成；从四大国有商业银行的股改上市，到国有企业股改上市之后的公司治理改善，都在特定的制度环境和历史阶段下，推动了市场效率的提升，增强了资源配置能力。在这样一个特殊的历史发展阶段，充分考虑到中国股票市场特有的阶段性发展因素，我们认为，西方发达资本市场中业已成熟的效率研究方法和研究结果，不一定完全适用于我国新型资本市场有效性和效率研究，股票市场在中国经济改革中作用的发挥，其资金资源配置效率的检验和判别，如何提升与改进我国资本市场效率，需要有新的思路和新的方法。

第三，作为市场的主体，上市公司是资源配置的主要载体，其会计业绩和财务情况反映了公司当前的经营水平、运营效率及市场价值，而公司成长性则反映了企业未来发展前景，决定了股价的长期走势，进而决定了股票市场的质量和资本配置效率水平。鉴于研究与开发（R&D）对企业核心竞争力形成作用的逐渐凸显，从上市公司微观层面研究公司价值增长和核心竞争力提升的原动力和内在机制，探讨作为企业的重大投资——R&D项目对提高企业成长性和提升市场价值的作用，透过上市公司质量改进与市场效率提升之间内在的必然联系和直接影响，借助基于公司基本面角度的关于R&D投资与公司价值关系的实证研究结果，从实体经济支撑层面研究虚拟经济层面资本市场效率的提升途径，是对效率研究的另一个思考。

第二节　资本市场的效率内涵

效率作为经济学的核心命题，通常指竞争性均衡的实现。早在19世纪，意大利经济学家帕累托就从资源配置和价值判断的角度提出，效率是在固有群体内分配有限资源所达到的一种资源分配的理想状态，即在没有使任何人的境况变坏的前提下，不可能使另外一些人的处境变得更好，这一状态被称为帕累托最优状态，如果市场的资源配置达到帕累托最优状态，那么该市场是具有帕累托效率的（Pareto efficiency, or Pareto optimality）。帕累托效率是个体效用最大化条件下的全社会资源配置效率，强调个体效用的增加不能以他者的效用损失为基础，涵盖了整个社会资源的配置过程和配置效率，是含义最为宽泛的效率概念。在20世纪中期，美国经济学家萨缪尔森从投入产出角度研究了经济效率，指出效率是在一定投入和技术条件下，经济资源没有浪费或对经济资源做出了能带来最大可能满足程度的利用。萨缪尔森效率重点关注生产过程，认为经济学意义下的效率就是生产过程实现了利润最大化，这恰是帕累托效率的一个特例和简化表述。对资本市场上资金资源的配置效率问题，法玛于20世纪60年代用证券产品价格对信息的反映程度进行刻画，如果市场信息能够很快地被吸收到证券产品价格中，即价格能够根据信息做出快速而合理的调整，则市场是有效的。同时，根据信息集涵盖内容的不同，法玛将资本市场效率分为三个层次，形成了影响深远的"有效市场假说"，之后大量研究聚焦于"有效市场假说"来探究资本市场的效率。

资本市场作为特殊商品——资金的市场，其主要功能是合理配置有限的资金资源，而资金配置功能的发挥需借助于资本资产价格的调节机制，资本资产价格的形成又以实体经济的资金利用效率及资产回报率为基础，并受市场供求机制的影响，实体经济的新信息不断产生，引起相关资本资产价格的不断调整，从而促进资金配置效率的不断提升。因此，资本市场效率是资本市场实现金融资源优化配置功能的程度，包括两方面内容：一是资本市场的资产价格对市场中各种信息的调整速度与程度，即资本市场的信息效率；二是资本市场引导资金供求双方将有限的金融资源配置到效益最好的企业及行业，进而创造最大产出的能力，即资本市场的配置效率。资本市场能够通过"信息—价格—实体经济—新信息"的路径持续地把资金配置到回报率最高的产业、部门和企业，并进一步引导其他社会经济资源合理流动，以更低的资源投入，创造更大的社会产出，从而促进国民经济的快速持续增长，这样的资本市场就是有效率的。

一个完全有效的资本市场，通过合理、准确的价格机制指示器作用的发挥，可以实现资金资源的优化配置。资本资产价格是资本市场上分配资本的最有效指标，在资本资产价格完全由市场决定的情况下，当资本市场供求达到均衡时所决定的资本资产价格所筹集的资金刚好满足了融资者对资本的需要，资本按边际生产效率最高原则分配到效率最高的企业，资金资源投入得到了最高的收益，其利用不存在浪费，生产效率最高，使资本得到充分高效利用，达到了萨缪尔森投入产出效率的最大化。此时，在不损害其他组织或主体利益情况下无法提高任何产业、部门或企业的收益，也就是说，资金资源的配置达到了帕累托最优状态。从这个意义上说，资本市场效率实质上是只考虑资金投入产出的萨缪尔森效率与帕累托效率的特殊情形。

法玛的"有效市场假说"本质上是资本市场的信息效率，蕴涵于如上所述的资本市场效率中。当资本市场完全有效时，资产的价格变化能够以实体经济信息为基础，相关信息能够很快地被反映到证券资产价格中，进而引导资金流向回报率高的产业、部门和企业，从而促进资本市场配置效率的不断提升，此时，信息效率能够很好地刻画资本市场效率。然而，当资本市场未达到完全有效时，信息指导价格的路径不够通畅，价格不能够迅速对实体经济相关信息做出反应，使得通过信息影响资产价格进而促进资金在不同部门间的有效流动受到阻碍，信息效率不能很好地表述资本市场效率，其与配置效率就成为存在于资本市场上的两个层次的效率。法玛的资本市场效率基于信息的视角，主要探究资产价格对市场信息的调整速度与程度，而配置效率的刻画则侧重于资本市场资源配置的角度，重点关注资本市场是否最大限度地完成全社会范围内闲散资金向投资的转化，能否通过资本市场把社会资金配置到回报率最高的产业、部门和企业，促进实体经济快速发展。因此，对资本市场效率的完整考察和深入研究应从两方面入手：一方面是从信息传递的角度考量资本市场信息引导价格变化过程中的信息效率，另一方面是从资金配置角度考察刻画资本市场引导资金流动的配置效率。

一、资本市场的信息效率

资本市场的信息效率是指市场中价格对相关信息的反应速度和反应程度，通过信息这个纽带来研究市场价格形成规律，实质上反映出市场调节和分配资金的效率。信息效率也称为定价效率，是证券价格反映信息的能力，反映了价格揭示所有相关信息的速度和准确性，如果价格已反映所有可获得的信息，且价格将趋向于均衡价值，则意味着投资者的购买和出售行为将使价格趋向其内在价值，即调整到均衡，价格机制能够有效配置金融资源。资本市场的信息效率是衡量市场信息分布、信息传递速度、交易的透明度和规范程度的一个重要尺度，它反映了市场调节和分配资本的效率，为判断市场的金融资源配置效率提供了一种可行的标准。只有市场达到充分有效，信息在价格中得到充分反映，价格才能引导金融资源流向生产效率最高的地方，最终实现金融资源的最佳配置。

在资本市场信息效率的研究中，最具权威和最有影响力的理论首推"有效市场假说"。"有效市场假说"的确立以美国经济学家法玛在1970年5月发表的《有效资本市场：对理论和实证工作的评价》一文为标志，该文提出了被普遍接受的有效市场定义，即市场中的价格总是能够及时地充分反映所有可获得的信息。根据罗伯特（Roberts，1959）设计的传统信息分类方法和市场对不同层次信息产生的不同反应，法玛（Fama，1970）将"有效市场假说"分为弱式有效、半强式有效和强式有效三个层次。在一个金融市场中，如果价格反映了包含在历史价格序列中的所有信息，投资者不能通过分析历史价格获得超额收益，则认为市场达到弱式有效；如果价格反映了所有公开信息，利用任何有关公司的公开信息不能获得超额收益，则认为市场达到半强式有效；如果价格吸收了所有公开信息与内幕信息，即使拥有优越信息的人也无法获得超额收益，则认为市场达到强式有效。法玛（Fama，1991）拓展了这三个层次的信息效率，将弱式有效性扩展为收益的不可预测性，即各种收益变量（如红利收益、利息率等）对收益序列不具有预测能力；半强式有效的探讨则集中于各种事件的发生是否带来超额收益；强式有效则对应私有信息是否能够带来超额收益。

在有效资本市场理论被提出之后，有效市场理论就成了金融学领域十分重要的主流研究议题之一。基于国际成熟资本市场股票、债券等金融产品运行的实际数据，资本市场有效性的实证检验和相关分析几乎就没有停止过，并且引领了现代金融学30多年来的一个主要研究方向。围绕资本市场的有效性检验、有效性质疑等议题引发了大量关于反映在证券价格中的信息的质量和数量的实证研究，其核心内容是直接考察资本市场上资产价格随信息变化的幅度和速度，从弱式效率、半强式效率和强式效率三个层次考察金融资产价格对信息反映的配置效率。在经验证据不断证明发达资本市场有效的同时，许多与市场有效性假说相矛盾的异象呈现出来。如此多的异象撼动了基于有效市场理论探究资本市场效率的研究思路，有效性理论也因此受到最为严峻的考验，对资本市场信息效率的争论仍在继续。

尽管基于法玛"有效市场假说"的信息效率研究已经形成了一套较为系统、完备的研究思路、研究框架和研究方法，但面对来自于各种资本市场异象的挑战，信息效率的研究不能包含资本市场效率研究的全部，平行于有效市场理论的信息效率研究路径，同时探索资本市场配置效率研究的新视角与新途径很有必要。"有效市场假说"认为有效的资本市场在价格形成过程中能够充分而正确地反映全部信息，资本市场效率取决于市场的定价效率，即信息效率。在完全市场条件下，资产价格能够迅速全面地反映企业自身、宏观经济、国家政策等信息，是资产价值的真实体现，价格能够促使资本流向股价稳定增长、业绩好且成长性良好的行业或上市公司，实现资源的高效利用。因而，在完全市场条件下，信息效率与配置效率具有一致性，对资本市场信息效率的分析可看做是对资本市场整体效率的研究。然而，现实的资本市场很难满足完全市场的假设条件，资本市场效率在多数情况下不等同于市场的信息效率，信息效率只表达了资本市场效率的一个方面，仅是信息引导价格变化过程中资本市场的效率。因此，考察资本市场效率除了需要对其信息效率进行分析之外，还需从投入产出角度、整个社会资金资源流动的角度研究资本市场的资源配置问题，探索价格变化引导资源配置过程中资本市场的效率，即资本市场的配置效率。

二、资本市场的配置效率

资本市场的配置效率是指资本市场将稀缺的资本资源在不同的市场参与者之间进行调配，将资金配置到边际生产效率最高的产业、部门或企业的程度。资本市场配置效率包含两层含义，即资金的有效筹集能力和资金的高效利用能力（林毅夫，2001）。资金的有效筹集是指通过资本市场能够以较低成本筹集到足够资金的效率，资金的高效利用是把资本市场筹集到的资金运用到边际生产率最高的产业、部门或企业，使资金的边际产出最高。配置效率的最佳境界即达到帕累托最优状态，在达到帕累托最优状态的资本市场上，任何一种对金融资源的重新配置，或者说任何基于改善系统内部某一部分或某一局部效率的对目前配置状态的改变，都将会引起系统内其他部分或其他局部配置效率的损失，导致总体效率的降低。

资本市场配置效率实现的主要目的是将稀缺的资金资源在不同的所有者之间重新分配，促使资金流向边际生产率高的行业或部门。在一个非完全有效的资本市场中，金融资源配置实际上表现为两个相对独立的阶级。投资者在资产价格指引下，通过资本市场将手中的金融资源转移到资金需求者手中，是金融资源配置的第一阶段，在这一阶段，金融资源以货币形式存在，尚未进入实际生产过程与实体经济结合，属于市场内部配置，是决定金融资源配置效率的中间环节。资金需求者将募集的货币资本转化为产业资本投入实际生产过程，创造出有效产出，是金融资源配置的第二阶段，这一阶段属于金融资源的市场外部配置，是决定金融资源配置效率的最终环节。资本市场配置效率的优化，应是市场内部配置和市场外部配置效率的有机统一，同时兼顾两个阶段的运行情况，着眼于资本市场的资产价格，落足于生产过程的金融资源，通过考察资本资产价格引导金融资源在不同生产部门间的流动情况来判断资本市场的配置效率。资本市场是筹集和配置资本性资金的基本路径，其本身是产品生产过程的实体经济和蕴涵公司发展的虚拟经济的统一体。因此，考虑到公司层面的资本市场配置效率是资产价格的形成机制引导资本流向基本面良好且股价稳定增长的上市公司的程度，说到底，是实体经济变化对金融资产价格变化的敏感程度，即实体经济与虚拟经济的协调程度。因此，资本市场配置效率的探讨，我们将以实体经济与虚拟经济的协调增长为切入点，运用二者的联动关系来刻画资本市场资金资源的配置情况。

如何刻画实体经济与虚拟经济的协调增长，成为资本市场配置效率研究的核心。自2008年美国次贷危机引起全球金融危机之后，各国对实体经济和虚拟经济的关注不断增加，尤其是美国。次贷危机全面爆发以后，美联储就宣称"金融市场动荡没有损及实体经济",2008 年 9 月 18 日美联储在改变立场大幅降息的声明中仍然表示"为防止市场动荡损及实体经济",旧金山联邦储备银行主席耶伦也表示"短期货币政策应该致力于稳定实体经济增长"。关于实体经济这个高频使用词汇,在我国的市场经济发展中该怎么理解呢?实体经济是以实物运动为特征的经济形态,是一个社会发展进步所依赖的坚实的经济基础。虚拟经济是实体经济发展到一定阶段,为解决增加现实资本的流动性,以及提高生产效率和减少交易费用的需要问题出现的一种制度安排。在现阶段全球经济一体化及全球证券市场息息相关的背景下,虚拟经济已经成为经济体系不可或缺的一部分,它不仅仅是实体经济的产物,而且对实体经济的发展产生了重要影响。实体经济为虚拟经济的发展提供了基础和方向,而虚拟经济的发展又进一步促进了实体经济的壮大。考虑到在资本市场中,实体经济所蕴涵的是赢利状况、管理制度、人力资源状况、财务状况等代表公司运营与发展实力的上市公司基本面水平,而虚拟经济则是相对上市公司的股票价格变化趋势为主的上市公司技术面水平。在一定程度上,上市公司的基本面和技术面能够代表实体经济与虚拟经济两大层面的状况和走势。上市公司的基本面反映了其所在行业的发展状况、产品市场状况、公司销售情况、财务实力、赢利性,等等,这些正是实体经济层面的考量;而上市公司的技术面反映了其所代表的股票在资本市场上的表现,如价格、成交量、价量变化等,这些正是虚拟经济层面的考量。良好的基本面能够为坚挺的技术面夯实基础,进而反映在股票市场上,良好的技术面走势应当预示公司基本面的美好前景,吸引投资者的关注,支撑股票价格的高位。公司的基本面与技术面之间的相互关系体现了实体经济与虚拟经济之间的关联性,选择上市公司的基本面和技术面作为实体经济与虚拟经济的代表,用上市公司的基本面和技术面的联动关系来刻画实体经济与虚拟经济的协调性,进而作为资本市场配置效率判别的一个基准,是本书研究问题的新视角。

第三节 中国资本市场效率研究的特点

资本市场效率取决于价格的形成机制和传导机制,包含信息效率与配置效率两个层面,信息效率取决于价格的形成机制,而配置效率取决于价格的传导机制。只有把资本市场的信息效率与配置效率有机结合起来考虑,才能对我国资本市场的效率状况有一个完整准确的认识。

目前关于我国资本市场效率问题的研究,较多的是借鉴西方学者的思路,有的甚至将资本市场的信息效率和配置效率混淆,并且,聚焦于有效市场理论的研究比较多。事实上，强有效市场本身就是一个完美市场，所有相关信息对于每个投资者来讲都是均等的，投资者能够对证券的内在价值做出正确判断，及时进行理性的投资决策，从而促进均衡有效价格的形成。在这样"讨价还价"的过程中，市场竞争机制和价格形成机制会将稀缺的资金资源分配给那些边际生产效率高的企业和项目，社会资金在追逐利润和价值最大化的过程中得到有效利用，从而促进资金资源的优化配置。"有效市场假说"强调完全市场基础，强调金融资源配置第一阶段中信息效率的作用，没有体现出第二阶段中资金需求者的产出效率对金融资源配置的决定作用。然而，在完全市场上，市场机制能够充分发挥作用，投资者自由决策，相互竞争，通过信息机制和价格机制，形成合理的市场价格，增强市场对社会资源的动员作用与配置功能，实现社会资源的有效配置。准确有效的价格应包含第二阶段资金需求者对产出效率的决定作用，第二阶段资本市场的效率蕴涵于信息效率中。在完全市场条件下，有效市场理论通过信息效率，即价格对各种相关信息的反映程度将资源配置的第一阶段和第二阶段联系在一起，对资本市场效率的研究可以归结为对市场有效性的检验。

在完全市场条件下，通过完善的信息机制和合理的价格机制，能够实现资本资源的优化配置。此时，资本市场的整体效率、信息效率和资本资源配置效率之间具有高度的一致性。西方资本市场理论正是这样，以完善配套的市场体制为前提，强调市场有效性本身就是资本市场效率，将信息效率视为资本市场效率，而效率高低则用价格反映的信息特征来界定。这是建立在西方资本市场经历了长时间的发展，各项制度完善，信息公开透明，资本市场成熟完善的基础上的。而我国资本市场起步较晚，正处在成长与发展完善时期，在中国经济加速转型发展的大背景下产生，在政府主导社会经济生活的环境下发育和壮大，形成了具有先天不足与后天发展中各项体制不完善等中国特色的资本市场特点，还不够成熟与完善，难以达到完全市场的条件。因而，我国资本市场效率的探究不能完全等同于"有效市场假说"的检验，信息效率的研究只能从一定程度上刻画我国资本市场的效率，即使价格是信息有效的表达，价格形成充分正确地吸收了所有相关信息，价格能反映内在价值，市场达到强势有效，这个价格也不一定能够引导资源配置达到效率最高层次。因为超越市场本身层面的制度、文化、参与者行为习惯等环境因素，也会影响资源配置的最终结果，所以，探索我国资本市场效率的研究要关注信息效率，同时，考量信息向实体经济传导机制中的金融资源配置效率也很重要。

资本市场效率的优化，应是资本市场中"信息—价格—实体经济—新信息"阶段的资本效率提升，把资本市场的信息效率与配置效率结合起来考虑，对我国的资本市场效率有一个完整准确地把握和认识。我国资本市场效率的研究应着眼于用信息效率来分析市场价格对相关信息反应的速度及敏感程度，其理论核心是证券价格的随机性，只要证券价格能够及时、充分反映所有相关信息，就说明市场是有效的，立足于用配置效率来考察实体经济与虚拟经济的联动作用，揭示资本市场有效配置资源的程度。

事实上，资本市场信息效率的研究方法众多，但其对我国资本市场的适用性还有待进一步探究。关于信息效率的探讨多基于金融资产价格序列是否服从随机游走、是否具有可预测性、基于价格的投资策略能否获得超额收益等，从而判别现在价格吸收历史价格序列中所包含信息的程度，进而得出资本市场的弱式效率水平；基于事件研究分析国家宏观经济政策、公司公开信息披露等对价格的影响来判别资本市场中资产价格对公开信息的反应速度与反应程度，进而分析资本市场的半强式效率。然而，这些方法的前提假设，如正态性、线性性、同方差性等，在我国资本市场上能否符合还需探讨，所以这些方法能否直接应用于我国资本市场还需打个问号，因此，借鉴信息效率的现有研究方法，在此基础上进行修改和完善，进而探讨适用于我国资本市场的可行方法，是比较现实的考虑。当然，研究者也可以另辟蹊径，从实体经济与虚拟经济的联动关系中找出刻画我国资本市场资源配置效率的新方法。

进一步说，我国资本市场效率的研究应立足于中国特色的资本市场，探索有中国特色的适用性方法。我国资本市场无论从成立还是在发展过程中，在很大程度上都为行政力量所左右，弱化了市场的价格发现功能，这就使得资本资产价格规律可能表现出中国资本市场特有的现象。每当证券市场价格快速下跌时，投资者总是寄希望于政府，相信政府能够推出"救市"的政策措施，这似乎已经成为投资者的一种思维定式，而且政府推出的一些行政管制性政策措施，又总是能够收到立竿见影的效果。政府对资本市场过多的行政干预使得市场机制这只"看不见的手"在资本资产市场价格形成和变动中的作用受到了很大抑制。鉴于我国资本市场的高度"政策市"特征，资本市场效率研究需立足于我国资本市场政府主导型的发展模式，需特别关注利率政策、汇率政策、税收政策、股改政策等一系列国家宏观政策调整对我国资本市场资源配置效率的影响。

考虑到我国资本市场产生和发展的特殊制度背景，以及上述特点，对我国资本市场的效率问题研究，应当坚持实证研究与规范研究相结合的方法，侧重于从市场的实际运行状态结合具体环境背景的角度评价。国外已有理论模型的引进和使用，应根据我国资本市场具体实践作必要的修正，应综合考虑各种检验方法的优势和局限性，并根据我国资本市场的发展阶段及阶段性市场结构特征来评判。只有这样，才能对我国资本市场的效率水平做出实事求是的评价，揭示我国资本市场效率特征，为政府主管部门制定有关政策提供科学依据，促进资本市场的健康稳定发展，提高资源配置效率。

本书的逻辑框架如下：从资本市场信息效率研究开始，对信息效率的相关理论、模型与判别方法，以及我国资本市场信息效率的考量作较为系统和深入的理论与实证分析，其中，综合了国际文献在信息效率研究领域的几乎全部主要成果，梳理了信息效率研究的演化路径，并结合已有的成熟方法和改进方法对中国资本市场的信息效率进行检验，特点是统一了所有研究数据的时间段，在此基础上，进一步论证了市场有效性各种判别方法的应用条件和适用性。接下来，基于实体经济和虚拟经济之间的关联性，在综合构建公司基本面评价指标和技术面评价指标的基础上，借鉴巫格勒（Wurgler，2000）效率评判模型，以及二者联动关系的协调程度，给出配置效率判别的新方法，并作了基于中国资本市场的实证检验。最后一部分，我们对如何提升中国资本市场效率水平做了研究，分别从国家宏观政策影响，如利率政策对股票市场的传导效果、印花税调整在股票市场上的反映情况；从制度建设完善与政策出台的影响，如股权分置改革如何推动了资本市场效率、"黄金周"制度的实施对股票市场产生了怎样的影响等；从金融机构本身效率改进的传染，如商业银行特别是国有商业银行的资本配置效率情况，尤其是在时间跨度上的动态考察；从资本市场重要载体——上市公司的质量改进提升市场效率的视角，如R&D投资对公司价值提升和公司成长性及其阶段特征的影响等方面，作了较为深入的基于理论、方法和实证的探索。值得一提的是，在信息效率研究部分，本书以两个市场上市之日至2010年9月30日的数据为研究样本，避免了以往研究在样本选择阶段可能潜伏下的或引起后续研究者无法信服的，在研究结果和研究结论方面的不可比性。

第二章 资本市场信息效率理论、模型与判别方法

资本市场效率的优化和提升是社会发展的核心命题，是推动经济增长的有效途径，得到实务界的广泛关注，成为学界理论探讨的热点问题。资本市场效率的准确把握和认识应是信息效率与配置效率有机结合，基于"信息—价格—实体经济—新信息"的路径，从价格的形成机制和传导机制两个层面进行探讨。信息效率和配置效率从两个不同角度揭示了资本市场的效率，前者指市场本身在价格形成过程中的运作效率，是资产价格能够有效、完全、准确地反映市场信息的程度；后者则是在价格传导过程中资产价格引导社会经济资源优化配置的能力。在完全市场中，充分正确反映信息的价格能够引导资金的优化配置，信息效率与配置效率具有一致性。然而，现实中的市场多数情况是非完全的，此时的信息机制和价格机制不能完全有效地实现资本资源的优化配置，信息效率和配置效率反映出市场效率的不同层面，两者不能画等号，两者的结合才能更完整地反映资本市场效率。目前，相对于配置效率而言，信息效率的研究更加成熟，成果也相对突出，是资本市场效率研究的中心内容，也是我们必须首要和重点关注的核心问题。因此，本章中我们首先考虑的市场"有效"指的是前者，即资本市场的信息效率。

资本市场信息效率的研究始于1900年巴舍利（Bachelier）价格序列的随机游走刻画，成长于法玛"有效市场假说"的提出，发展于各派学者的争论之中，形成了一套较为系统、完备的研究思路、研究框架和研究方法。自法玛基于信息给出市场效率的定义，有效性层次的划分，以及在其所构建"有效市场假说"框架下对信息效率研究的思路与方法之后，大量学者沿用法玛的研究思路，在不断证实与证伪中完善与发展有效市场理论，产生了丰富的理论与实证成果，并且代表了现代金融学的一个主要研究方向。然而，随着实证技术的提高，诸如日历效应、过度反应、动量效应等异象的出现对有效市场理论提出了极大的挑战，市场信息效率的研究更多集中于对异象的解释。"有效市场假说"的拥护者们从市场不完善、定价模型的改进角度来解释，而另一派学者则试图从心理学、行为学等人的行为的角度作解释，提出了有限理性假设等观点，从而出现了一个新的学科——行为金融学。次贷危机的爆发再次将金融市场的信息效率研究推到了风口浪尖上，尽管信息效率的研究不能包含资本市场效率研究的全部，但却是资本市场效率研

究中最重要的一部分，本章将致力于理清市场信息效率的研究脉络，总结现有的研究方法，梳理现有研究成果，为我国资本市场信息效率的探究提供理论支持。

第一节　资本市场信息效率理论沿革

早在1900年，法国数学家巴舍利关于股票价格波动规律的研究就蕴涵了金融市场的有效性，巴舍利被认为是研究股票市场有效性的先驱。巴舍利在他的博士学位论文《投机理论》(*The Theory of Speculation*) 中，首次用数学工具来解释股票市场的运动，探讨股票价格走势的预测模型。他认为："市场价格同时反映过去、现在和未来的各种事件，但是这些事件通常和价格变动并不存在明显的关系……人为因素也会产生干扰，交易市场会根据本身的变动进一步产生反应，当前的价格波动不仅是先前价格波动的函数，同时也是当前状态的函数。决定这种波动的因素，其数目几近无限大，因此不可能期待数学公式进行预测……交易市场的动态变化，绝不可能成为一门精确的科学。"他进一步指出："在某个特定的时点，对市场的未来走向，存在完全相反的看法，买方相信价格会上升，卖方则相信价格会下跌。"他并断言："市场作为所有投机者的集合体，在某个特定时点下，我们无从判断未来市场价格的升贬预期，哪个会占优势，因为每个成交价格，都存在相同数量的买方和卖方。"因此，就平均而言，没有任何基础显示，无论是买方或卖方对未来的市场走势会持续比另一方知道的更多，市场是不可预测的，或者说是不可精确预测的。巴舍利的工作被认为是研究股票市场有效性的最早努力。但令世人遗憾的是，由于他的思想远远领先于他所在的那个时代，他的研究成果直到半个世纪之后才被认可。

60多年之后，著名经济学家萨缪尔森于1965年提出有效市场假设，他在一篇名为"合理预测随机波动价格之证明"(*Proof that Properly Anticipated Prices Fluctuate Randomly*) 的文章中提出，在信息有效的市场（而不是帕累托有效的市场）中，如果价格被合理预测，那么价格的变化就是不可预测的。这是继巴舍利的工作之后市场有效性概念正式被提出，如果巴舍利的工作被认为是市场有效性思想的首次显现的话，那么萨缪尔森的工作就是市场效率理论的开篇之作。从此，在整个20世纪后半叶的金融理论与金融实践领域，基于价格发现功能来自市场整体层面的资本市场效率研究，不仅奠定了资产定价理论的基础，而且引领了现代金融学研究的一个主流方向。目前学界认为现代金融理论的两大基石，一个是有效性理论，另一个就是基于有效性假设的 CAPM 理论。萨缪尔森在早期研究投机价格行为的分析中，就较多地受到了巴舍利思想的影响，他所提出的市场效率理论是对于一般市场而言的，并没有局限于资本市场或股票市场。巴舍利给出资产价格的随机游走模型的一般形式，即带有漂移（drift）和扩散（diffusion）随机游走模型。萨缪尔森认为巴舍利的结果不能保证非负性，提出用几何布朗运动（geometric Brownian motion）描述资产的价格，它的对数就是布朗运动。萨缪尔森对市场有效性理论的贡献是他完成了对有效性的数学描述，确立了资产价格的布朗运动理论，从理论上奠定了现代金融学研究的一个基石，他把资产的价格表示为资产的基本价值关于信息流的条件期望，即鞅。

市场的有效性与信息紧密联系却是 30 多年来的工作。1970 年，著名金融学家法玛建立了"有效市场假说"理论，将市场的有效性与证券价格的信息层次联系在一起。有效市场理论确信，能够有效地利用经济、金融等各方面信息的证券市场，就是有效市场。法玛在总结理论和经验的基础上指出："在一个市场上，如果价格总是'完全反映'所有信息，就称这个市场是有效率的。"麦基尔（Malkiel，1992）指出了有效市场的特征，明显地将信息与有效性联系起来，将经济收益与信息、有效性联系起来，指出："如果一个资本市场决定证券价格时，完全正确地反映了所有有关信息，就说这个市场是有效率的。正规地说，市场对于某些信息集合而言是有效率的……如果向市场上所有的参与者解释这些信息，证券价格是不会受到影响的。而且，关于信息集合的有效性意味着想利用这些信息进行买卖交易来获取经济利润是不可能的。"根据罗伯特（Roberts，1959）设计的传统的信息分类方法和市场对不同层次信息的不同反应，法玛非常清晰地将有效市场理论分成弱式有效（weak form efficiency）、半强式有效（semi-strong form efficiency）和强式有效（strong form efficiency）三种类型。有效市场的含义非常重要，如果市场是弱式有效的，那么所有历史价格的信息都包含在当前的价格之中，这就意味着价格运动是随机的，金融资产的价格服从随机游走模型。"有效市场假说"正式形成，成为资本市场信息效率的研究最为重要的一部分（刘维奇，2009）。

"有效市场假说"坚信金融市场的理性和稳定性，认为根据所有的公开信息，股票价格代表了公司未来赢利的最优估计值。学者们却在不断发现支持"有效市场假说"的证据的同时，也发现了诸如存在超额收益，股票价格可以被预测等一些看似与传统金融理论不一致的实证结果，学者们称之为异象（anomalies）。金融市场中作为经济主体的人的非理性或有限理性会引起金融市场对影响资产价格的新信息的过度反应和反应不足，从而产生泡沫或崩盘。这种过度反应被称为均值回复（Mean Reversion）或负序列相关，它对"有效市场假说"提出挑战。德邦特和塞勒（De Bondt and Thaler，1985），坎贝尔和席勒（Campbell and Shiller，1989），法玛和佛伦奇（Fama and French，1993）对过度反应进行了许多理论探索和实证研究，发现许多市场非有效的表象例证。杰伽第（Jegadeesh，1990）的研究也表明，在许多实证场合市场未必是有效的。随着金融市场计量技术的发展，越来越多的异象被发掘出来，如过度反应与长期反转、日历效应、股权溢价之谜等，这从实证角度对"有效市场假说"提出了极大挑战。

在市场异常现象逐渐被发掘出来的同时，学者们对"有效市场假说"产生了怀疑，开始分析其前提条件，认为投资者完全理性的假设很难成立，现实世界的人其实是有限理性，人们的行为偏差其实是系统性的，实际市场的套利是有限的、有风险的，套利还面临来自未来资产价格的不确定性。这从理论角度对"有效市场假说"提出了挑战。然而，正是由于大量的市场异象无法用传统的金融理论来解释，许多学者试图将心理学和行为学引入对金融市场的研究中，运用行为认知原则对各种异象进行分析，提出投资人在决策中存在的认知错觉，通过认知错觉的形成原因来探讨传统金融理论所不能解释的现象，推动了行为金融理论的突破性发展，解释了一些异象存在的原因。本耐兹（Benartzi）、塞勒（Thaler）、丹尼尔（Daniel）、巴布利斯（Barberis）、斯莱弗（Shleifer）、维希尼（Vishny）、赫希莱佛（Hirshleifer）等学者就此做了大量的工作，运用期望理论（prospective theory）、过度自信（overconfidence）、代表性法则（representativeness）、均值回复（mean reversion）的非理性信念等一些心理学理论与观念解释了股权溢价之谜、波动率之谜、长期反转、动量效应、投资者分散不足等异象，推动了行为金融理论的发展。

有效市场理论在争论中发展与完善，各派学者各抒己见，提出了众多的研究方法，得到了丰富的研究成果，逐步形成了完整的理论研究框架，然而对有效市场理论的争论仍在继续。

第二节　资本市场信息效率检验含义

"有效市场假说"的提出为资本市场的信息效率指出了明确而清晰的定义，"资产价格充分反映了信息"。然而，定义虽然明晰，将其运用于检验资本市场的效率水平却仍困难重重。对资产价格的描述本身就是金融学的重要难题、充分反映尚需一个可检验的实证含义，信息的刻画也非易事，以至于如此清晰的定义却很难给出一个实证检验，效率的定义与检验之间存在相当大的距离。

从信息效率的定义来看，如果资本市场达到了有效，则资产价格充分反映了所有相关信息，任何信息都不能用来预测资产价格。法玛根据历史信息、公开信息、内幕信息三个层次的信息能否预测价格序列将资本市场的信息效率分为弱式、半强式、强式三个层次来考察，避开了信息的直接度量，以弱式有效性为突破口来探索检验市场效率特征。达到弱式效率的资本市场中，资产价格的历史序列不具有预测能力，也就是说资产价格是不可预测的，下一时刻价格的变化是随机发生的，这使其自然而然地对应数学中的公平博弈、随机游走、鞅等随机模型，服从这三个模型的序列都不具有可预测能力。因此，弱式有效市场中的价格序列满足公平博弈、随机游走、鞅模型，对这些模型的偏离表现了资产价格对历史信息充分反映的程度，合理刻画了资本市场的弱式效率水平，准确定义了"价格充分反映了信息"的实证含义。因而，本节先介绍可以刻画有效市场中资产价格序列的可检验模型，下一节将介绍如何检验资产价格序列是否服从这些模型。下面给出描述资产价格形成过程的预期收益的公平博弈模型、随机游走模型和鞅模型。

一、公平博弈模型

巴舍利（Bachelier，1900）在他的博士论文中最早提出了公平博弈模型，这是股票价格序列数学描述先驱性工作。法玛在其 1970 年的综述中重申了这一模型在"有效市场假说"检验中的作用。法玛（Fama，1970）指出基于期望收益的理论，价格序列的期望收益可以定义为

$$E(P_{t+1} \mid \Phi_t) = (1 + E(R_{t+1} \mid \Phi_t))P_t \qquad (2-1)$$

式中，E 为期望符号；P_t 为 t 时刻的价格；R_{t+1} 为收益率；Φ_t 为在时刻 t 的信息集。定义

$$E(X_{t+1} \mid \Phi_t) = 0, \quad X_{t+1} = P_{t+1} - E(P_{t+1} \mid \Phi_t) \qquad (2-2)$$

如果 $E(X_{t+1} \mid \Phi_t) = 0$，则称序列 X_t 是基于信息集 Φ_t 上的公平博弈（fair game）。在有效的市场中，价格充分反映了可获得的信息，基于信息集 Φ_t 的交易不能获得超过均衡收益的利润，因而价格序列定义的 X_t 在已知信息条件下的期望值为零，也就说 X_t 是基于信息集 Φ_t 上的公平博弈。

同样，对收益率序列 R_{t+1} 也可以定义公平博弈，令

$$Z_{t+1} = R_{t+1} - E(R_{t+1} \mid \Phi_t) \qquad (2-3)$$

如果有

$$E(Z_{t+1} \mid \Phi_t) = 0 \qquad (2-4)$$

则序列 Z_t 是基于信息集 Φ_t 上的公平博弈。

二、下鞅模型

如果对所有的 t 和 Φ_t 有

$$E(P_{t+1} \mid \Phi_t) \geqslant P_t, \quad E(R_{t+1} \mid \Phi_t) \geqslant 0 \qquad (2-5)$$

则称价格序列 P_t 是关于信息序列 Φ_t 的下鞅。如果上式中等号成立

$$E(P_{t+1} \mid \Phi_t) = P_t, \quad E(R_{t+1} \mid \Phi_t) = 0 \tag{2-6}$$

则价格序列 P_t 是关于信息序列 Φ_t 的鞅，收益序列 R_t 是关于信息序列 Φ_t 的鞅差。

如果价格序列 P_t 符合下鞅模型，则任何利用历史信息的投资策略所获得的收益都不可能超过"简单的购买-持有"策略所获得的收益，市场是有效的。

三、随机游走模型

根据市场有效性理论，如果股票价格呈随机游走状态，即股票价格根据内在价值随机波动，则可以认为市场达到弱式有效。此时，价格序列将呈随机状态，不会表现出某种可发现的规律或趋势。坎贝尔等（Campbell et al.，1997）从统计学的角度给出了随机游走的精确定义和类型的划分。

随机游走模型为

$$P_t = P_{t-1} + \mu + \varepsilon_t \tag{2-7}$$

式中，P_t 和 P_{t-1} 分别为 t 和 $t-1$ 时刻的价格；μ 为预期价格改变量或漂移项；ε_t 为误差项，根据误差项的不同，有以下三种随机游走模型。

(1) Ⅰ型的随机游走：ε_t 独立且服从标准正态分布。这是随机游走模型中最简单的一种形式，假定价格序列的改变量相互独立且具有相同的分布。改变量之间独立表明它们之间不仅不相关，而且与其他任何一个改变量及之间的非线性组合都不相关，这是一个比较强的假设。

(2) Ⅱ型的随机游走：ε_t 独立。在一个较长时期，价格序列会由于经济因素随着时间的推移发生变化，而不服从相同的概率分布。放宽Ⅰ型随机游走中改变量同分布假定，得到的价格过程称为Ⅱ型的随机游走。Ⅱ型随机游走包含了更广泛的价格过程，如 ε_t 为异方差的价格过程，用时变波动率模型来刻画资产收益序列。此时，用过去价格改变量的任意函数形式都无法给出未来价格的预测。

(3) Ⅲ型的随机游走：ε_t 不相关。这是近年来在资本市场有效性实证研究中出现得最多的一类随机游走，它比Ⅱ型随机游走中的条件更弱，是涵盖最广的一类随机游走，它将Ⅰ型和Ⅱ型作为子类。

第三节 资本市场信息效率判别方法

学者们对"有效市场假说"的争论，形成了市场信息效率的基本研究框架，有效市场的判别，其方法众多。按照法玛的"有效市场假说"，市场的有效性分为三个层次：弱式有效、半强式有效和强式有效。事实上，市场弱式有效性检验方法可以分为两个大类：基于历史数据的可预测性检验与基于历史价格的交易策略的可获利性检验。前者主要是通过游程检验、符号检验、序列相关性检验等统计检验的方法分析历史价格序列是否服从随机游走来判断市场的弱式效率水平，而后者则是基于历史价格序列信息构造投资组合，分析是否能够通过这样的投资策略获得超额收益来说明市场的弱式有效性。半强式有效性的检验则主要采用事件研究方法，通过分析各种事件的发生是否能带来超额收益来判断市场的半强式效率；而对强式有效市场的检验很少涉及，一般采用私有信息检验。在此，我们根据各种方法的原理，将检验市场效率的方法分为基于随机游走的检验方法、基于序列可预测性的检验方法、基于投资策略超额收益的检验方法，以及基于事件研究的检验方法四个类型，下面将逐一介绍，以期能够以清晰的脉络呈现出市场信息效率的各种判别方法。

一、基于随机游走的检验方法

随机游走模型的提出与证券价格的变动模式是紧密联系在一起的，基于随机游走的检验是用来探究资本市场弱式效率的经典方法。随机游走是指基于过去的表现，无法预测将来的发展步骤和方向。在股市上的随机游走意味着股票价格的短期走势不可预知。因此，如果价格反映了包含在历史价格序列中的所有信息，任何人通过分析历史价格都无法系统性地预测股票价格的变化趋势，无法持续性获得不承担风险的收益，则认为市场达到弱式有效。目前已有相当丰富的基于随机游走的弱式有效性检验方法，如游程检验、符号检验、相关性检验、方差比检验等。

（一）游程检验法

游程检验作为一种非参数检验方法，通过检验序列中是否存在自相关性来检验该序列是否是随机的。如果序列的游程数显著小于随机序列游程数的数学期望，则说明该序列呈现出持续的随趋势变动的特征，具有正的自相关性，容易发生同方向的持续变化；反之，如果该序列的游程数显著大于随机序列游程数的数学期望，则说明该序列具有负的自相关性，呈现出反转和均值回复的特征。如果价格变化是随机的，那么实际游程数应与随机游走游程数的期望值相同。如果两者相差不大即可判断各期股价变动并无关联。如果两者差异较大则可以认为各期股价的变动具有相依性。

法玛（Fama，1965b）在《股票市场价格行为》中定义一个游程为价格变化保持相同符号的序列。股票的价格变化有三种类型，即正的价格变化、负的价格变化和零价格变化，游程相应也有三种类型。一个长度为 i 的正游程是指一个连续 i 次正的价格变化随后是负的价格变化或零价格变化，负游程或零游程的定义与此类似，他们同时还给出了渐进标准正态分布的检验统计量 T

$$T = [m - E(m)]/\sigma_m \qquad (2\text{-}8)$$

$$E(m) = [N(N+1) - \sum_{i=1}^{3} n_i^2]/N \qquad (2\text{-}9)$$

$$\sigma_m = \left(\frac{\sum_{i=1}^{3} n_i^2 \left[\sum_{i=1}^{3} n_i^2 + N(N+1)\right] - 2N\sum_{i=1}^{3} n_i^3 - N^3}{N^2(N-1)} \right)^{1/2} \qquad (2\text{-}10)$$

式中，N 为价格变化的总数；n_1，n_2，n_3 分别是价格变化为正数、负数和零的数目；m 为游程数；σ_m 为 m 的标准差。由于价格变化为零的可能性很小，可将它与价格变化为正数的情况合并。令 $n_3 = 0$ 得

$$T = [m - E(m)]/\sigma_m \qquad (2\text{-}11)$$

$$E(m) = \frac{2n_1 n_2}{N} + 1 \qquad (2\text{-}12)$$

$$\sigma_m = \left(\frac{2n_1 n_2 (2n_1 n_2 - n_1 - n_2)}{N^2(N-1)} \right)^{1/2} \qquad (2\text{-}13)$$

对一定的显著水平 $\alpha = 0.05$ （0.01），如果计算出的统计量 T 的绝对值大于临界值，则拒绝原假设，即认为市场未达到弱式有效性；反之，则认为市场达到弱式有效性。

（二）符号检验法

科尔斯和琼斯（Cowles and Jones，1937）在分析股票收益情况时，考虑股票历史数据中连续两天的收益是同号还是异号，统计同号、异号的频率。如果该序列服从随机游走，则同号、异号的频率应该都趋于 0.5。

设 $p_t = \ln P_t$，P_t 表示 t 时刻的价格，于是 $r_t = p_t - p_{t-1} = \ln(P_t/P_{t-1})$ 的符号就反映了价格的涨跌。令

$$I_t = \begin{cases} 1, & r_t > 0 \\ 0, & r_t < 0 \end{cases} \qquad (2\text{-}14)$$

$$Y_t = I_t I_{t+1} + (1 - I_t)(1 - I_{t+1}) \qquad (2\text{-}15)$$

显然，$Y_t = 1$ 表示 p_t 和 p_{t-1} 同号；$Y_t = 0$ 表示 p_t 和 p_{t-1} 反号。因此，$N_s = \sum_{t=1}^{n} Y_t$ 就是同号的个数，$N_r = n - N_s$ 表示了反号的个数。如果序列为随机游走，则 $p_{t+1} - p_t$ 是独立同分布的随机变量，其分布为原点对称的连续分布。从而 $P(I_t > 0) = P(I_t \leqslant 0) = \frac{1}{2}$。当 n 相当大时，相应的频率依概率收敛于概率，即

$$\text{CJ} = \frac{N_s}{N_r} = \frac{N_s/n}{N_r/n} \rightarrow \frac{\frac{1}{2}}{\frac{1}{2}} = 1 \qquad (2\text{-}16)$$

可以证明，CJ 的渐进分布为 $N\left(1,\dfrac{12}{n}\right)$。因而利用 CJ 统计量的渐进分布检验序列是否符合随机游走模型。

(三) 序列相关性检验法

法玛（Fama，1965）指出，检验某一时间序列是否遵循随机游走的最直接方法是测试其序列相关性。如果股票价格遵循随机游走，那么股价的收益各阶均不相关。计算相关系数公式为

$$\rho(k) = \frac{\mathrm{Cov}(R_t, R_{t-k})}{\sqrt{\mathrm{Var}(R_t)}\sqrt{\mathrm{Var}(R_{t-k})}} = \frac{\mathrm{Cov}(R_t, R_{t-k})}{\mathrm{Var}(R_t)} \tag{2-17}$$

式中，$\rho(k)$ 为时间序列 R_t 的相关系数；k 为滞后阶数。序列相关系数渐进正态分布且相互独立，为检验零假设 H_0，所有序列相关系数全部为 0，可以选用 Box-Pierce 统计量 Q_m 和 Ljung-Box 统计量 Q_m^1。

$$Q_m = T \sum_{k=1}^{m} [\rho(k)]^2 \tag{2-18}$$

$$Q_m^1 = T(T+2) \sum_{k=1}^{m} \frac{[\rho(k)]^2}{T-k} \tag{2-19}$$

如果序列服从随机游走，则统计量 Q_m, Q_m^1 均接近 0。可证 Q_m, Q_m^1 统计量都服从自由度为 m 的卡方分布。因而，在给定显著性水平下，当统计量的绝对值大于临界值，则拒绝原假设，认为该序列不符合随机游走模型，市场未达到弱式有效。反之则认为市场达到弱式有效。

(四) 单位根检验法

单位根检验用于检验协整预测模型的整形阶数，最早的是 DF（Dickey-Fuller）单位根检验。协整理论的宗旨在于，对那些建模较为困难的非平稳序列，通过引入与其协整的差分变量，达到使模型成立并提高模型精度的目的。若一个非平稳序列通过 d 次差分后可变成平稳的，就称此序列具有 d 阶整形。股价若呈随机游走状态，股价序列应该是非平稳序列，根据随机游走模型，股价序列应该为一阶整形。DF 单位根检验就是检验股价序列是否是一阶整形。因此，如果价格时间序列不服从单位根过程，则表明价格变化具有确定的时间趋势，投资者可以通过对历史数据的统计分析预测未来的价格变化；则价格序列服从单位根过程，则说明价格序列遵循随机游走模型。因此，可采用单位根过程来检验价格是否呈随机游走状态。其数学模型为

$$\begin{aligned}&(\mathrm{i})\, p_t = \beta p_{t-1} + \varepsilon_t \\ &(\mathrm{ii})\, p_t = \mu + \beta p_{t-1} + \varepsilon_t \\ &(\mathrm{iii})\, p_t = \mu + \beta p_{t-1} + \delta_t + \varepsilon_t\end{aligned} \tag{2-20}$$

式中，p_t 和 p_{t-1} 分别为 t 和 $t-1$ 时刻的价格；μ 为漂移系数；δ_t 为时间趋势项；ε_t 为误差项，满足 $E(\varepsilon_t)=0, E(\varepsilon_t\varepsilon_s)=0 (t\neq s), E(\varepsilon_t^2)=\sigma^2$。

首先检验模型（iii），根据计算结果试图发现时间趋势项系数没有通过 t 值检验，然后去掉时间趋势项 t 后，进行回归分析，即检验模型（ii），确定是否存在漂移系数 μ。最后对模型进行 DF 单位根检验。检验的原假设 $H_0: \beta=1$。计算 DF 统计量 $T(\beta-1)$，结合 DF 单位根检验临界值表，当统计量值大于给定显著性水平下的临界值，且检验随机误差项零均值和同方差性（更严格的还应进行误差项异方差或误差项序列相关检验），则称通过了单位根检验，表明所研究的价格序列符合随机游走模型。

（五）方差比检验法

罗和麦金雷（Lo and MacKinlay, 1988）提出方差比检验，其主要原理是根据随机游走序列的性质，随机游走序列 k 一期收益的方差 σ_k^2 是 1 一期收益的方差 σ_1^2 的 k 倍。罗和麦金雷证明方差比检验比序列相关性检验和游程检验都更加有效。在同方差和异方差的假设下方差比检验的标准正态统计量 $Z_{(q)}$ 和 $Z'_{(q)}$ 的形式如下：

$$\mathrm{VR}(q) = \frac{\mathrm{Var}(P_{t+q}-P_t)}{q\mathrm{Var}(P_{t+1}-P_t)} \tag{2-21}$$

$$Z(q) = \frac{\mathrm{VR}(q)-1}{\sqrt{\Phi(q)}} \sim N(0,1) \tag{2-22}$$

$$Z'(q) = \frac{\mathrm{VR}(q)-1}{\sqrt{\Phi'(q)}} \sim N(0,1) \tag{2-23}$$

式中，$\mathrm{VR}(q)$ 为方差比；$\Phi(q)$，$\Phi'(q)$ 分别为在同方差和异方差假设下，方差比的渐进方差，可由下式得出：

$$\Phi(q) = \frac{2(2q-1)(q-1)}{3q(mq)} \tag{2-24}$$

$$\Phi'(q) = \sum_{j=1}^{q-1}\left[\frac{2(q-j)(q-1)}{q}\right]^2 \delta(j) \tag{2-25}$$

$$\delta(j) = \frac{\sum_{t=j+1}^{m}(P_t-P_{t-1}-\mu)^2(P_{t-j}-P_{t-j-1}-\mu)^2}{\sum_{t=j+1}^{m}[(P_t-P_{t-1}-\mu)^2]^2}$$

若序列服从随机游走，则序列 k 一期收益的方差 σ_k^2 是 1 一期收益的方差 σ_1^2 的 k 倍，即 $\mathrm{VR}(q)=1$，因而统计量 $Z(q)$ 和 $Z'(q)$ 接近 0。所以，在给定显著性水平下，当统计量的绝对值大于临界值，则拒绝原假设，认为该序列不符合随机游走模型，市场未达到弱式有效。反之则认为市场达到弱式有效。

（六）重标极差检验法

重标极差分析涉及一个重要统计量，即赫斯特指数（Hurst Index）。赫斯特指数是英国学者、水文专家赫斯特（Hurst，1951）提出的一种非常稳健的非参数方法。他在尼罗河工作的 40 年中，主要研究水库水位控制问题。通过大量实证研究，他度量了水库水位是如何围绕其时间上的平均水平涨落的。如果序列是随机的，水库水位的极差应该随时间的平方根增加，然后用观测值的标准差去除极差以使极差标准化，得到一个无量纲的比率，在经验的基础上，他采用了赫斯特指数来分析这种时间序列的集群现象，并且提出了计算该参数的方法。这种分析方法就叫做重标极差法（rescaled range analysis，R/S 分析）。赫斯特率先运用该方法发现水文时间序列中的长期记忆性。随后该方法被广泛运用到流体学、气象学等自然科研领域。

然而，R/S 分析法由于约束条件少而成为挑战传统有效资本市场理论分形市场假说的主要分析工具之一。用 R 和 S 分别表示极差与标准差，赫斯特指数满足

$$R/S = (aN)^H \tag{2-26}$$

式中，N 为观察次数；H 为赫斯特指数。赫斯特指数可以表示序列的相关性，即

$$C = 2^{(2H-1)} - 1 \tag{2-27}$$

赫斯特指数有三种不同的情形：①$H=0.5$ 标志着序列是随机的；②$H \in [0, 0.5)$ 标志着序列存在反持续性，表现为均值回复；③$H \in (0.5, 1]$ 标志着序列具有状态持续性，即长期记忆性，且越接近 1 持续程度就越强，表现为分数布朗运动或有偏随机游动。对金融资产价格序列，赫斯特指数越大（大于 1/2）表明股票价格涨势明确，风险较小；赫斯特指数越小（小于 1/2）表明股票价格跌势明确，应该避免风险；赫斯特指数越接近 1/2，价格走势越不明确，呈现随机游走。

二、基于序列可预测性的检验方法

收益可预测性检验也是一种比较流行的检验弱式有效性的方法。可预测性检验的核心内容是能否凭借历史信息，如价格、交易量、历史收益率、市盈率、市净率、公司市场价值等来预测股票的未来收益，如果这些变量能够显著地解释股票的未来收益水平，那么，市场是无效的；反之，就是有效的。从这个角度出发，一批学者致力于研究金融数据的拟合模型，如自回归条件异方差（ARCH）模型、广义自回归条件异方差（GARCH）模型、CAPM 模型、时变系数回归模型等，以此判断市场有效性。

（一）ARCH 族模型

鲍克斯等（Box et al.，1976）提出用自回归求和滑动平均（ARIMA）模型来拟合资产的价格或收益率，模型表述为

$$(1-B)^d(1-\phi_1 B-\cdots-\phi_p B^p)X_t=(1-\theta_1 B-\cdots-\theta_q B^q)e_t \quad (2-28)$$

式中，d 为整数；B 为延迟（一步）算子，为简单起见，可以表示为

$$(1-B)^d\phi(B)X_t=\theta(B)e_t \quad (2-29)$$

自回归求和滑动平均模型描述的是线性的非平稳（存在单位根）过程。如果金融时间序列存在长期依赖性，呈现分形、非线性特征，可以使用长记忆时间序列模型，即 d 为非整数情形，称为自回归分形求和滑动平均（autoregressive fractionally integrated moving average，ARFIMA）模型来代替。然而许多研究成果表明对资产价格时间序列的线性假设不成立，通过线性模型拟合金融时间序列成为不可能。恩格尔（Engle，1982）提出的 ARCH 模型克服了线性假设的不足，并且考虑到风险和波动率随时间变动的特征，同时将时间序列统计分析从集中在条件一阶矩的基点推广到基于条件二阶矩情形。自回归条件异方差模型提出后受到业内人士的广泛欢迎，吸引了众多研究人员的关注。自回归条件异方差模型表述为

$$X_t=e_t h_t^{1/2} \quad (2-30)$$

$$h_t=\alpha_0+\sum_{i=1}^q \alpha_i X_{t-i}^2 \quad (2-31)$$

其中后一等式可改写为 AR 模型形式

$$X_t=\alpha_0+\sum_{i=1}^q \alpha_i X_{t-i}^2+(X_t^2-h_t) \quad (2-32)$$

自回归条件异方差模型更加适用于资产价格或收益率序列，可以用于资产价格的确定。为了更好地描述金融时间序列，鲍勒斯莱夫（Bollerslev，1986）对自回归条件异方差模型进行了推广，得出 GARCH

$$X_t=e_t h_t^{1/2} \quad (2-33)$$

$$h_t=\alpha_0+\sum_{i=1}^p \beta_i h_{t-i}+\sum_{i=1}^q \alpha_i X_{t-i}^2=\alpha_0+\beta(B)h_t+\alpha(B)X_t^2 \quad (2-34)$$

或可以将后一式改写为 ARMA 模型形式

$$(1-\alpha(B)-\beta(B))X_t^2=\alpha_0+(1-\beta(B))(X_t^2-h_t) \quad (2-35)$$

随后，许多学者将上述自回归条件异方差模型又推广到了求和 GARCH 模型（IGARCH）、指数 GARCH 模型（EGARCH）、二次 GARCH 模型（QGARCH）和门限 GARCH 模型（TGARCH）等情形，以适应不同特征的金融资产价格序列。

（二）时变系数回归法

爱默生等（Emerson et al.，1997）提出了如下的渐进有效性检验时变系数回归模型

$$R_t=\beta_{0t}+\sum_{i=1}^m \beta_{it}R_{t-i}+e_t \quad (2-36)$$

在式（3-26）中，系数 β_u 随时间变化而改变（具有时间下标 t），通过考察自回归系数随时间的变化情况，我们可以观察到市场有效性的动态演进。比如，市场初期 β_{0t}，β_{1t}，β_{2t} 很可能显著异于 0，但是如果我们发现 β_{1t}，β_{2t} 逐渐向 0 收敛，那么就可以认为市场的预测能力消失了，基于过去的信息无法预测将来，判定市场趋向有效。

三、基于投资策略超额收益的检验方法

大量的金融研究文献表明，根据股票收益的过去表现可以对未来短期、中期或长期水平的股票收益变化进行预测。基于这些股票收益变动规律的实证研究结论，学者发现投资者可以通过构建一定的投资策略，如过滤策略（filter strategies）（价格下跌一定比率买入组合而上涨超过一定比率卖出组合的策略）、反转策略（contrarian strategies）（买进过去表现差的股票并卖出过去表现好的股票）、动量策略（momentum strategies）（买进过去表现好的股票并卖出过去表现差的股票）等获得超额收益。由此，出现了各种异常性现象，包括反转效应和动量效应等，直接违背了股票市场的有效性假说和随机游走原理。因此，基于投资者策略超额收益的检验方法，可以用来检验市场的有效性。1991 年，法玛根据可获得超额收益所用信息集的不同对市场有效性的界限进行了重新界定。如果通过历史信息不能获得超额收益，则认为市场达到了弱式有效；半强式有效主要着眼于事件研究分析市场的公开信息是否能带来超额收益；而强式有效的判别则是集中内幕信息是否能带来超额收益的检验。

（一）过滤策略

过滤策略是指当资产价格上涨 $X\%$ 时，立即购买并持有这一资产直至其价格从前一次上涨时下跌 $X\%$；当资产价格从前一次下降上涨 $X\%$ 时，立即卖出持有的资产并做卖空；此后购买新股并填平卖空，如此循环操作。如果可以通过过滤的规则买卖股票获得比"简单购买-持有"策略超额的收益，则说明过滤检验组合策略能够带来超额收益，市场弱式效率尚未达到。因而，过滤检验组合策略可以作为检验市场弱式效率的一个准则，通过考察其是否获得超额收益来检验市场的弱式效率。

（二）反转策略

反转策略是认为市场存在过度反应，而买进过去表现差的股票并卖出过去表现好的股票以期获得超额收益的策略。过度反应是西方投资心理学的重要理论之一，由于一系列的人的情绪与认知等心理因素引起在投资过程中表现出加强的投资心理，从而导致市场的过度反应。经典的经济学和金融理论认为，个

体在投资活动中是理性的。他们在进行投资决策时会进行理智的分析，当股票价格低于上市公司的内在价值时，投资者开始买入股票；而当股票价格高于上市公司的内在价值时，开始卖出股票。证券市场也由此形成了一种价值投资的氛围，但事实并非如此。投资领域中存在着价格长期严重偏离其内在价值的情况，其主要原因是上市公司未来的价值本身具有许多不确定性，正是这种不确定性引发了投资者的心理上的非理性因素，投资者共同的非理性投机形成了市场暴涨和崩盘现象。

德邦特和塞勒在1985年的一个研究中发现，投资者对利好消息和利空消息都会表现出过度反应，对受损失的股票会变得越来越悲观，而对获利的股票会变得越来越乐观。当牛市（bull market）来临时，股价会不断上涨，人们变得更加乐观，致使股价继续上涨，涨到让人不敢相信，远远超出上市公司的投资价值；而当熊市（bear market）来临时，股价会不断下跌，人们也变得更加悲观，致使股价跌到大家无法接受的程度。因而，如果购买并持有连续一段时间均表现不好的股票构成的输者组合，能够带来超额收益，说明市场上存在过度反应，该市场未达到弱式效率。

（三）动量策略

动量策略是认为市场存在动量效应，而买进过去表现好的股票并卖出过去表现差的股票以期获得超额收益的策略。动量效应是指股票的收益率有延续原来的运动方向的趋势，即过去一段时间收益率较高的股票在未来获得的收益率仍会高于过去收益率较低的股票。基于股票动量效应，投资者可以通过买入过去收益率高的股票、卖出过去收益率低的股票获利，这种利用股价动量效应构建的投资策略被称为动量策略。杰伽第和梯特曼（Jedadeeh and Titman，1993；2001）发现的动量效应则认为，过去3~12个月表现好或差的股票（赢者或输者）在接下来的3~12个月内继续表现好或差。因而他的投资策略是购买并持有过去一段时间表现好的股票，同样获得超额收益，这说明股票价格具有中期预测性，该市场未达到弱式效率。

大量研究发现动量效应普遍存在于世界各地的各种类型的市场上，越来越多的学者开始探寻动量效应的成因及它是否有违"有效市场假说"。一些学者从资本资产定价模型的改进上来解释，认为在模型中加入合理的风险因子，超额收益就会消失，如法玛和弗伦奇（Fama and French，1993；1996）。另一些学者从人的行为角度对动量效应做出了解释，如巴维里斯等（Barberis et al.，1998）、丹尼尔等（Daniel et al.，1998）认为保守性偏差、过度自信和自归因偏差致使投资者对新信息的反应不足，使得股价在短期表现出惯性。

四、基于事件研究的检验方法

事件研究是通过检验事件后资产的累计超额收益讨论某一事件（如拆股、股利政策变化、购并等）的发生对资产收益变化的影响。如果事件发生后产生的超额收益显著不为零，则意味着该事件所包含的信息能够带来超额收益，市场未达到半强式有效。事件研究方法鉴于其简单易操作的优点，广泛应用于金融研究领域的各个方面，如利率政策调整、公司盈余公告、公司年报公告等事件对市场的影响。事件研究法的五个步骤具体如下。

（一）事件的定义

首先定义好要研究的事件。确定事件窗口，即事件发生日，通常为1天。但我国公司盈余公告有时在收盘前，所以这时事件窗口为2天。

（二）事件区间的选择

我们研究某一事件对价格或收益的影响一般选择事件发生前后一段时间作为研究对象，在选定研究样本时要注意数据的可获取性、市值等因素的影响，以及事件发生期间是否有其他重大事项。

（三）计算正常收益

正常收益是指如果没有该事件发生所期望的收益。选取适当的模型，在"估计窗口"进行系数的估计，通常有两类模型。

1. 固定收益模型（均值调整模型）

$R_t = \mu + \varepsilon_t, E\varepsilon_t = 0, \text{Var}\varepsilon_t = \sigma^2$，其中 μ 为在估计窗口内的平均收益。

2. 市场模型

$$R_{it} = \alpha + \beta R_{mt} + \varepsilon_t, \quad E\varepsilon_t = 0, \quad \text{Var}\varepsilon_t = \sigma^2$$

式中，R_{it}，R_{mt} 分别为 t 时刻证券 i 和市场指数的收益。

（四）计算超额收益

超额收益是指事件期间证券的实际收益减去该期间的正常收益，计算公式为

$$AR_t = R_t - E(R_t \mid X_t)$$

式中，AR_t 为超额收益，R_t 为证券收益。

（五）检验过程

定义原假设，通常我们假定 $AR_t = 0$，即该事件对股票收益没有影响。

（六）超额收益

N 个公司的平均超额收益率为 $\overline{AR_t} = \dfrac{1}{N}\sum_{i=1}^{N} AR_{it}$ 和累积超额收益率为 $\overline{CAR_t} = \sum_{t=t_1}^{t_2}\overline{AR_t}$，然后对平均超额收益率和累积超额收益率进行是否显著为零的假设检验。

如果检验得出平均超额收益率和累积超额收益率均显著不为零，则意味着事件发生能够引起超额收益，即该事件包含的信息未能够及时充分地反映到资产价格中，市场未达到半强式有效。

第四节　资本市场信息效率检验成果

资本市场效率的研究作为金融学的核心与基石，自从被提出就得到广泛的关注，在大量学者的争论中不断前行，形成了以"有效市场假说"为核心的研究框架，呈现出相当数量、内容丰富的关于市场有效性检验的实证成果，为金融领域的研究提供了翔实的证据，具有重大的参考价值和指导作用。然而，学者们在众多的研究成果中提出了自己对资本市场效率的不同观点，形成了不同的研究资本市场效率的方法，如游程检验、符号检验等，试图对资本市场的效率特征做出合理而有效的判别。面对众多的学术观点，不同观点的学术论争，正在研究市场效率或即将踏入该领域的学者们该做出选择，跟随哪种观点，从哪里创新。这就使得对文献进行整合、归类十分必要，只有把具体文献放到一个学术史的脉络中去，我们才能真正理解这个范本。为此，我们关注了 The Journal of Finance、Journal of Financial Economics、Econometrica、Journal of Accounting Research、The American Economic Review 等金融领域的核心期刊，以及市场有效性研究领域各阶段的代表学者巴舍利、科尔斯和乔恩斯、沃金（Working）、曼德布洛特（Mandelbrot）、法玛、萨缪尔森、莫顿（Merton）、坎贝尔、德邦特和塞勒、杰伽第、梯特曼、斯沃特（Schwert）等的著作，选择 1828~2006 年的百余篇文献，在阅读、分析，以及对具有重要影响的文献讨论和研究的基础上，进行了认真、细致的梳理，重点关注了这些研究的原理方法、数据选取、实证结论、所作贡献等内容，最终形成近 70 余条分析结果，构成了资本市场信息效率研究的前期成果概览（表 2-1），以期找出各种研究之间的内在关联，从而对现有检验成果有更加深入的认识。

表 2-1 国外资本市场信息效率研究文献梳理

年份	作者	检验原理与方法	数据	结论	贡献
1828	Brown		在显微镜下观察悬浮在水中的花粉可以发现它们在做快速的振动运动		提出物理学中的布朗运动
1900b	Bachelier			投资者的数学期望为 0	提出资产价格的随机游走模型的一般形式
1993	Cowles	依据大量数据统计	1928.1~1932.6,在 20 个火灾保险公司和 16 个金融服务机构这两组间进行对比,来判断哪个组的收益会更高;用 24 个金融出版物的数据来预测股市的走势	市场价格无法预测	首次用实证分析来研究市场有效性
1937	Cowles and Jones	作图比较	1928.1~1932.6,1200 个股票价格指数	通过实证研究发现股票的平均时间序列指数是自相关的	反对市场有效
1949	Working	刻画误差时间曲线	1951~1956 年,小麦的价格	任何专业的预测者都无法成功预测未来理想市场的股价变化	误差时间相关检验
1958	Working	相关性系数、玉米价格与政府玉米产量预测的相关性	1921~1922 年、1938~1939 年,美国玉米价格	玉米价格受政府预测玉米产量预测的影响很小,$r=-0.88$	建立预期市场模型
1959	Roberts		1956 年,道琼斯工业指数周收益(周五到下周五);仿真	随机游走与价格序列非常相似	价格序列的随机游走描述
1959	Working	理论证明			证明价格序列平均引起正相关
1960	Cowles	符号检验,检验序列是否具有一阶自相关	1955.8~1959.7,道琼斯工业指数日收盘价;1918~1935 年,Standard Statistics weekly Index 周三收盘价;1936~1958 年,标准普尔工业指数日收盘价;1834~1865 年,哈佛大学月滚动指数	1009 个日收盘价选择位置为 3 的倍数的数据共 336 个,正正相连的 190 个,正负相连的 146 个,说明日数据是随机的,但日收益平均得到的周、月收益率具有一阶相关性	每个时间单元取的值用该时间单元的平均值会引起正相关

第二章 资本市场信息效率理论、模型与判别方法 | 33

续表

年份	作者	检验原理与方法	数据	结论	贡献
1961	Houthakker	止损策略，买入一期货，四个月到期，到期前价格达到止损点则卖出，反之则最后一交易日以收盘价卖出	1921.10~1939.10，小麦、玉米期货；1947.10~1956.10，小麦、玉米期货；1944.10~1958.10，棉花期货	持有5月、10月小麦、玉米期货有利可图，说明价格有一定的趋势，但这对短期游程无影响。而持有9月小麦、玉米期货无法获利，9月期货价格具有随机性。发现价格序列呈现尖峰、非平稳特征，怀疑其具有非线性	止损投资策略（stop order）① 不会对收益有持续的影响（滤波的雏形），止损点的选择很关键
	Alexander	计算游程，滤波	1857~1929年，道琼斯工业指数日收盘价；1929~1959年，标准普尔工业指数周收盘日价	价格序列服从随机游走，但一旦有某个趋势开始，这个趋势会继续	时间段内值用平均值代替会引起正的序列相关
1962	Cootner	均方递差检验，滤波	对数价格周变化；1956~1960年，纽约股市45只股票	限制点附近外的多数价格变化不相关，限制点附近则呈负相关；通过滤波可以获得17%的收益	股票价格不服从随机游走，市场不是完美的
	Osborne	理论证明	1958~1960年，NYSE约1100只股票	价格序列及其分布序列具有时间周期性	股价偏离于简单随机游走
	Mandelbrot	作图比较	1816~1950年，（15年一组）棉花价格日变化与月变化	棉花价格变化服从稳定帕累托分布	使用价格自然对数与稳定分布的价格模型
	Granger and Morgenstern	谱分析	道琼斯30种工业指数中的每支股票	短期服从简单随机游走，长期则商业周期则没有影响	谱分析应用于随机游走的检验
1963	Fama	价格序列是否服从正态分布的重尾指数	道琼斯30种工业指数中的每支股票	服从稳定帕累托分布	提出价格序列服从帕累托分布
	Godfrey et al.				
1964	Alexander	滤波是否比buy and hold策略获得更多收益	1897~1929年，道琼斯工业指数；1929~1959年，标准普尔指数日价格	滤波技术不能持续获得超额收益	提出股票市场行为的随机游走假设
	Steiger	检验非随机性		不服从随机游走	提出股票市场行为的随机游走假设

① 止损投资有三种：以任何价格购买（at the market），低于某一给定价格时购买（limmited），达到某一给定价格时购买（on stop）

续表

年份	作者	检验原理与方法	数据	结论	贡献
1965	Famab	游程检验、滤波检验独立性、分布、序列相关	1957~1962年,道琼斯工业指数与单个公司日价格数据(公司数据的起始时间不同,但都在1956.1~1958.4内)	服从稳定帕累托分布,且 $\alpha<2\alpha<2$	首次定义市场的"有效",综述前人的成果
	Samuelson	理论说明			正式论证"有效市场"
1966	Fama and Blume	滤波	1957~1962年,道琼斯工业指数与单个公司日价格		序列相关与滤波技术在检验价格序列独立的能力相同
	Mandelbrot	理论证明			价格序列的鞅模型
1967	Roberts	定义三个层次的效率		竞争市场中证券价格服从鞅	提出"有效市场假说"及强式与弱式两种检验
	Ball and Brown	事件研究	1957~1965年,标准普尔指数日价格、收益公告	股价在公共前12个月开始有特定趋势	首次提出事件研究
1968	Mandelbrot and Van Ness	理论证明			Mandelbrot推广了布朗运动的概念,定义了分形布朗运动,具有自相似性、稳定增量性,长或短期记忆性
1969	Fama et al.	事件研究	1927~1959年,纽约证券交易所的940次增发	增发往往伴随着股息增加,其做出正确的调整,信息反映在价格中,市场是有效的,不能寄希望于增发来增加收益	事件研究,支持市场有效
1970	Fama	综述自相关检验、游程检验、滤波等	1957~1962年,道琼斯工业30只股票平均,日数据	认为市场有效	综述,定义有效性,分为三个层次的检验
1976	Grossman	理论证明		提出一个模型	描述了在信息功效定价体系下能完美配置资源,并能排除收集信息的个人动机
1977	Beja	理论证明		认为现实市场不可能完全有效,定价可以从交易者需求考虑	提出了在现实市场不可能完全有效

续表

年份	作者	检验原理与方法	数据	结论	贡献
1978	Ball	回归分析	1946～1966年，标准普尔公司收益与市场收益	公司赢利公告后股票价格依然存在按未预期盈余方向持续移动漂移的趋势	首次提出存在异象
	Jensen	综述过程检验、理性预期假说等		认为效率是市场有效性上的信息集是θ_t，但不能用这一信息集获利	综述了市场有效性的三种研究思路
	LeRoy and Porter	方差界限检验	1955～1973年，股价的S&P综合指数，以及相关股利，综合S&P指数序列	股价的震荡幅度太大，无法完全以股利震荡来解释，以此结果否定了市场的有效性	提出股市表现出"过度波动"
1981	Shiller	方差界限检验（改进其界限条件，避免LeRoy等研究的联合假设问题）	1871～1979年，每月股票价格综合S&P指数	实际股票价格的过度波动性，难以用基本面的变化来解释	在检验市场有效性时提出的有界方差检验
1984	Osborne and Murphy	回归分析	1975.10～1981.12，橙计期货价格，产地天气	尽管与气候相关的信息可以解释价格的变动，但也仅仅只能解释一部分	用气候因素解释价格的变化
1985	De Bondt and Thaler	基于过度反应构造投资策略	1926.1～1982.12，NYSE所有股票月收益数据	在所考察的时间区间中，"输组合"的收益率比"赢组合"平均每年高约8%，三年累计高25%，股价有过度反应现象	最初提出股票价格对信息过度反应，根据过去的价格信息未预测未来的价格或收益
	Marsh and Merton	方差界限检验（用样本的平均价格代替股票内在价值）	1871～1979年，每月股票价格综合S&P指数	公司经理经常调整、熨平股利，使股价方差小于股票的方差不能证实泡沫的存在	对Shiller（1981）分布假设与估计的分布性质提出质疑
	Black	理论证明		噪声交易是市场流动性得以保持股票成为一种重要条件，但噪声交易使得股价不能充分地反映信息，从而降低市场的有效性	将市场有效性和噪声结合起来
1986	French and Roll	计算交易日与非交易日股价波动并比较	1963～1982年，NYSE、AMEX普通股日收益数据	私人信息对价格的变动起主导作用，股价波动幅度与可获得信息量之间存在正相关关系	确认个股存在自相关

续表

年份	作者	检验原理与方法	数据	结论	贡献
1988	Fama and French	后期收益对前期收益进行回归分析	1926~1985年，NYSE所有股票月综合收益数据	25%~45%的变化可以从过去的收益中预测	认为长期收益负相关是随时间变化的理性期望收益变动导致的结果
	Campbelland Shiller	在实际价格和实际红利协积模型的条件下重建了一个时间序列模型	1897~1986年，美国股票市场数据	长期的股票收益可以高度预测出来	发现是单位根过程，也存在过度波动的证据
1989	Fama and French	回归分析	1927~1987年，NYSE股票组合；到期日超过一年的100支公司债券	风险溢价与长期的经济情况相关	
	Cutler et al.	比较各变量回归时的拟合优度回归分析	1926~1985年，NYSE月收益；1871~1986年，年收益	当重要消息发生时，股票价格通常只有些许的变动，随后在没有什么大消息时发生巨幅变动	
	Laffont and Maskin	以分析知情交易者的交易策略为主，使用理性预期的分析框架		如果资产回报的波动性不是很大，会出现"混同均衡"，即知他所拥有的私人信息；而如果资产回报波动很大，就会出现"分离均衡"。在不完全竞争的情况下，可能无法自动回到有效市场	
1990	Jegadeesh	回归分析	1929~1982年，美国股票月收益	短期（小于一个月）未来股票截面收益负相关，而中期（3~12个月）呈现正相关从而拒绝股票价格随机游走假说	
	Lehmann	构造投资策略	1965~1985年，NYSE&AMEX股票	发现股票收益的周反转效应，拒绝"有效市场假说"	
1991	Kim et al.	蒙特卡洛模拟	1926~1986年，股票月收益序列（来自CRSP）	第二次世界大战后纽约股票市场收益率并没有发现均值回归的现象	用随机选择法来估计未知的方差比率分布
1993	Jegadeesh and Titman	构造交易策略将股票收益进行分解	1965.7~1989.1，NYSE&AMEX股票	买入过去6个月的赢家同时卖出6个月的输家的策略在随后6个月获得了近1%的月均收益	首先提出了惯性策略（买进赢家组合而卖空输家组合）

续表

年份	作者	检验原理与方法	数据	结论	贡献
1994	Roll	理论研究		从很退的非有效市场中获利是很困难的	
	Lakonishok, and Vishny	构造反向投资策略，买入价值股而卖出热门股	1963.4～1990.4，NYSE&AMEX股票	这种策可以获得更高收益并非源于其更大的风险，而是由于这是特定投资者的次优行为	
1996	Chan et al.	价格动量策略	1977.1～1993.1，NYSE&AMEX 及NASDAGI股票	股票分析师的赢利预测对以前信息的反应是迟缓的，市场对新信息的反应是逐渐的	
1998	Fama	理论分析		之所以出现反应不足和反应过度现象是由坏模型和技术问题造成的	股票长期收益率的可预测性具有偶然性，方法上的改进能使该异象的大部分消失
1999	Zhang Y	理论分析			提出边际有效市场
2002	Chen and Yeh	用人工智能技术作为期望组成机制设计代理商模型		以代理商为基础的人工股票市场并不能拒绝有效市场假说或理性预期假说	
	Malkiel	综述			回应了对"有效市场假说"的攻击，指出市场比文献中所说的更加有效，可预测性小
2003	Schwert	回归分析，检验是否有超额收益	1962～2001年，大公司、小公司组合月收益与1982～2002年小公司组合日收益；1885.2～2002.5，股票组合周收益；1927～2001年，股票收益；1831～2002年，短期利率；1827～2000年，股票价格、股利	关于异象的文献发表后，市场参与者的策略行为会使得异象减弱或消失	

续表

年份	作者	检验原理与方法	数据	结论	贡献
2004	Timmermann et al.	理论研究		如果可以通过信息集获得经济利润，那么市场是有效的。市场可以完全和正确地反映相关信息并决定资产价格	"有效市场假说"导致了在给定信息集情况下最优性的预测检验
2005	Malkiel	作图比较	1970.1～2003.12，共同基金收益；1992～2002年，欧洲权益基金，MSCI欧洲股票市场指数	美国及国外的专业投资经理的业绩并没有超越指数标准	
2006	Tóth and Kertész	作图比较，检验收益的截面相关性	1993～2003年，NYSE高频数据；1982～2000年，NYSE116只最大股票收盘价相关数据	收益截面相关性逐渐下降，市场有效性增加了	

1900年，法国数学家巴舍利关于股票价格波动规律的研究蕴涵了金融市场的有效性，提出资产价格的随机游走模型的一般形式，被认为是研究股票市场有效性的先驱。1828年，布朗（Brown）在显微镜下观察悬浮在水中的花粉，发现它们在做快速的振动运动，提出物理学中的布朗运动。巴舍利最早提出资产价格服从的随机游走模型和布朗运动是一致的。他认为资产价格行为的基本原则应是公平博弈，投机者的期望利润应为零。然而，关于资产价格行为的研究在巴舍利之后的很长一段时间内都没有得到学者的关注。直到1933年，科尔斯首次用实证分析来研究市场有效性，通过对20个火灾保险公司和16个金融服务机构这两组间进行对比，来判断哪个证券组的收益会更高，此外，用24个金融出版物的数据来预测股市的走势并得出市场价格无法预测的结论，从实证方面支持了资产价格服从随机游走的理论。1934年，沃金指出资产价格序列就像在随机游走一样，但是其论述缺乏有力的研究证据。1953年，英国统计学家肯达尔和希尔（Kendall and Hill, 1953）在其《经济时间序列分析，第一篇：价格》（*The Analysis of Economic Time Series, Part I: price*）一文中研究了19种英国工业股票价格指数和纽约商品交易所（NYMEX）、芝加哥商品交易所（CME）的棉花、小麦的即期价格周变化规律，在做了大量序列相关分析后，发现这些序列就像在随机游走一样，下一周的价格是由前一周的价格加上一个随机数构成。实际上，沃金、肯达尔和希尔只在观察的基础上提出了资产价格序列可以用随机游走模型很好描述的观点，并没有对这些假设进行合理的经济学解释。萨缪尔森（Samuelson, 1965）和曼德布洛特（Mandelbrot, 1966）通过对随机游走理论研究，较为严密地揭示了"有效市场假说"期望收益模型中的公平博弈原则。法玛（Fama, 1965）正式提出"有效市场假说"，认为金融市场是一个鞅或公平博弈，即信息不能被用来在市场上获利。1968年，曼德布洛特推广了布朗运动的概念，定义了分形布朗运动，具有自相似性、稳定增量性、长或短期记忆性，能更加有效地刻画价格序列的特征。1970年，法玛在其论文《有效资本市场：理论和实证研究回顾》（*Efficient Capital Markets: A Review of Theory and Empirical Work*）中不仅对过去有关"有效市场假说"的研究作了系统的总结，是市场有效性研究的里程碑式的工作，还对已有成果中的各种检验方法，如自相关检验、游程检验、滤波等进行了细致的梳理，指出市场有效性分为三个层次的检验，提出了研究"有效市场假说"的一个完整的理论框架。至此，有效市场理论研究框架初步形成，之后大量学者沿着法玛的研究框架得到丰富的研究成果。

鲍尔和布朗（Ball and Brown, 1968）首次提出事件研究法，半强式效率的研究进入信息效率研究的主线。此后，一部分学者认为市场已经达到了弱式有效，开始了基于事件研究方法探索市场半强式有效的检验，如法玛（Fama, 1969）对

1927～1959年纽约证券交易所的940次增发的研究中发现，增发往往伴随着股息增加，且市场能够对其做出正确的调整，信息反映在价格中，市场是有效的，不能寄希望于增发来增加收益。另一些学者则认为弱式效率还有待于进一步研究，如格鲁斯曼（Grossman，1976）从理论研究的视角，描述了在信息功效定价体系下能完美配置信息，并能排除收集信息的个人动机。奥斯本和摩菲（Osborne and Murphy，1984）用气候因素解释价格的变化，发现尽管与气候相关的信息可以解释价格的变动，但也仅仅只能解释一部分。1986年，布兰克（Black）将市场有效性和噪声结合起来，通过理论分析指出，噪声交易是市场流动性得以保持的重要条件，但噪声交易使股票价格成为一种"噪声价格"，不能充分地反映信息所包含的内容，从而使市场的有效性大为降低。弗伦奇等（French and Roll，1986）通过计算和比较交易日与非交易日股价波动，发现私人信息对价格的变动起主导作用，股价波动幅度与可获得信息量之间存在正相关关系。法玛和弗伦奇（Fama and French，1988）认为长期收益负相关是随时间变化的理性期望收益变动导致的结果。

杰森（Jensen，1978）对市场有效性的三种研究思路进行了综述，更加明晰了有效性研究的脉络。麦基尔（Malkiel，1992）从三个方面概括了有效性的定义：第一，在价格的形成过程中，所有相关的信息都能得到完全、正确的反映；第二，如果透露某种信息给交易者，证券价格不受影响，那么市场对这种信息是有效的；第三，如果建立在某种信息基础上的证券交易不能产生超额收益，那么市场对这种信息是有效的。该定义无疑是对有效市场定义的深化，提示了检验市场有效性的方法，即检验在某种信息基础上所作的交易是否获得超额收益。有效市场理论研究框架初步形成。

然而，在实证理论不断证明发达金融市场有效的同时，许多市场有效性假说不能解释的现象呈现出来。1978年，鲍尔（Ball）首次提出异象的存在，他发现公司赢利公告后股票价格依然存在未按预期盈余方向持续漂移的趋势。勒罗伊和波特（LeRoy and Porter，1981）、席勒（Shiller，1981）发现股票市场存在过度波动现象，马斯和默顿（Marsh and Merton，1986）对席勒研究中对分布的假设与估计的分布性质提出质疑。德邦特和塞勒（De Bondt and Thaler，1985）最早提出股票价格对信息的过度反应现象，实证指出基于过度反应构造投资策略可获得超额收益。坎贝尔和席勒（Campbell and Shiller，1989）发现即使是单位根过程也存在过度波动的证据。杰伽第和梯特曼（Jegadeesh and Titman，1993；2001）的研究结果显示，过去3～12个月表现好或差的股票（赢者或输者）在接下来的3～12个月内继续表现好或差，单只股票过去6～12个月的股价走势有助于预测未来价格的走势，说明股票价格具有中期预测性。莱曼（Lehmann，1990）对1965～1985年在NYES & AMES交易所的股票构造投资策略，发现股票收益的周反转效应,再一次对"有效市场假说"提出质疑。兰考尼肖科和维什尼(Lakonishok and Vishng, 1994)构造反向投资策略,买入价值股而卖出热门股,说明这种策略可以获得更高收益,且指出该超额收益并非源于更大的风险,而源于特定投资者的次优行为。金母等(Kim et al., 1991)的研究指出第二次世界大战后纽约股票市场收益率并没有发现均值回归的现象。

这些现象的不断出现对"有效市场假说"提出了极大的挑战,有效市场理论的拥护者基于其产生原因的视角做出解释,回击对"有效市场假说"的否定。1998年,法玛通过理论分析,指出之所以出现反应不足和反应过度现象是由坏模型和技术问题造成的,股票长期收益率的可预测性具有偶然性,方法上的改进能使该异象的大部分消失。麦基尔(Malkiel, 2003)回应了对"有效市场假说"的攻击,指出市场比文献中所说的更加有效,可预测性小,在其2005年的研究中也指出美国及国外的专业投资经理的业绩并没有超越指数标准。陈和闫(Chen and Yen, 2002)利用人工智能技术作为期望组成机制,设计代理商模型,得出以代理商为基础的人工股票市场并不能拒绝有效市场假说或者理性预期假说的结论。斯沃特(Schwert, 2003)通过回归分析,检验是否有超额收益,发现关于异象的文献发表后,市场参与者的策略行为会使得异象减弱或者消失。蒂默曼等(Timmermann et al., 2004)指出如果可以通过信息集获得经济利润,那么市场是有效的,市场可以完全和正确地反映相关信息并决定资产价格。托斯和凯尔泰斯(Tóth and Kertész, 2006)作图比较了检验收益的截面相关性,发现收益截面相关性逐渐下降,市场有效性增加了。

市场有效性理论在争论中不断发展,在学者们证实和证否过程中形成十分丰富的实证成果,已成为具有完善研究框架的理论。

第五节　有效性的挑战与应对

"有效市场假说"自从被正式提出以来,一直都是金融领域研究的热点,在实证理论不断证明发达金融市场有效的同时,许多与市场有效性假说相矛盾的异象呈现出来。随着金融市场计量技术的发展,大量异象的发掘,对"有效市场假说"提出了极大挑战。以法玛为代表的经典金融学派从传统理论的角度对动量效应进行了解释,异象不是市场无效的证据,所谓异象中的超额收益可能与人们采用的理论工具有关——在资本资产定价模型中,β值不是好的风险指标,在因子模型中加入新风险因子,超额收益或许就会消失。但对因子模型中应当加入哪些风险因子,学者们未能达成共识。行为金融则认为传统金融理论的前提出了问题,因而试图从投资者的决策行为入手来找出动量效应的产生机制,但这些解释也存在缺陷。谢弗林和斯特曼(Shefrin and Statman,2000)认为,行为金融模型对投资人行为模式的假设,并没有以心理学实验为基础,缺乏合理的依据。两派学者对异象的发现与解释的争论仍在继续。

一、有效性的挑战——异象

股票市场异象是指"不能被金融经济学家工具箱中最直观的'风险-收益'模型(如 CAPM)所解释的现象",可能与基本面、技术或日历有关。例如,低市盈率小规模股票相比,大盘有更好的收益等基本面异象,一月效应等日历异象,动量效应、过度反应等技术异象等。

异象的出现直接对"有效市场假说"提出了极大的挑战。随着计算技术的发展,异象的种类不断增加,挑战更加严峻。

(一) 累计市场异象

1. 股权溢价之谜

股权溢价之谜(equity premium puzzle)是指股票市场的收益水平高出无风险收益太多。莫拉和普雷斯科特(Mehra and Prescott,1985)最早发现标准普尔(S&P)报酬和无风险利率之间的差距太大(约7%),而这部分超额收益很难为传统资产定价模型所解释,他们发表了著名的股票溢价之谜。迪姆逊等(Dimson et al.,2000),希格尔(Siegel,1998),法玛和弗伦奇(Fama and French,2002)也发现股票收益高于其预期收益,据美国学者希格尔(Siegel,1998)的研究,美国1926~1992年,公司股票的总收益与无风险收益之差约为6.1%,而同期公司长期债券的这一收益仅为1%。但法玛和弗伦奇(Fama and French,2002)得出股权溢价很小,只有2.55%~4.32%,他们认为这部分超额收益是承担风险应得的报酬。

2. 波动率之谜

波动率之谜(volatility puzzle)是指证券价格的波动明显过大,远远大于由有效市场理论所预测的内在价值(未来收益的现值)的波动。勒罗和波特(LeRoy and Porter,1981),以及席勒(Shiller,1981)发现股票市场存在过度波动现象,即价格或收益率的波动要远远比股息的波动剧烈,而且股票收益率的历史波动是任何理性模型都不能解释的。

3. 预测能力之谜

预测能力之谜(predictability puzzle)是指股票的未来收益率可以用基本面或

技术面信息预测的现象。法玛和弗伦奇（Fama and French，1988）通过分析发现，红利价格比率可以解释累计股票收益变化的 27%。柯姆和斯泰姆堡（Keim and Stambaugh，1986），坎贝尔和希勒（Campbell and Shiller，1989），法玛和弗伦奇（Fama and French，1989）的研究结果表明，收益可以利用利率、红利-价格比率（D/P）、收益-价格比率（E/P）等技术指标进行预测。

（二）截面市场异象

1. 长期反转效应

德邦特和塞勒（De bondt and Thale，1985）按前 3 年的累积收益率提取收益最佳的 35 只股票构成赢家组合，最差的 35 只股票构成输家组合，发现此后 5 年间输家组合的收益率要显著优于赢家组合。对此，一个较为合理的解释就是过度反应现象。跌价股在过去 3 年中的股价过低，向市场传递出利空消息，因此容易低估股票，而溢价股正相反，投资者因利好消息容易高估股价。肖普拉等（Chopra et al.，1992），鲍尔等（Ball et al.，1995）也发现，长时间后，股价会出现大幅反转。这就是长期反转效应（long-term reversals），也被称做赢家输家效应（winner-loser effect）。

2. 短期动量效应

许多研究者依据股票过去的收益情况提出了许多不同的方法来检验股票的收益，同时又发现了同过度反应效应相对的不足反应效应，又称做短期动量效应（momentum effect）。短期动量效应是指股票价格变化表现出具有向同一方向波动的持续性。杰伽第和梯特曼（Jegadeesh and Titman，1993；2001）的研究结果显示，过去 3~12 个月表现好或差的股票（赢者或输者）在接下来的 3~12 个月内继续表现好或差。短期动量效应显示，单只股票过去 6~12 个月的股价走势有助于预测同方向未来价格走势，说明股票价格具有中期预测性。安东尼奥等（Antoniou et al.，2010）发现高情绪期动量效应更明显，认为此结果与高情绪期负面消息扩散较慢一致。

3. 小公司效应

小公司效应（small firm effect）也称规模效应（size effect），是指小市值公司股票收益大于大市值公司股票收益。柏恩（Banz，1981）发现小市值公司股票的平均收益率要高出大市值公司的 19.8%。柯姆（Keim，1983）和瑞恩甘姆（Reinganum，1983）发现小公司效应主要集中在 1 月，几乎 50% 的小公司效应都发生在 1 月。因此，将这种现象称为小公司 1 月效应（small firm-January effect）。斯沃特（Schwert，2003）指出小公司效应在关于它的第一篇论文公开发表后消失了。

4. 日历效应

日历效应 (calendar effect) 主要包括1月效应, 每月之交效应和星期一效应等。一些研究发现, 证券市场的1月和每个月的最后一天及下一个月的前4天往往会带来异乎寻常的高收益, 而星期一的回报则比一星期中其他任何一天都差。早期的许多研究发现各个股票市场的都存在日历效应。然而, 穆萨 (Moosa, 2007) 的研究显示1月效应已经消失了。

5. 初始发行、股票增发及回购

长期以来, 人们认为股票发行市场存在异象, 其原因在于情绪推动的误定价, 精明的经理人会选择情绪交易者过高估计股价时发行股票。瑞特 (Ritter, 1991)、劳伦和瑞特 (Loughran and Ritter, 1995) 证明, 在以往发行年份, 公司特征相似的发行股票的公司与不发行股票的公司相比, 表现较差 (under-perform)。丹尼尔和梯特曼 (Daniel and Titman, 2006) 考虑了股票的增加 (股票的再发行和基于股票的并购) 和股票的减持 (回购、分红、从公司提取现金), 用综合法测量证券的发行, 同样发现, 发行证券公司与不发行证券公司相比, 前者表现较差。

6. 最大日收益率异象

巴利等 (Bali et al., 2011) 发现市场上存在类似彩票的股票, 这类股票一般来说是小规模股和流动性较差的股票, 利用这类股票构造多空组合, 可以获得异常收益。滞后一月的股票极端正收益与股票的预期收益之间存在显著的负关系, 实证结果在控制了规模、账市比 (B/M)、动量、长期反转、流动性及偏度等因素后依然稳健。这类异象的存在一方面是由于市场上存在偏好这类股票的投资者; 另一方面是由于这类股票主要由个体投资者持有和交易, 较高的交易成本阻碍了套利。

(三) 投资者行为异象

1. 分散不足

分散不足 (insufficient diversification) 是指投资者持有的证券数量很少, 显著少于标准的投资组合理论所推荐的构成分散化投资组合的证券数量。本耐兹和塞勒 (Benartzi and Thaler, 2001) 的实验研究发现, 许多投资者采用平均化投资策略将自己的储蓄平均分散在每一个投资选择上, 而不管这些选择是什么。弗伦奇和波特坝 (French and Poterba, 1991) 的报告显示在美国、日本和英国的投资者持有本国证券的比例分别占所有证券的94%, 98%和82%, 这说明投资者有一种熟悉偏好 (home bias), 即投资者投资于自己熟悉的证券, 而不是最大化分散投资以减小风险。

2. 处置效应

处置效应（disposition effect）是指投资者过早地卖掉处于赢利状态的股票而过迟卖出亏损股票，表现出售赢持亏的行为趋向。奥丁（Odean，1998）的研究结果显示，一方面，投资者对亏损股票存在较强的惜售心理，不愿意实现损失；另一方面，投资者在赢利面前趋向回避风险，愿意过早地卖掉处于赢利状态的股票以锁定利润。同时，还有学者发现出于避税考虑，美国股票投资者在12月卖出的亏损股票较多，处置效应在12月表现不明显。

（四）会计特征相关的异象

1. 财务困境

坎贝尔等（Campbell et al.，2008）发现经营失败概率高（high failure probability）的公司，因其风险较高，随后应有较高的收益，但实证结果发现其随后的股票收益较低，认为此现象对标准的理性资产定价模型是一个挑战。经营失败概率用动态逻辑模型（dynamic logit model）来估计，选取公司会计变量及股市变量［如股价、账市比、股票波动性、相对于标准普尔（S&P）500指数的规模及累计超额收益］作为解释变量。同时用奥森分值（O-score）来刻画公司的破产概率，得到相似的结论。破产概率选取会计变量（如净收入/资产，营运资本/市值资产，流动负债/流动资产）用静态模型进行估计。

2. 应计异象

应计利润与未来股票收益负相关，且利用应计利润信息构造股票投资组合可以获得超额回报，这一现象被称为应计异象（accrual anomaly）。斯隆（Sloan，1996）首次发现了应计异象，从持续性（persistence）的角度以盈余（earning）信息为基础进行了投资策略研究，发现总应计项高的公司与总应计项低的公司相比，前者具有异常的较低平均收益。总应计项的变化用非现金营运资本扣除折旧费用，用前两个财政年度的平均资产进行标准化。斯隆认为应计异象产生的原因是投资者在形成盈余预期时，过高估计了盈余中应计项的持续性，进而使得利用应计利润信息构造股票投资组合有更多的收益。

3. 其他会计指标相关异象

诺维-马克思（Novy-Marx，2010）发现按单位资产毛利进行分类排序，获利较高的公司与获利较低的公司相比，前者有更高的异常收益。诺维-马克思认为单位资产毛利可用来测量公司真正的经济获利能力，是一个最干净的会计指标。损益表的项目越多，测量真正的经济获利能力的指标越易受到污染。梯特曼等（Titman et al.，2004）和兴（Xing，2008）发现较高的过去投资能够预测较低的未来异常低收益。梯特曼等（Titman et al.，2004）把这种异象归因于投资者起初对经理人基于经验行为的过度投资反应不足。赫希莱佛等（Hirsh Leifer et al.，2004）发现净营运资产是股票长期收益的强逆向指标。他们认为投资者的有限注意力使其关注会计赢利性，而忽略了现金赢利性的信息。用营业收入与自由现金流的累计差测量净营运资产，可以捕捉到这个认知偏见。库珀等（Cooper et al.，2008）发现公司总资产扩张较快的公司随后的收益较低。他们认为此现象是由于投资者起初对隐含在资产扩张中的未来商业前景的变化反应过度。法玛和弗伦奇（Fama and French，2006）发现高获利公司未来预期收益比低获利公司高。陈等（Chen et al.，2010）实证发现过去具有较高的资产回报率的公司股票随后可获得较高的异常收益。

二、异象的解释

对实证研究中发现的经典金融理论无法解释的各种市场异象，金融经济学家们用了很多不同的方式去解释。大致上可分为以下几种类型。

（一）基于市场不完善视角的解释

对1月效应的解释最主要的有减税卖出假说和橱窗效应假说。减税卖出假说认为，投资者为了抵消当年其他股票的资本增值，会在年底抛售下跌的股票，以达到少缴税收的目的。而年关过后，投资者又重新买回这些股票。这种集体买卖行为导致年终股市的下跌而次年1月股市的上扬。柯姆（Keim，1983）用微观结构来解释1月效应，他发现12月的最后一笔交易主要是在买价（bid price）上成交，价格较低，这导致了1月头几天的高收益率。并且在12月最后一笔交易以买价成交的股票更多地倾向于小公司股票，此外小公司股票有更大的买卖价差额（bid ask spread），因此，小公司股票的1月效应更大。但这些解释并不能完全解释1月效应。

对星期一效应，一种解释是：由周末投机所带来的收益往往不能弥补在星期五卖出和星期一重新购买这一过程所付出的交易成本所致。另一种关于星期一效应的解释是公司一般是在周末股票市场收盘时发布一些坏消息，因而导致星期一股票价格下跌。但这两种解释都存在缺陷，很容易被推翻。

此外，对规模效应，有些学者的解释是CAPM不合理的估计导致了明显的超额收益率。例如，根据CAPM估计的小公司的β太低，从而导致用CAPM计算出来的期望收益率太低，所以小公司的实际收益率就高于估计的期望收益率。另外一些学者用忽视效应和流动性效应来解释。阿尔贝和斯特雷贝尔（Arbel and Strebel,1983）认为，因为小公司倾向于被大的机构投资者忽视，所以关于小公的信息提供得较少，这种信息缺乏使小公司股票的风险更大，所以需要更高的收益率来补偿。阿米伍德和曼德尔松（Amihud and Mendelson，1986）认为，因为小公司股票流动性低，交易成本较高，所以投资者要求其提供更高的收益率才会投资该种股票。

（二）基于改进模型视角的解释

流动性能否像系统性风险、规模、账市比等作为资产定价因子吸引了大批金融学者研究目光的同时，还存在影响股票预期收益的其他变量，以及这些变量可否纳入资产定价因素的考察范围？这些问题是当今行为金融和传统金融争论的焦点。行为金融支持者会把这些影响股票预期收益的变量归结为市场无效的异象特征，并从市场情绪或投资者情绪的视角去解释这些现象，而传统金融的捍卫者则力图从微观结构视角去解释这些现象，努力从市场结构制度本身，从交易成本、风险补偿方面去解释认识这些异象。

法玛和弗伦奇（Fama and French，1995）建立的三因子模型是最典型的成果。由于规模效应、市盈率（P/E）效应、市净率效应（P/B）等现象无法用CAPM等传统的风险定价理论来解释，而且研究发现，这几种现象之间存在着密切的关系。于是，他们在利用广泛的价格数据进行了大量实证研究的基础上，提出了一个新的模型，将公司规模和账市比也作为两个风险因素，即用市场指数、公司规模和账市比三个风险因素去解释股票的收益。因为这个模型的确与现有的数据拟合得很好，所以已得到学者们的广泛接受。另一个是陈等（Chen et al.，1986）提出来的多因素套利定价理论的模型，用来解决市场指数单因素CAPM对股票收益较弱的解释力。他们证实了行业生产、公司债券的风险溢价和这以外的通货膨胀率都是股票收益强有力的解释因素，但由于因素的不太完全和模型的不完善，在这个方向上还有很多工作要做。

（三）基于行为金融视角的解释

经典金融理论认为市场参与者（或决策者）是理性经济人，这是传统金融理论中的一个核心命题。然而，现实中的决策人往往表现出非理性或有限理性的一面。或许这种非理性或有限理性恰恰是产生种种异象的根源，行为金融正是由于非理性假设而受到重视的。

行为金融从心理学、行为学等角度研究现实中的人类决策过程，提出投资人在决策中存在的认知错觉，这些认知错觉的形成原因具体可以分为两类：启发式决策过程（heuristic decision processes）、心理框架（mental frames）。启发式决策过程的认知是人们面对复杂的、不确定性环境下的决策规则，它往往并非完全理性，而是运用简单的、有限的启发式认知原则得出决策结果。典型的启发式认知原则有代表性法则、可利用性法则（availability）、过度自信等。心理框架可以用期望理论来阐述，它为人们在风险条件和不确定环境下进行决策提供了一个描述性框架，与传统的主观期望效用理论（subjective expected utility theory）相比更加体现了人类的心理和行为因素。从本质上来讲，期望理论可以用影响个人投资决策过程的若干心理状态来展现，即损失厌恶（loss aversion）、后悔厌恶（regret aversion）、心理账户（mental accouting）、自我控制（self control）等。

心理学理论的引入，为金融异象的解释开辟了一条新的道路，推动了行为金融学的繁荣，涌现出丰富的研究成果。本耐兹和塞勒（Benartzi and Thaler, 1995）、巴布利斯等（Barberis et al., 2001）运用期望理论，马恩豪特（Maenhout, 2004）运用模糊厌恶对股权溢价之谜进行解释；巴布利斯等（Barberis et al., 2001）运用期望理论，巴布利斯和塞勒（Barberis and Thaler, 2003）运用代表性法则与过度自信解释波动率之谜；关于长期反转，巴布利斯和斯莱弗（Barberis and Shleifer, 1998）运用代表性法则和保守性，丹尼尔等（Daniel et al., 1998）运用过度自信进行解释；巴布利斯等（Barberis and shleifer, 1998）运用保守性，丹尼尔等（Daniel et al., 1998）运用自我归因偏差（self-attribution bias）探讨了动量效应产生的原因；巴布利斯和塞勒（Barberis and Thaler, 2003）从模糊厌恶角度探索投资者分散不足的现象；奥丁（Dden, 1998）从期望理论和投资人均值回复的非理性信念两个角度提出卖出决策的解释。

基于心理学、行为金融学的成果，从投资者实际决策心理和行为的视角探索、研究金融市场，是行为金融的本质所在。行为金融学领域的开拓者在分析、解释异象的同时，试图不断拓展和完善行为金融理论，以期更加系统地去认识金融市场。

第六节　市场有效性检验方法的适用性分析

到目前为止，已经有相当数量的市场有效性检验方面的研究。通过测量依据某类特定信息交易所能产生的超额回报，来检验市场有效性假说几乎是所有这类研究的出发点。具体来说，用以评价市场有效性的方法可以分为三类：一是依据特定的历史信息，考察某一时间序列中证券价格变动是否存在相关性，以此检验证券价格的变动模式；二是设计某种依存于某些特定公开信息的交易策略，观察这些交易策略是否能获得超额收益；三是观察特定的交易者，如依赖于某些特定的公开或内幕消息进行交易的专业投资者或内幕人员，看他们能否获得超额收益。

目前，对资本市场弱式有效性的研究主要集中在历史数据的可预测性与投资策略的可获利性两个角度。前者主要关注收益序列对随机游走的偏离，常用的方法有鲍克斯-皮尔斯（Box-Pierce）序列相关检验、斯皮尔曼（Spearman）秩相关检验、肯达尔（Kendall）τ-检验、威尔柯克逊（Wilcoxon）符号检验、游程检验、单位根 DF 检验、ADF（Augment Dickey-Fuller）检验、PP（Pillips-Perron）检验、方差比检验和条件异方差检验等。后者则聚焦投资策略能否带来超额收益，如过滤检验或称滤波检验，是指当资产价格上涨 $X\%$ 时，立即购买并持有这一资产直至其价格从前一次上涨时下跌 $X\%$，当资产价格从前一次下降上涨 $X\%$ 时，立即卖出持有的资产并做卖空，此后购买新股并填平卖空，如此循环操作，以是否获得比"简单购买-持有"策略超额的收益来检验市场的弱式效率。

各种方法在一定程度上刻画了资本市场的效率特征，检验了市场的效率、推动了市场的有效发展。然而，这些方法的前提要求是十分严格的，抑或假设收益服从正态分布，抑或假设收益序列满足线性，抑或假设具有同方差。鉴于我国资本市场的特殊性，西方资本市场效率研究的成果和方法有可能不具有适用性。从微观层面来说，经过十几年的发展，虽然目前资本市场提供了更多的样本，在技术上能够满足某些计量模型的需要，但数学或计量模型都要有严格的前提条件。从国外引进的这些计量模型，只适用于一定的制度背景及市场交易环境，如果这些前提条件得不到满足，可能会影响模型可用性。此外，由于资本市场发展时间期限太短，某些关键变量的度量方法会受到影响，从而影响结论。从宏观层面来说，中国资本市场起步较晚，资本市场的市场化程度低、股本结构特殊、信息披露制度不完善，同时又受到国有股权、国企改革、股权分置等因素的深远影响，表现出了特有的复杂性，显然不同于西方发达资本市场。总之，中国资本市场及其外部环境的不成熟性，决定了中国资本市场中信息的规范性、真实性、充分性和分布的均匀性等都与成熟市场有较大差异，对我国资本市场效率的研究还需从我国资本市场的特征出发。

现有的检验方法本身可能具有一定的缺陷，用来判别资本市场效率时还需谨慎。例如，游程检验作为一种非参数检验方法，无法显示时间序列中游程的内部结构，另外，游程检验还受基期选择的影响，选择不同的基期计算的游程检验统计量不同；序列相关性检验法中最大滞后阶数的选择仍然是个问题，因为过高的时滞阶数将失去过多的自由度，降低检验的势（power），而较小的时滞又会遗漏了高阶时滞的序列相关，此外，对存在条件异方差的情况，Box-Pierce 统计量 Q_m 和 Ljung-Box 统计量 Q_m^1 并不适用；单位根检验要求有正态性假设；事件研究法虽然可以方便地帮助人们检验市场的半强式有效性，但是它在理论上存在致命的缺陷，即联合检验问题，在事件研究方法中检验市场有效性必须以 CAPM 成立为前提，而与此同时 CAPM 的成立又必须以市场有效假设成立为前提，等等。因而，在用特定的模型来检验市场有效性时，首先要注意这些问题以确保实证结果的可靠性。

此外，所选用数据的时间区间不同可能导致研究结果不一致。我国资本市场始于国有企业改革，经历国家严格监管、宏观政策调控、股权分置改革的阶段，在摸索中发展壮大起来，不同时间具有不同的阶段特征。选用不同时段数据必然致使其结果所反映的是我国资本市场不同阶段的市场效率特征，结论未能达成一致可能源于数据时段的选择，而不是方法的无效。为此，我们将在后文中选用同一时间区间的数据检验各种方法的可用性，进而分析我国资本市场的效率。

不难看出，相伴中国资本市场的起步和逐渐走向成熟，市场有效性的研究可以说从来就没有间断过，理论研究和实证分析并行，证实与证伪同在，但迄今为止并没有对中国金融市场的有效性问题达成一个统一的定论，而且相关研究成果比较零散。因此，关于中国证券市场效率检验乃至不同效率层次的检验仍将继续进行，获得较为一致的对市场效率的研究结果依然任重道远。我国资本市场发展了 20 多年，发展历史短，不同于国外的市场，照搬拿来的各种检验方法更显无力，应创新探索市场有效性检验方法以适应我国资本市场。目前，很多学者围绕我国资本市场的效率判别的研究成果很多，有必要理清资本市场效率的研究脉络，在探索现有方法可适用性的同时另辟蹊径，用反映实体经济与宏观经济协调发展的资本市场的配置效率来探索资本市场效率的判别方法，为资本市场效率的研究开辟新的视角，这将成为本书的落脚点。

第三章　中国资本市场信息效率判别

现代资本市场理论是基于成熟资本市场发展而来的理论，而我国资本市场有许多不同于发达国家成熟资本市场的特点，因此必须对我国资本市场的信息效率做出一个基本的判断，这样才能用我国资本市场实际来修正现代资本市场理论以适应我国资本市场的需要，从而引导我国资本市场的健康发展。事实上，伴随我国资本市场的起步和逐渐走向成熟，市场信息效率的判别从未有过间断，形成了一系列有价值的研究成果。然而，对我国资本市场信息效率的判别至今尚未达成一个统一的定论。

我国资本市场信息效率的研究主要集中于市场是否达到弱式有效上，学者们选用不同市场、不同频率的数据，采用不同的研究方法，关注了不同时期我国资本市场的弱式效率，一些人认为我国资本市场已达到了弱式有效，一些人则认为我国资本市场还未达到弱式有效。同时，也有一些学者开始探索半强式有效，基于各自关注的事件通过事件研究法分析市场的半强式有效，认为中国金融市场尚未达到半强式有效。然而，半强式效率的实证结果只能作为达到半强式效率的必要条件，而不是充分条件。可见，我国资本市场效率的检验还需继续，还需重新审视我国资本市场的信息效率，明晰我国资本市场的特征。因而，我们在梳理现有研究成果的基础上，基于同一时间、同一频率、同一市场的数据，运用各种可行的方法实证检验我国资本市场的信息效率。

第一节　中国资本市场信息效率判别研究成果一览

伴随着上海证券交易所和深圳证券交易所的相继成立，基于中国证券市场不同效率层次有效性实证检验的相关研究也吸引了众多学者的注意。俞乔和吴世农是最早研究中国资本市场有效性问题的学者。之后，基于不同时间间隔的市场交易数据，以不同的证券产品为观察对象，运用不同的定量分析方法，从不同的研究视角，众多学者围绕中国资本市场的有效性问题进行了持久的、大量的实证研究，得出了很多有价值的结论。然而，现有研究的结论并不一致，我们按照所得出的结论类别，梳理和分析了关于中国资本市场的信息效率判别的现有成果，见表 3-1。

表 3-1　中国资本市场效率研究成果梳理

年份	作者	检验原理与方法	数据	结论
1994	俞乔	误差项序列自相关检验、游程检验和柯尔莫哥洛夫-斯米尔诺夫检验方法	沪市①和深市②综合股价指数	中国证券市场还没有达到弱式有效
1994	吴世农	自相关检验和相关统计分析	沪市 12 种股票和上证综合指数、深市 5 种股票和深圳成分指数及沪深两市选取的 20 只股票	中国股票市场尚未达到真正意义上的弱式有效
1995	宋颂兴和金伟根	柯尔莫哥洛夫-斯米尔诺夫检验方法，自相关检验、游程检验、CAPM 模型	1993 年 1 月 1 日沪市 29 只股票	1993~1995 年沪市的弱式有效假设成立，同时发现沪市存在小公司效应
1996	高鸿桢	序列相关检验和延续性检验	沪市 1991~1994 年的股价变化	沪市从 1993 年以后处于从无效市场向有效市场过渡的中间状态
1996	沈艺峰	事件研究法	1993.9.8~1993.11.4，延中股票的交易价格和 1993.10.14~1993.12.9 申华股票交易价格（包括最高价和最低价），以及相应期间内的上证综合指数	整个实证检验结果表明现阶段我国股票市场不具有半强式有效性
1997	陈小悦等	迪克-富勒（Dickey-Fuller, DF）单位根检验	沪深两市 1992 年年底以前上市的 52 种股票，以及 20 种股票指数 1991~1996.11 的每日收盘价	深市在 1991 年就已经达到弱式有效，而沪市在 1993 年以后达到弱式有效
1997	阎冀楠和张维	单位根检验和一阶、二阶相关分析	1990~1996 年上证综合指数周收盘价	上证综合指数序列存在单位根、一阶相关和波动聚集等特征，认为中国股票市场的 EMH 不成立
1997	史代敏和杜丹青	自回归分析方法	截至 1997 年的上证综合指数和深证成分指数的日数据	中国股票市场没有达到弱式有效；沪市逐步向弱式有效市场发展
1997	杨朝军等	事件研究法	1993~1995 年沪市有送配方案的 100 家上市公司股价在公告日前后的变化情况	沪市具有半强式有效性
1997	吴世农和黄志功	事件研究法	沪市的 30 家公司为研究样本，根据其在 1996 年 4 月公布的 1995 年财务报表的盈亏情况	沪市半强式有效

① 指上海证券市场
② 指深圳证券市场

续表

年份	作者	检验原理与方法	数据	结论
1998	杨朝军等	现代投资分析理论与实证研究方法	沪市 1991~1996 年收益率	沪市收益率序列自 1993 年开始逐步趋向正态分布，而在 1991~1992 年则存在秩相关性，因此推断沪市于 1993 年开始呈现弱式有效的特征
1998	范龙振和张子刚	DF 检验法	深市深发展、万科、深金田、安达、星源 5 种股票 1995 年 7~10 月共 4 个月的日收盘价数据	股票价格可以用随机游走模型来描述
1998	胡朝霞	随机游走模型、AR 模型和威尔柯克逊（Wilcoxon）符号秩检验	1994~1996 年上证综合指数收盘价的日收益率数据	沪深股市在第一阶段都未达到弱式有效，而在第二阶段都达到了弱式有效，在第三阶段基本都达到了弱式有效，总体上看，中国股票市场是在朝着弱式有效方向发展
2000	奉立城	股票市场日收益率模型和线性回归模型	1992.6.1~1998.6.30，上证综合指数和深证成分指数每日的收盘价	沪深两市均效率低下，且沪市效率更低
2000	胡畏和范龙振	单位根和方差比检验方法	1995~1999 年的上证综合指数、上证 A 股指数和 15 种代表股票价格	除个别小公司股票价格行为不服从单位根过程外，指数和大多数股票价格的行为均显示出具有一定程度的弱式市场有效性特征，认为沪市达到弱式有效
2000	靳云汇和李学	事件研究法	94 例有确切信息公布时间的买壳上市公司	就买壳上市而言，中国证券市场对该信息的反应是过度的，市场不是半强式有效的；但是，在过度反应的反向修正中，修正幅度反映了壳公司买壳上市后经营业绩是否得到改善
2001	张亦春和周颖刚	广义谱分析（generalized spectral analysis）方法	1993~2000 年上证 A 股指数日收盘价数据	中国股票市场不是弱式有效
2001	庄新田等	时间序列和波动分析方法	上证综合指数 1990.12.19~2000.6.1 每日收盘指数，共计 2356 个交易日数据；深证成分指数 1991.4.3~2000.6.1 每日收盘指数，共计 2305 个交易日数据	沪市和深市在跨时间尺度的股价指数之间存在着相关性，时间序列呈现持续性，随机游走不适用股价指数
2001	冉茂盛等	R/S 方法	1995~2000 年上证综合指数和深证成分指数周收盘价	沪深两市弱式有效

续表

年份	作者	检验原理与方法	数据	结论
2002	马向前和任若恩	序列相关检验和ADF检验	上证综合指数1990~2000年的日收盘价数据	1993~2000年沪市价格波动遵循零漂移随机游走模型，1993年以后的沪市达到了程度很低的弱式有效状态，但1993年以前的沪市没有达到弱式有效
2002	解保华等	单位根、方差比（VR）和序列二阶相关性检验方法（BDS）	上证综合指数1990~2001年、深证成分指数1995~2001年的周收盘价数据	沪深指数行为服从单位根过程，且上证综合指数和深证成分指数序列在同方差情形下基本能够满足序列一阶不相关，但在异方差情形下却是序列一阶相关，而BDS检验说明异方差情形普遍存在，因此认为中国股票市场的弱式有效性不成立
2002	史永东等	可变参数的卡尔曼（Kalman）滤波模型	上证综合指数和深证成分指数1991~2000年近10年的周收益率数据	中国股票市场的有效性是逐步提高的，政策法规的颁布与实施对股票市场有效性的提高起到了非常重要的积极作用
2002	胡金焱	DF检验、白噪声检验和游程检验	开始交易至1992.5.19，1992.5.20~1996.12.15，1996.12.16~2001.12.31上证综合指数、深证成分指数日收盘价	第一阶段两个市场都不符合随机性假设，都未达到弱式有效，第二、第三阶段两个市场可以看做基本达到弱式效率，且中国股票市场朝着弱式有效的方向发展
2002	陈立新	游程检验和事件研究法	30家在上交所上市的公司2000年度年报公布的数据	沪市已达到弱式有效率，但还不具有半强式有效率
2003	贾权	基于市场有效假设的CAPM模型，以及其他因素与收益率之间的关系	1998.1~2002.12（共60个月）所选股票的年度收益率（复权后的价格涨跌幅）、市场β值、流通市值、市盈率、市净率等数据	市场β值与收益率呈现出与CAPM模型预测正好相反的负相关关系，而且流通市值、市盈率、账市比等其他因素对收益率也有着很强的解释能力，因此，中国股票市场不满足市场有效性的假设
2003	张兵和李晓明	时变系数自回归AR（2）模型	上证综合指数数据始于市场成立时，截至2001.9.28，选取388只沪市上市公司股票数据截至1998年年底	中国股票市场从1997年开始呈现弱式有效
2003	许涤龙和吕忠伟	单位根检验、游程检验和资本资产定价模型	1998~2001年深证综合指数的日数据	深市达到了弱式有效

续表

年份	作者	检验原理与方法	数据	结论
2004	陆蓉和徐龙炳	EGARCH 模型	1990.12.19～2003.1.29 上证综合指数每日收盘指数和 1991.4.3～2003.1.29 深证成分指数每日收盘指数	存在"牛市"和"熊市"阶段对"利好"与"利空"的不平衡性反应特征,并且从投资者预期、结构、心理和交易机制等方面解释了产生"强市恒强、弱市恒弱"现象的原因
2004	邹辉文等	规范性研究方法		在综合讨论的基础上定性地认为中国股票市场尚未达到弱式有效
2005	何诚颖和程兴华	会计方法和价值投资研究法	1995～2004 年 A 股上市公司财务数据	高账市比类公司能够提供比市场更好的投资报酬率,重视高账市比类公司的个股研究能够获得超额回报,再一次给出股票市场不是一个有效市场的证据
2006	刘维奇和史金凤	Wild Bootstrap 方差比检验方法	1991～2006 年上证综合指数每周收盘价格的股指收益率和 1995～2006 年深证综合指数的每周收盘价格的股指收益率	上证综合指数股指收益率序列遵循随机游走过程或鞅过程,达到了弱式有效;深证综合指数股指收益序列尽管在短期内服从随机游走过程,但是就长期而言不遵循随机游走过程,尚未达到弱式有效
2007	吴振翔和陈敏	投资组合、证伪的方式	沪深股市所有挂牌交易的 A 股股票和上证 180 指数	我国 A 股市场弱式有效性不成立
2007	李锐和向书坚	局部平稳模型	上证 180 指数收益率数据	沪深股票市场还没有达到弱式有效
2007	沈根祥	布朗运动假设	上海 50 指数样本股的日交易高频数据	沪市不是有效市场
2007	吴建环和赵君丽	序列相关和游程检验的方法	截至 2005 年的上证和深证综合指数收盘价	中国股市在 1997 年之后已经呈现出弱式有效
2007	张敏等	鞅差序列的非参数统计量	沪深股市的 8 只大盘指数从开市到 2005.10.31	中国股市正趋于有效,并且支持了 A 股市场比 B 股效率高的结论,而且得出沪市比深市更有效的结论
2008	韩贵和王静	EGARCH 模型	1990.12.19～2008.3.19,上证综合指数的历史数据	中国股市存在很大的波动性,尚未达到弱式有效性
2008	张涛	相关性检验和游程检验	股权分置改革前后上证综合指数的日收益率	股权分置改革之前上证综合指数不具有随机性,股票市场属于无效的市场;而在股权分置改革之后,上证综合指数具有随机游走特征,股票市场属于弱式有效市场
2009	侯彦斌和张玉琴	ADF 单位根检验	2006～2008 年上证综合指数的每周股票收益率数据	实行股权分置改革以后,中国股票市场弱式有效性

续表

年份	作者	检验原理与方法	数据	结论
2010	李国俊和李霞	ADF单位根检验、自相关检验、正态性检验和游程检验	1993.1.4～2009.9.29，上证综合指数、深证综合指数、恒生指数、道琼斯估价综合平均数的收盘价	中国深圳、香港，以及美国股市在样本区间内为弱式有效，沪市自1997年后达到弱式有效。在弱式有效向半强式有效的阶段转化过程中，沪市最为明显，美国股市次之，中国香港股市最慢
2010	李佳和王晓	方差比检验方法	2005.4.8～2007.11.29和1999.1.26～2007.11.29沪深300指数和基金金鑫的历史收益率	中国股票市场在短期是弱式有效的，但从中长期来看是基本无效的
2010	瞿宝忠和徐启航	事件研究法	2008.6～2009.10A股上市公司中被收购上市公司的股价对并购信息的首次公告效应	全流通时期，中国股市效率已有较大提高，但尚未达到半强式有效

一、中国资本市场没有达到弱式效率层次的经验证据

我国弱式效率最早的研究是俞乔（1994）选取沪市和深市综合股价指数对中国股票市场有效性进行的检验，通过采用误差项序列自相关检验、游程检验和柯尔莫哥洛夫-斯米尔诺夫检验方法进行的实证分析结果显示，中国证券市场还没有达到弱式有效。之后，学者们主要沿着检验价格序列是否服从随机游走这一主线探索中国证券市场的弱式效率。直到2000年前后，多数研究主要使用单位根检验、序列自相关检验、游程检验等方法检验证券市场价格序列是否服从随机游走，吴世农（1994；1996）、吴世农和黄志功（1997）、阎冀楠和张维（1997）、史代敏和杜丹青（1997）、马向前和任若恩（2002）等学者基于不同时期的证券市场价格指数实证分析我国资本市场的弱式效率水平。吴世农（1994；1996），吴世农和黄志功（1997）分别选用了沪市12种股票和上证综合指数、深市5种股票和深证成分指数，以及沪深两市选取的20只股票的日收盘价序列或日收益率序列为研究对象；阎冀楠和张维（1997）则是以1990～1996年上证综合指数（也称上证综指）周收盘价为研究样本；史代敏和杜丹青（1997）同样选用截至1997年的上证综合指数和深证成分指数（也称深证成指）数据，不同的是他按照中国股票市场交易规则变化将研究区间分三个时间段；马向前和任若恩（2002）则是将上证综合指数1990～2000年的日收盘价数以1993年为分界点分为两个阶段实证检验我国证券市场的弱式有效性。

尽管所研究数据的时间区间不同，但都得到了我国证券市场未达到弱式有效的证据。吴世农（1994；1996），吴世农和黄志功（1997）通过自相关检验和相关统计分析发现，沪市样本的收盘价和市场股价综合指数均存在显著的自相关，其

变动不是无章可循的,而是具有可预测的趋势的,存在较为明显的统计规律,因此,上海股票市场不具有弱式效率;深市样本的价格序列也不是随机无序的,同样存在系统的统计规律,认为深圳股票市场也没有达到弱式有效;而对沪深两市20只股票的实证结果则表明,不存在显著的系统性变动趋势,但作者将此结果的出现归咎于实证方法缺陷,而不能以此推断中国股票市场已达到弱式有效,坚持认为中国股票市场尚未达到真正意义上的弱式有效。阎冀楠和张维(1997)使用单位根检验和一阶、二阶相关分析,实证结果显示上证综合指数序列存在单位根、一阶相关和波动聚集等特征,认为中国股票市场的"有效市场假说"不成立。史代敏和杜丹青(1997)通过自回归分析方法得到中国股票市场没有达到弱式有效,上海股票市场逐步向弱式有效市场发展,在第三阶段有微弱的弱式效率特征,但不能做出完全判断的结论。马向前和任若恩(2002)采用序列相关检验和 ADF 检验得到 1993~2000 年上海股票市场价格波动遵循零漂移随机游走模型的结论,认为 1993 年以后的上海股票市场达到了程度很低的弱式有效状态,但 1993 年以前的上海股票市场没有达到弱式有效。

在使用经典随机游走检验方法研究我国证券市场弱式有效性的同时,一些学者开始探索检验我国资本市场弱式效率的新方法。张亦春和周颖刚(2001)提出应用广义谱分析(generalized spectral analysis)方法,庄新田等(2001)则提出以序列自相关函数为时间序列,运用消除趋势波动分析(DFA)方法分析序列的长期相关性的方法,解保华等(2002)使用了方差比检验方法,史永东等(2002)选择了可变参数的卡尔曼滤波法,贾权(2003)利用了基于 CAPM 模型,以及其他因素与收益率关系的市场弱式效率检验方法,陆蓉和徐龙柄(2004)则采用基于 EGARCH 模型的方法,以及何诚颖和程兴华(2005)、吴振翔和陈敏(2007)等提出基于不同策略构造的组合是否产生超额收益来判别市场的效率水平的方法,李锐和向书坚(2007)提出了弱式效率经验的局部平稳模型,等等。

新方法的引入丰富了我国资本市场弱式效率的研究,同样也得到了一些否定市场达到弱式效率水平的结果。张亦春和周颖刚(2001)以 1993~2000 年上证 A 股指数日收盘价数据为样本,得出中国股票市场不是弱式有效的结论。庄新田等(2001)以股价指数的自相关函数为研究对象,得到沪市和深市在跨时间尺度的股价指数之间存在着相关性,时间序列呈现持续性,随机游走不适用于股价指数的结论。解保华等(2002)选用上证综合指数 1990~2001 年、深证成分指数 1995~2001 年的周收盘价数据,实证结果显示虽然两指数行为服从单位根过程,且上证综合指数和深证成分指数序列在同方差情形下基本能够满足序列一阶不相关,但在异方差情形下却是序列一阶相关,而 BDS 检验说明异方差情形普遍存在,因此认为中国股票市场的弱式有效性不成立。史永东等(2002)选用上证综合指数和深证成分指数 1991~2000 年近 10 年的周收益率数据为样本，分析了股票收益的可预测性及动态变化，结果表明中国股票市场的有效性是逐步提高的，政策法规的颁布与实施对股票市场有效性的提高起到了非常重要的积极作用。贾权（2003）利用中国股票市场数据发现市场 β 值与收益率呈现出与 CAPM 模型预测正好相反的负相关关系，而且流通市值、市盈率、账市比等其他因素对收益率也有着很强的解释能力，因此中国股票市场不满足市场有效性的假设。陆蓉和徐龙炳（2004）则按股票市场的波动将其划分为牛市和熊市两个阶段，通过 EGARCH 模型实证得出，存在牛市和熊市阶段对利好与利空的不平衡性反应特征，并且从投资者预期、结构、心理和交易机制等方面解释了产生"强市恒强、弱市恒弱"现象的原因。何诚颖和程兴华（2005）按照高账市比构造投资组合，发现高账市比类公司能够提供比市场更高的投资报酬率，重视高账市比类公司的个股研究能够获得超额回报，再一次给出股票市场不是一个有效市场的证据。吴振翔和陈敏（2007）以我国沪深股市所有挂牌交易的 A 股股票和上证 180 指数为研究对象，通过设计多种投资组合对我国股票市场的统计套利情况进行检验，采用证伪的方式来验证市场的有效性，发现我国 A 股市场弱式有效性不成立。李锐和向书坚（2007）对中国股票市场上证 180 指数收益率数据建立局部平稳模型研究沪市股票市场的弱式有效性，结果表明沪市股票市场还没有达到弱式有效。韩贵和王静（2008）利用 1990 年 12 月 19 日至 2008 年 3 月 19 日我国上证综合指数的历史数据，根据股票市场大的波动周期分五阶段经过 EGARCH（1，1）模型估计，以验证市场对信息冲出的反应情况，实证得出中国股市存在很大的波动性，尚未达到弱式有效性。

　　此外，我国资本市场的弱式效率的研究出现了检验市场异象的工作。奉立城（2000）对"周内效应"做了研究，发现与多数发达国家股票市场和新型股票市场相比，中国股票市场不存在普遍具有的"星期一效应"，但用于度量股票收益率波动性的标准差却在星期一达到最大；较强的证据支持了沪市存在着日平均收益率显著为负的"星期二效应"和显著为正的"星期五效应"；较弱的证据支持了深市也存在着日平均收益率显著为负的"星期二效应"和显著为正的"星期五效应"。因此，他认为沪深两市都缺乏效率，且沪市比深市更加没有效率。沈根祥（2007）依据布朗运动首达时的分布推导出限价委托执行等待时间的分布，对实际数据计算出的等待时间样本是否服从布朗运动假设下的等待时间分布进行检验，以此对市场有效性做出判断，并采用上证 50 指数样本股的日交易高频数据进行实证检验，得出的结论是沪市不是有效市场。

　　我国资本市场弱式效率研究不断发展，形成了大量方法、数据选择各不相同的实证成果，有必要对其进行总结、梳理。邹辉文等（2004）正是做了这样的工作，他们总结了前人的研究工作，探讨了证券市场效率的多种含义及其相互联系，对市场信息有效性理论和实证研究，以及对它的挑战进行了评述，在综合讨论的基础上定性地认为中国股票市场尚未达到弱式有效。本节则是在此基础上，加入了2004年以后的相关研究成果，从研究的原理与方法、数据的选择、实证结论三个维度进行了梳理与对比。1994～2008年的10多年间，学者们密切跟踪沪深两市股票资产价格序列或收益率序列运行轨迹，对中国证券市场弱式效率检验的上述研究结果，均支持了中国股票市场尚未达到弱式有效或仅达到程度很低的弱式有效的结论。

二、中国资本市场达到弱式效率层次的经验证据

几乎在同一时期，有相当的研究力量却在中国市场弱式效率的实证检验结果上得出了相反的结论。

宋颂兴和金伟根（1995）、高鸿桢（1996）、陈小悦等（1997）、范龙振和张子刚（1998）、胡金焱（2002）基于DF检验、白噪声检验、游程检验、自相关检验中的一种或几种的结合，分析我国证券市场的弱式有效性，与吴世农（1994；1996），吴世农和黄志功（1997）、阎冀楠和张维（1997）、史代敏和杜丹青（1997）、马向前和任若恩（2002）选用的是相类似的方法，但却发现了不同的结论，得到了我国证券市场达到弱式效率的证据。宋颂兴和金伟根（1995）以沪市1992年年底以前上市的26只股票为样本进行检验，按照1991～1992年和1993～1995年两个时间区段分别研究，得出1993～1995年的上海股票市场的弱式有效假设成立。高鸿桢（1996）运用序列相关检验和延续性检验两种方法，发现上海股票市场1991～1994年的股价变化对消息的反应具有时滞性且过度，认为上海股票市场1993年以后处于从无效市场向有效市场过渡的中间状态。陈小悦等（1997）采用迪克-富勒（Dickey-Fuller，DF）检验法，得出深圳股票市场在1991年就已经达到弱式有效，而上海股票市场在1993年以后达到弱式有效的结论。范龙振和张子刚（1998）利用深圳股票市场1995年7～10月共4个月的日收盘价数据，使用DF检验法对深发展、万科、世纪星源等5种股票走势进行了分析，结果表明股票价格可以用随机游走模型来描述。胡金焱（2002）分别运用DF检验、白噪声检验和游程检验等三种方法对中国股票市场的弱式有效性进行了分阶段的实证研究，研究表明随着中国股票市场交易规则的变化，沪深股票市场在第一阶段都未达到弱式有效，而在第二阶段都达到了弱式有效，在第三阶段基本都达到了弱式有效，因此，从总体上看，中国股票市场是在朝着弱式有效的方向发展。

同样，在基于改进方法对我国资本市场弱式效率的研究中也存在着我国资本市场达到弱式有效的证据。胡畏和范龙振（2000）以沪市1995～1999年的上证综合指数、上证A股指数和15种代表股票价格为样本，采用单位根和方差比

检验方法判断市场的弱式有效性。结果发现，除个别小公司股票价格行为不服从单位根过程外，指数和大多数股票价格的行为均显示出一定程度的弱式市场有效性特征，因此认为上海股票市场达到弱式有效。许涤龙和吕忠伟（2003）以深圳股票市场 1998~2001 年的日综合指数为样本，分别采用单位根检验、游程检验和资本资产定价模型三种不同的方法，从不同的角度检验深圳股票市场的有效性，发现深圳股票市场达到了弱式有效。李佳和王晓（2010）采用方差比检验方法对中国金融市场的有效性进行检验，选取 2005 年 4 月 8 日至 2007 年 11 月 29 日、1999 年 1 月 26 日至 2007 年 11 月 29 日沪深 300 指数和基金金鑫的历史收益率进行检验表明，我国股票市场在短期是弱式有效的，但从中长期来看是基本无效的。

不同的是，在得到我国资本市场达到弱式有效结论的研究中，又出现了一些不同的新方法，胡朝霞（1998）使用了威尔柯克逊符号秩检验比较模型法，冉茂盛等（2001）运用了 R/S 方法，陈立新（2002）应用了事件研究法，张兵和李晓明（2003）提出时变系数自回归 AR（2）模型判别法，刘维奇和史金凤（2006）基于 Wild Bootstrap 方法改进了方差比检验法，吴建环和赵君丽（2007）提出了状态空间模型，张敏等（2007）利用了检验鞅差序列的非参数统计量，这一系列基于新方法的研究同样得到我国资本市场达到弱式效率的认识。胡朝霞（1998）对 1994~1996 年沪市综合指数收盘价的日收益率数据，用威尔柯克逊符号秩检验比较随机游走模型和 AR 模型的预测效果，发现 AR 模型的预测能力不优于随机游走模型，断言中国股票市场达到弱式有效。冉茂盛等（2001）在选取 1995~2000 年上证综合指数和深证成分指数周收盘价的基础上，又从沪深两市各选取了 10 只代表股票的价格数据，运用 R/S 方法研究股票市场的有效性，得出弱式有效的结论。陈立新（2002）应用游程检验和事件研究法对上海股票市场的有效性作了一次较为系统全面的研究，认为沪市已经达到弱式效率，但还不具有半强式效率。张兵和李晓明（2003）运用适合于转轨经济体中新兴股票市场的时变系数自回归 AR（2）模型进行渐进有效性实证检验，在兼顾了波动集聚的异方差效应的基础上刻画市场有效性的动态演进过程，得出中国股票市场从 1997 年开始呈现弱式有效的结论。刘维奇和史金凤（2006）以 1991~2006 年上证综合指数每周收盘价格的股指收益率和 1995~2006 年深证综合指数的每周收盘价格的股指收益率为研究对象，应用 Wild Bootstrap 方差比检验方法检验中国股票市场的有效性，发现上证综合指数股指收益率序列遵循随机游走过程或鞅过程，沪市已达到了弱式有效；深证综合指数股指收益序列尽管在短期内服从随机游走过程，但是就长期而言不遵循随机游走过程，深市尚未达到弱式有效。吴建环和赵君丽（2007）选取从两个市场成立日到 2005 年的上证综合指数和深证综合指数收盘价的对数收益率来进行实证分析，首先运用序列相关和游程检验的方法对上证综合指数和深证综合指数进行分年度检验和分时段检验，然后主要进行状态空间模型的动态有效性的检验，实证得出中国股市在 1997 年之后已经呈现出弱式有效。张敏等（2007）利用检验鞅差序列的非参数统计量来检验中国股票市场的弱式有效性问题，通过对沪市和深市的 8 只大盘指数从开市到 2005 年 10 月 31 日的样本分时间段后做检验，表明中国股市正趋于有效，并且支持了 A 股市场比 B 股效率高的结论，而且得出沪市比深市更有效的结论。特别要指正的是，李国俊和李霞（2010）通过采用 ADF 单位根检验、自相关检验、正态性检验和游程检验对中国上海、深圳、香港，以及美国证券市场不同时期市场有效性进行对比研究，发现中国深圳、香港，以及美国股市在样本区间内为弱式有效，上海股市自 1997 年后达到弱式有效，且在弱式有效向半强式有效的阶段的转化过程中，沪市最为明显，美国股市次之，中国香港股市最慢。

此外，还有一些学者通过对比不同时期、不同市场的弱式效率水平来分析政策变化对市场效率的影响。侯彦斌和张玉琴（2009）以 2006～2008 年上证指数的每周股票收益率数据为基础，用 ADF 检验的方法对中国实行股权分置改革以后的股票市场进行检验得出中国股票市场弱式有效性的结论。

三、中国资本市场没有达到半强式效率层次的经验证据

半强式效率的研究主要是通过实践研究分析某一特定事件是否能够带来超额收益来判别资本市场的半强式效率，学者们基于不同的事件探索我国资本市场的半强式效率。沈艺峰（1996）从"宝延事件"和"万申事件"对股票市场的影响来检验股票市场的半强式有效性。杨朝军等（1997）则以上市公司送配方案的公布为事件，对 1993～1995 年沪市有送配方案的 100 家上市公司股价在公告日前后的变化情况进行实证分析，研究沪市的半强式有效性。吴世农和黄志功（1997）以上海证券交易所上市的 30 家公司为研究样本，根据其在 1996 年 4 月公布的 1995 年财务报表的盈亏情况，分两组对沪市的半强式有效性假设进行了检验。靳云汇和李学（2000）收集 94 例有确切的信息公布时间的买壳上市公司，考察其信息公布前后股价波动的反应，以此对半强式效率进行了研究。陈立新（2002）选取沪市 30 家公司作为样本，按照 2000 年年报公布的数据将其分为赢利组 20 家公司和亏损组 10 家公司，以此检验沪市的半强式有效性假设。这些研究的结论几乎毫无例外地否定了中国股票市场的半强式有效。张涛（2008）借助序列相关检验和游程检验两种方法对股权分置改革前后上证综合指数的日收益率指标进行联合检验，发现股权分置改革对我国股票市场有效性的影响。实证研究的结果表明，股权分置改革之前上证综合指数不具有随机性，股票市场属于无效的市场，而在

股权分置改革之后，上证综合指数具有随机游走特征，股票市场属于弱式有效市场。瞿宝忠和徐启航（2010）以 2008 年 6 月至 2009 年 10 月 A 股上市公司为样本，以被收购的上市公司的股价对并购信息的首次公告效应为中心，运用主流的事件研究法检验了中国股市在全流通这一全新的资本市场时期是否超越了先前的弱式有效性，达到半强式有效，实证发现中国股市效率在全流通时期有较大提高，但尚未达到半强式有效。

第二节　中国资本市场弱式效率判别

目前已有不少学者对我国资本市场，尤其是金融市场的弱式有效性问题进行了研究，但是，结论不尽相同。究其原因，可能是采用研究方法的不同，数据样本的不同，或者研究角度的不同，归根结底：一方面，每种方法本身可能存在一些局限性，比如游程检验会受到基期选择的影响，序列相关性检验法中最大滞后阶数的选择也是个问题，这些局限性可能会使得结果不是很准确；另一方面，我国资本市场具有其独有的特点，譬如市场化程度低、股本结构特殊、信息披露制度不完善等，这些特点可能使得国外的一些理论并不适用于中国市场。为了避免这些问题，我们将采用相同的数据样本，探讨游程检验、符号检验、序列相关性检验、单位根检验、重标极差检验及 ARCH 类模型对我国资本市场的弱式效率的判别，并提出了一种弱式效率判别的改进方法，试图探索我国资本市场的效率特征，力求给出一个较为客观、可比的结论。

一、基于现有方法的中国资本市场弱式效率判别

圈定证券市场作为资本市场效率研究的对象具有代表性，因而我们选用上海证券市场和深圳证券市场的数据来探究中国资本市场的弱式效率。又因为上证综指和深证成指都是价值加权指数，对反映全体股票整体性质具有很好的代表性，一直是中国股票市场最具影响力的指数，所以我们选用上证综指和深证成指的日收盘价格 P_t 及其对数收益率 R_t（$R_t = 100 \times (\ln R_t - \ln R_{t-1})$）数据作为研究对象实证分析中国证券市场的弱式效率，数据来源于国泰安 CSMAR 数据库。为了全面考察我国资本市场的信息效率，我们选择了两个证券市场自成立以来的所有数据。上证综指选取时间为 1991 年 7 月 15 日至 2010 年 9 月 30 日，深证成指选取时间为 1995 年 1 月 23 日至 2010 年 9 月 30 日，基本统计分析见表 3-2。

表 3-2　中国资本市场股指收益的基本统计分析

统计量	上证综指	深证成指
均值	0.099 6	0.081 2
中位数	0.088 4	0.071 7
最大值	105.269 1	23.461 9
最小值	−16.393 7	−16.813 5
标准差	2.877 0	2.033 1
偏度	11.508 7	0.290 8
峰度	394.221 6	12.008 3
正态性检验统计量	30 108 886	12 898.78
正态性检验 P 值	0.000 0	0.000 0

我们知道，正态分布的偏度为 0，峰度为 3。从表 3-2 可以看出，上证综指收益的偏度为正，峰度 394.221 6 显著大于 3；深证成指收益的偏度为正，峰度 12.008 3 也显著大于 3。从偏度和峰度数值可以看出，两个指数的收益分布较正态分布有偏且具有明显的尖峰特征，从而比正态分布厚尾，呈现出厚尾特征，上证综指和深证成指的收益均偏离正态分布。为了验证我们的结论，我们采用 Jarque-Bera 检验方法对两个样本作正态性检验，其零假设是变量服从正态分布，如果检验的 P 值小于显著性水平，应当拒绝零假设，认为该序列不服从正态分布，否则接受零假设。从表 3-2 可以看到，对两组样本，正态性检验的 P 值都小于 0.01，因而拒绝正态性假设。也就是说，上证综指和深证成指的收益均不服从正态分布，基于正态性假设的方法不适用于这两个指数的收益序列，这与国际及国内的多数实证结果是一致的。

（一）基于游程检验法和符号检验的弱式效率判别

游程检验是通过检验序列中的游程数是否和随机游走的游程数期望值相等来判别该序列是否是随机游走的方法。如果序列的游程数与随机游走的游程数的期望值不相等，则意味着该序列一定不是随机游走，从而说明该序列所代表的市场未达到弱式有效性。具体地说，通过检验价格序列的游程数是否与随机序列游程数的数学期望存在显著差异来判断序列是否服从随机游走，构建原假设 H_0 为实际游程数等于随机游走的游程数期望值，当原假设被拒绝时，价格序列不服从随机游走，从而认为资本市场未达到弱式层次的有效。

而符号检验法是通过检验序列中相继两天收益的同号与异号频率与随机游走中同号与异号的频率是否相同来判别该序列是否服从随机游走的方法。如果序列服从随机游走，则收益序列中同号和异号的频率将不存在显著差异，因此，我们可以通过检验序列相继两天收益的同号与异号频率是否显著不同判别该序列是否服从随机游走的方法，检验市场的弱式效率。构建原假设 H_0 为序列的同号频率等于异号频率，当原假设被拒绝时，意味着该序列与随机游走相差较大，不服从随机游走，这样的市场可以认为是没有达到弱式有效的。

我们使用游程检验和符号检验实证分析我国资本市场的弱式效率，结果见表 3-3。从表 3-3 中可以看出，对上证综指，游程检验的实际游程数为 2280，游程数期望值 $E(m)$ 为 2345.6，可以看到两者的差异并不明显。但是，游程检验的 P 值为 0.055，也就是说在 5% 的显著性水平下接受原假设而在 10% 的显著性水平下拒绝原假设，较难做出序列是否服从随机游走的判断，还需结合符号检验再进行分析。符号检验的同号频率为 0.5156，与 0.5 很接近，进一步可以看到 P 值为 0.2016，大于 10%，故在 10% 的显著性水平下接受原假设，序列服从随机游走。整体来看，我们认为我国上海证券市场可以看做基本达到了弱式有效。对深证成指，游程检验的实际游程数为 1873，游程数期望值 $E(m)$ 为 1898.6，二者之间相差不大。此外，游程检验和符号检验的 P 值均大于 10%，也就是说不能拒绝原假设，不能拒绝深证成指服从随机游走的假设，表明深圳股票市场达到了弱式有效。总体而言可以看出上海证券市场和深圳证券市场已基本达到了弱式有效。

表 3-3 游程检验和符号检验的结果

指数类型	实际游程数 m	游程数期望值 $E(m)$	游程检验统计量 (T)	同号频率	异号频率	符号检验统计量 (CJ)
上证综指	2280	2345.6	−1.9182 (0.055)	0.5156	0.4844	1.0645 (0.2016)
深证成指	1873	1898.6	−0.8307 (0.4062)	0.5059	0.4941	1.0240 (0.6696)

注：原假设成立时，T 服从标准正态分布，CJ 服从正态分布 $N(1, 12/n)$，其中 n 为序列数。括号内的数字为检验的 P 值

（二）基于序列相关性检验法的弱式效率判别

序列相关性检验是通过序列的自相关性与随机游走是否相同来判断序列是否服从随机游走的方法。如果序列遵循随机游走，则股价的收益各阶均不相关。因而可以通过收益序列各阶的相关系数是否为零来检验序列是否是随机游走，构建原假设 H_0 为所有序列相关系数全部为零，当原假设成立时，Box-Pierce Q 统计量和 Ljung-Box Q 统计量服从自由度为 m 的卡方分布，其中 m 为检验的阶数。而实证分析发现三阶以后的自相关性不强，故而我们选择滞后阶数为三的自相关检验实证分析我国资本市场的弱式效率，检验结果见表 3-4。

表 3-4　序列相关性检验结果

指数类型	$\rho(1)$	$\rho(2)$	$\rho(3)$	$Q(3)$	$Q_1(3)$
上证综指	0.0458	0.0478	0.0347	26.2583 (0.000)	26.2798 (0.000)
深证成指	0.0490	−0.0069	0.0289	12.4877 (0.0059)	12.4993 (0.0059)

注：$\rho(1)$、$\rho(2)$ 和 $\rho(3)$ 分别为滞后一阶、二阶、三阶的序列相关系数，$Q(3)$ 和 $Q_1(3)$ 分别为最大滞后阶数为 3 的 Box-Pierce 统计量和 Ljung-Box 统计量。括号内为检验的 P 值

从表 3-4 中可以看出，对上证综指，滞后一阶、二阶和三阶的相关系数分别为 0.0458，0.0478，0.0347，数值都不大，然而考虑到序列长度很大，故也不能看做与 0 不存在显著差异。进一步，Box-Pierce 统计量和 Ljung-Box 统计量的 P 值，二者均为 0.000，小于 1%，故在 1% 的显著性水平上拒绝原假设，即滞后一阶、二阶、三阶的相关系数不全为 0，序列存在相关性。再看深证成指，最大滞后阶数为 3 的 Box-Pierce 统计量和 Ljung-Box 统计量的 P 值也均小于 1%，故在 1% 的显著性水平上拒绝原假设，因此序列存在相关性，说明市场未达到弱式有效，这与早期的许多观点一致。

我们所选用的数据时间跨度很长，有可能使得早期资本市场的无效性影响到整体检验结果，故我们通过滑动窗进行再检验，试图探究我国资本市场弱式效率的渐进性趋势。我们选用样本容量为 1000 的滑动窗动态检验序列的自相关性，检验结果见表 3-5。从表 3-5 中可以看出，上证综指后期的三个窗口的检验 P 值明显大于前期三个窗口的 P 值，并且后四个子样本窗的 P 值均大于 10%，这说明在 10% 的显著性水平上序列不存在相关性，上海证券市场已达到了弱式有效，且随着时间的推移，弱式效率水平有所提升。深证成指则除了窗口 2 和窗口 3 外，其他子样本窗的 P 值均大于 10%，即在 10% 的显著性水平上认为序列不存在相关性，故从整体而言深圳证券市场也达到了弱式有效。

表 3-5　上证综指与深证成指的序列相关性检验（滑动窗）

指数类型		窗口 1	窗口 2	窗口 3	窗口 4	窗口 5	窗口 6
上证综指	$Q(3)$	10.2286 (0.0167)	6.7583 (0.0800)	9.3539 (0.0249)	7.4453 (0.0590)	0.8116 (0.8467)	2.2001 (0.5319)
	$Q_1(3)$	10.2661 (0.0164)	6.7857 (0.0791)	9.4004 (0.0244)	7.4781 (0.0581)	0.8142 (0.8461)	2.2096 (0.5301)
深证成指	$Q(3)$	3.3136 (0.3458)	12.8376 (0.0050)	6.6488 (0.0840)	2.2044 (0.5311)	4.7252 (0.1931)	5.3510 (0.1478)
	$Q_1(3)$	3.3245 (0.3442)	12.8921 (0.0049)	6.6760 (0.0830)	2.2138 (0.5292)	4.7475 (0.1912)	5.3713 (0.1465)

注：$Q(3)$ 和 $Q_1(3)$ 为最大滞后阶数为三的 Box-Pierce 统计量和 Ljung-Box 统计量，括号内为检验 P 值

（三）基于单位根检验的弱式效率判别

单位根检验是通过检验指数的日收盘价格是否为一阶单整序列来判断其是否服从随机游走。常用的单位根检验有 DF 单位根检验、ADF 单位根检验等，我们

采用了更具一般性的 ADF 单位根检验,其原假设为序列存在单位根。

在进行检验前,需要设定序列是否含有常数项或时间趋势项。我们可以通过画出价格序列的图形来判断是否要加入常数项或时间趋势项。从图 3-1 可以看出,上证综指和深证成指都不具有线性趋势,故在 ADF 检验中选择既无常数项也无时间趋势项。

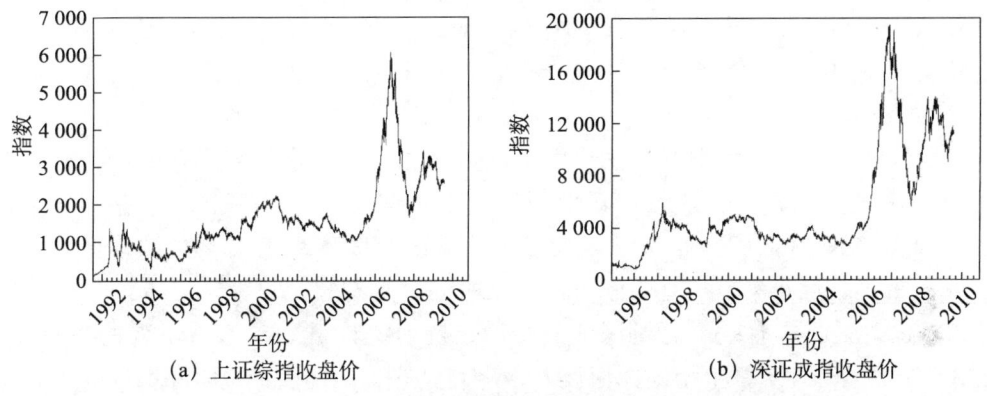

(a) 上证综指收盘价　　　　(b) 深证成指收盘价

图 3-1　价格序列走势图

我们首先对价格序列进行 ADF 检验(选择既无常数项也无趋势项),检验结果见表 3-6。从表 3-6 可以看出上证综指和深证成指的 P 值均大于 10%,故在 10% 的显著性水平上接受原假设,表示原序列存在单位根,为非平稳序列。这样我们还需要对其一阶差分序列,即收益序列作 ADF 检验(选择既无常数项也无趋势项),一直到拒绝原假设为止。表 3-7 为一阶差分序列的 ADF 检验结果,从中可以看出上证综指和深证成指的 P 值均小于 1%,故在 1% 的显著性水平上拒绝原假设,即一阶差分序列不存在单位根,检验到此为止,这说明上证综指和深证成指的价格序列均为一阶单整序列,即序列服从随机游走,上海证券市场和深圳证券市场均达到弱式有效。

表 3-6　价格序列的 ADF 检验

指数类型	T 统计量	P 值
上证综指	−0.0685	0.6599
深证成指	1.7228	0.9799

注:原假设成立时,T 统计量服从 t 分布,其在 1%、5% 和 10% 显著性水平下的临界值分别为 −2.565 454、−1.940 891 和 −1.616 654。

表 3-7　一阶差分序列的 ADF 检验

指数类型	T 统计量	P 值
上证综指	−31.4338	0.0000
深证成指	−58.7533	0.0001

注:原假设成立时,T 统计量服从 t 分布,其在 1%、5% 和 10% 显著性水平下的临界值分别为 −2.565 454、−1.940 891 和 −1.616 654。

(四) 基于重标极差的弱式效率判别

重标极差法是通过检验序列的 Hurst 指数与随机游走的 Hurst 指数是否相等来判断序列是否服从随机游走的方法。如果序列服从随机游走，则其 Hurst 指数为 0.5，因而可以通过检验序列的 Hurst 指数与 0.5 是否有显著差异来判别序列是否服从随机游走，构建原假设 H_0 为序列的 Hurst 指数为 0.5，当原假设被拒绝时，意味着该序列与随机游走相差较大，不服从随机游走，这样的市场可以认为是没有达到弱式有效的。

我们运用修正 R/S 分析方法对上证综指和深证成指收益率序列进行分析，图 3-2 和图 3-3 分别为上证综指和深证成指收益率的修正 R/S 分析图，检验结果见表 3-8。从表 3-8 中可以看出，对上证综指，检验统计量 U 小于 10% 处的临界值，故在 10% 的显著性水平上接受原假设，即该序列不具有长记忆性，可以认为上海证券市场已达到弱式有效。而对深证成指，其检验统计量 U 大于 1% 处的临界值，故在 1% 的显著性水平上拒绝原假设，该序列具有长记忆性，说明深圳证券市场还未达到弱式有效。

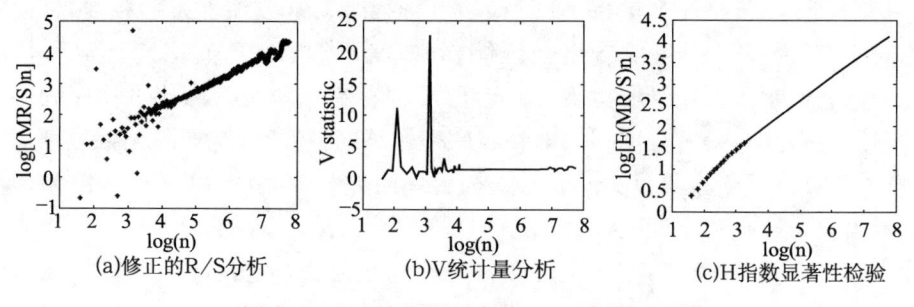

图 3-2　上证综指收益率修正 R/S 分析图

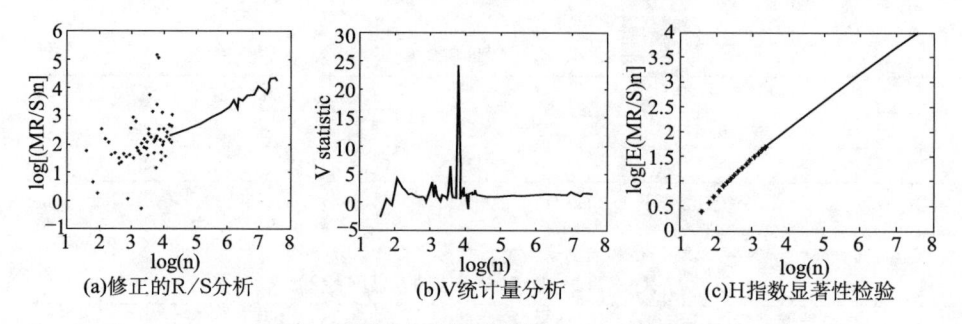

图 3-3　深证成指收益率修正 R/S 分析图

表 3-8　H 指数值比较及检验

指数类型	H 值	期望值	检验统计量 V
上证综指	0.5506	0.5353	1.0495
深证成指	0.5824	0.5389	2.6812

注：在对指数 H 进行检验时，原假设 $H=0.5$ 成立时，V 服从标准正态分布，在 1%，5% 和 10% 显著性水平下的临界值分别为 2.5758，1.96，1.6449。

（五）基于 ARCH 类模型的弱式效率判别

基于 ARCH 类模型的弱式效率检验是通过判断对序列是否能够建立合适的模型来判断序列是否服从随机游走。如果能够对序列建立起合适的 ARCH 类模型，说明序列具有可预测性，这意味着市场未达到弱式有效。

我们试图对上证综指与深证成指拟合 ARCH 类模型。根据上面的单位根检验，我们知道价格序列是一阶单整序列，故可以建立价格序列的 ARIMA 模型，根据 AIC 准则和 SC 准则，通过比较我们得出 ARIMA（1，1，1）模型是个较好的选择，然后进行回归，估计结果见表 3-9。

表 3-9　中国资本市场的 ARIMA 模型

估计项 \ 指数 估计结果	上证综指 估计参数	上证综指 P 值	深证成指 估计参数	深证成指 P 值
常数项	0.999 9	0.000 0	1.000 1	0.000 0
AR（1）	−0.776 5	0.000 0	−0.615 3	0.000 0
MA（1）	0.801 2	0.000 0	0.682 3	0.000 0
R^2	0.998 4		0.998 6	
对数似然值	−24 094.57		−24 426.48	
AIC 值	10.245 6		12.864 4	
SC 值	10.249 7		12.869 3	

因而，上证综指的回归模型为

$$P_t = 0.9999 P_{t-1} - 0.7765\, u_{t-1} + \varepsilon_t \tag{3-1}$$

而深证成指的回归模型为

$$P_t = 1.0001 P_{t-1} - 0.6153 u_{t-1} + 0.6823\varepsilon_t + \varepsilon_t \tag{3-2}$$

同时，各系数均显著不为 0，R^2 分别为 0.9984 与 0.9986，拟合程度也很好。下面再对残差进行条件异方差的 ARCH LM（Lagrange multiplier test）检验，检验结果见表 3-10，从表 3-10 中可以看出上证综指和深证成指的 F 统计量和 LM 统计量的 P 值均小于 1%，故在 1% 显著性水平下拒绝原假设，说明上述模型的残差序列存在 ARCH 效应，因此需要重新建立 GARCH 模型进行拟合。

表 3-10　ARIMA 模型所得残差的 ARCH 效应检验

指数类型	F 统计量（P 值）	LM 统计量（P 值）
上证综指	55.9579（0.0000）	55.3232（0.0000）
深证成指	362.5515（0.0000）	331.1103（0.0000）

为了能够检验模型的预测性，我们首先利用 2009 年之前的数据进行估计，然后预测 2009 年之后的数据，并与真实数据进行对比说明模型的准确性。通过多次估计，比较 AIC 值、似然比等，得出上证综指的合适模型为 GARCH（3，4），而深证成指的合适模型为 GARCH（3，2），估计结果如下。上证综指的合适模型为

$$P_t = 1.0003 + 0.6837 P_{t-1} - 0.7400 u_{t-1} + \varepsilon_t \tag{3-3}$$

$\sigma_t^2 = 0.0680 + 0.2193 \varepsilon_{t-1}^2 + 0.3070 \varepsilon_{t-2}^2 - 0.4509 \varepsilon_{t-3}^2 + 1.1587 \sigma_{t-1}^2 + 0.2371 \sigma_{t-2}^2 - 0.6851 \sigma_{t-3}^2 + 0.2461 \sigma_{t-4}^2$，而深证成指的合适模型为

$$P_t = 1.0051 P_{t-1} + 1.0001 u_{t-1} - 0.9973 \varepsilon_{t-1} + \varepsilon_t \tag{3-4}$$

$\sigma_t^2 = 3467.76 + 0.5641 \varepsilon_{t-1}^2 + 0.9939 \varepsilon_{t-2}^2 + 0.4349 \varepsilon_{t-3}^2 - 0.8933 \sigma_{t-1}^2 + 0.0867 \sigma_{t-2}^2$

且上证综指和深证成指方差方程中 ARCH 项和 GARCH 项的系数都显著不为 0，对数似然值有所增加，同时 AIC 和 SC 值都变小了，说明 GARCH 模型能更好地估计数据。再对这个方程进行条件异方差的 ARCH LM 检验，结果见表 3-11。从表 3-11 中可以看出上证综指和深证成指的 F 统计量和 LM 统计量的 P 值均大于 10%，不能拒绝原假设，说明上述模型的残差序列不再存在 ARCH 效应，说明利用该 GARCH 模型能够很好地刻画我国资本市场的条件异方差性，接着我们利用上述模型预测 2010 年的数据，并与实际数据相比较，检验两者是否存在显著差异，检验结果见表 3-12。从表 3-12 中我们可以看出，上证综指和深证成指的 T 统计量均是显著的，预测数据与实际数据依然存在着显著差异，利用 GARCH 模型预测我国股票市场的价格不是很好的选择，不能为上海证券市场和深圳证券市场未达到弱式有效提供实证支持。

表 3-11　GARCH 模型所得残差的 ARCH 效应检验

指数类型	F 统计量（P 值）	LM 统计量（P 值）
上证综指	0.0209（0.8850）	0.0209（0.8849）
深证成指	1.5974（0.2064）	1.5975（0.2063）

表 3-12　GARCH 模型预测结果与真实值比较

指数类型	T 统计量	P 值
上证综指	21.9740	0.000
深证成指	24.9200	0.000

综上，我们基于传统的市场有效性检验的方法，选用同一时期的数据，基于游程检验、符号检验、自相性检验、单位根检验、重标极差法及 ARCH 类模型建模等方法实证分析我国上海证券市场与深圳证券市场的弱式效率，除上证综指的游程检验不明显外，其他检验基本上不能拒绝序列服从随机游走的原假设，整体上可以认为上证综指和深证成指均服从随机游走，两个市场均基本达到了弱式有效。然而，经典的方法虽然能够对市场效率水平做出一个基本判断，但其自身还存在一些缺陷。例如，序列不存在自相关是序列服从随机游走的必要条件而不是充分条件，如果序列中存在自相关，则该序列不服从随机游走，那么我们可以认为市场是无效的，然而如果序列中不存在自相关，只能说明我们不能拒绝序列服从随机游走，却不能充分说明序列服从随机游走，不能对市场的效率水平做出很好的判断。为了进一步了解我国资本市场的弱式效率水平，我们还将继续研究市场的弱式有效性检验方法的改进。

二、中国资本市场的信息效率判别方法改进研究

(一) Wild Bootstrap 方差比检验方法

目前，对我国新型资本市场有效性的研究已有不少，但是这些研究几乎都是直接借鉴国际上已有的有效市场理论和检验方法，抑或假设收益序列服从正态分布，抑或满足线性，具有同方差等，而这些假设对我国新型资本市场却不成立。所以有必要针对我国新型资本市场对信息效率判别方法进行改进研究，我们尝试用 Wild Bootstrap 方差比检验来研究我国新型资本市场的弱式有效性（刘维奇和史金凤，2006）。

Wild Bootstrap 方差比检验方法不仅与传统的方差比检验一样没有正态性假设，可用于异方差情形，还打破了传统的渐进检验，通过 Wild Bootstrap 方法获得的统计量的分布，同时适用于小样本情形和异方差情形。

方差比检验自 1988 年由罗和麦金雷提出以来，就被广泛应用于检验随机游走假设，其原理是根据随机游走序列的方差可加性性质，即随机游走序列 k 步增量的方差 σ_k^2 是 1 步增量的方差 σ_1^2 的 k 倍。用 P_t 表示随机游走序列，则

$$P_t = P_{t-1} + \varepsilon_t \tag{3-5}$$

式中，残差 ε_t 为独立同分布列。因为随机游走序列 k 步增量可以分解为 k 个 1 步增量之和，即

$$P_t - P_{t-k} = (P_t - P_{t-1}) + (P_{t-1} - P_{t-2}) + \cdots + (P_{t-k+1} - P_{t-k}) \tag{3-6}$$

所以

$$\mathrm{Var}(P_t - P_{t-k}) = k \times \mathrm{Var}(P_t - P_{t-1}) \tag{3-7}$$

如果残差序列 P_t 不是独立同分布序列，只满足不相关性，但是存在异方差，此时，由不相关增量和的方差等于其方差的和，方差可加性仍然成立，当 n 充分大时，可以近似地认为 k 步增量的方差等于 1 步增量的方差的 k 倍。

综上，不管是同方差情形还是异方差情形，序列满足随机游走时，k-期收益的方差的 $1/k$ 与 1-期收益的方差之比应为 1。定义方差比检验统计量 VR($P;k$) 为 k 步增量的方差的 $1/k$ 与 1 步增量的方差之比，因而把检验序列是否服从随机游走转化为检验 VR($P;k$) 是否为 1。所以原假设应选为 VR($P;k$)=1。

随机游走序列要求对所有的 k 都有方差比检验统计量 VR($P;k$) 为 1，但是分别对每个 k 做检验可能会造成过度拒绝原假设。为了解决这个问题，周等（Chow et al., 1993）提出了基于多个方差比的联合检验，并且将原假设修改为 VR($P;k_i$)=1，$i=1,2,\cdots,l$，选取 VR($P;k_i$) 的最大值做为检验统计量。

金融市场的有效性检验基于金融资产的价格或收益，因此，用 P_t 表示金融资产的价格，而用 $R_t=\ln P_t-\ln P_{t-1}$ 表示收益率，定义收益序列的方差比检验统计量 VR($R;k$) 为

$$\mathrm{VR}(R;k)=\frac{\dfrac{1}{Tk}\sum_{t=k}^{T}(R_t+R_{t-1}+\cdots+R_{t-k+1}-k\mu)^2}{\dfrac{1}{T}\sum_{t=1}^{T}(R_t-\hat{\mu})^2} \tag{3-8}$$

$$\hat{\mu}=T^{-1}\sum_{t=1}^{T}R_t \tag{3-9}$$

式中，T 为样本数。适用于异方差情形的统计量 $M(R;k)$ 定义为

$$M(R;k)=(\mathrm{VR}(R,k)-1)\left[\sum_{j=1}^{k-1}\left(\frac{2(k-j)}{k}\right)^2\delta_j\right]^{-1/2} \tag{3-10}$$

$$\delta_j=\frac{\sum_{t=j+1}^{T}(R_t-\hat{\mu})^2(R_{t-j}-\hat{\mu})^2}{\sum_{t=1}^{T}(R_t-\hat{\mu})^2} \tag{3-11}$$

在一定条件下，$M(R;k)$ 渐进服从标准正态分布。由于检验依赖于 k，而随机游走要求对每个 k 都有 VR($P;k$)=1 成立，所以我们需要对所有或部分代表 k 做检验。选取统计量为

$$\mathrm{MV}(R;k)=\max_{1\leqslant i\leqslant l}M(R,k_i) \tag{3-12}$$

Wild Bootstrap 方差比检验是把 Wild Bootstrap 方法应用于 $M(R;k_i)$ 和 MV($R;k$) 的检验，得到统计量的分布来代替其渐进分布。金姆（Kim, 2006）用蒙特卡罗方法证明其较传统方差比检验具有较高的功效（Power）。基于 MV($R;k$) 的 Wild Bootstrap 方差比检验的具体步骤为以下五步。

第一步：构造容量为 T 的 Wild Bootstrap 样本 $R_t^* = \eta_t R_t, t = 1, 2, \cdots, T$，其中 η_t 为均值为 0、方差为 1 的随机序列。

第二步：用 Wild Bootstrap 样本计算 MV(R；k) 统计量的值 MV^* (R^*；k)
$$MV^*(R^*;k) = \underset{1\leqslant i\leqslant l}{\text{Max}} M(R^*;k_i)$$

第三步：选取足够大的 m，以保证足够的随机性，依次重复第一步、第二步共 m 次，用来得到检验统计量 $\{MV^*(R^*,k;j)\}_{j=1}^m$。

第四步：用原始样本计算得到的 MV (R；k) 的值 MV_0。

第五步：计算 P 值，即 $\{MV^*(R^*,k;j)\}_{j=1}^m$ 中大于由样本计算得到的 MV_0 的值的比例。

若 P 值大于显著性水平 α（5％、10％），则接受原假设，收益序列遵循随机游走过程或鞅过程，认为市场是有效的；否则拒绝原假设，得到市场无效的结论。

（二）基于 Wild Bootstrap 方差比检验法的弱式效率判别

为保证与前面几种弱式效率判别方法所得结果的可比性，对 Wild Bootstrap 方差比检验选用与前文一致的数据样本，仍用上证综指和深证成指的日收盘价格 P_t 的对数收益率 R_t 数据来研究中国证券市场的弱式效率，数据样本来源于国泰安 CSMAR 数据库，时间区间分别为 1991 年 7 月 15 日至 2010 年 9 月 30 日（上证综指）和 1995 年 1 月 23 日至 2010 年 9 月 30 日（深证综指）。

首先，我们使用全部收益样本序列纵观资本市场整体效率。在使用 Wild Bootstrap 方差比检验近似统计量的分布时，选取重复次数 $m=1000$，k_i 分别选取 2，4，8，16，计算结果见表 3-13。

表 3-13　Wild Bootstrap 方差比检验结果

指数类型	检验统计量	P 值
上证综指	315.6372	0.11
深证成指	498.4148	0.08

结果显示，上证综指的检验统计量为 315.6372，其 P 值为 0.11，P 值大于 10％，表明在 10％的显著性水平下接受原假设，即该收益序列遵循随机游走过程或鞅过程，因此可以认为上海证券市场已达到了弱式有效。而对深证成指，检验统计量为 498.4148，P 值为 0.08，P 值大于 5％而小于 10％，表明在 5％的显著性水平下接受原假设而在 10％的显著性水平下拒绝原假设。总体而言，可以认为深圳证券市场基本达到了弱式有效。

其次，采用样本容量为 250（即一年的数据）的滑动子样本窗来检验我国证券市场的有效性及其与选取样本的关系。考虑到样本数量比较大，我们设定窗口间相距为 20（即一个月），即第一组样本为 $R_1, R_2, \cdots, R_{250}$，第二组样本为 R_{21}，

R_{22}，…，R_{270}，依此类推。仍选取重复次数 m 为 1000，k_i 选取 2，4，8，16，运用 Matlab 软件计算得到 P 值，见图 3-4、图 3-5。图中的横轴表示组数，纵轴表示由每组样本计算得到的 P 值。

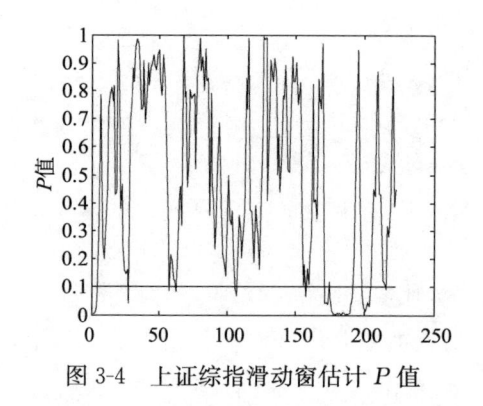

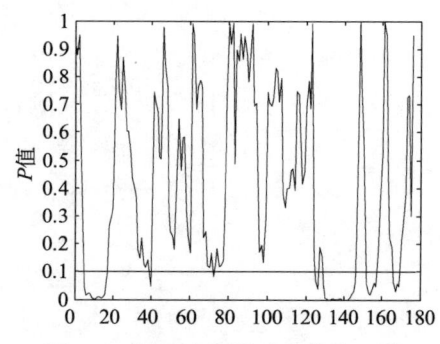

图 3-4　上证综指滑动窗估计 P 值

图 3-5　深证成指滑动窗估计 P 值

从图 3-4 中我们可以看出，对上证综指，全部 P 值中有 90% 以上都大于 10% 的显著性水平，因而认为"不能拒绝原假设"是合理的，即认为收益序列遵循随机游走过程。再来分析图中 P 值小于 1% 的区间，这段区间的组数基本位于 170～210，这段区间对应的时间是 2007～2009 年，即金融危机时期。在此期间，信息更新快，市场不能做出迅速调整，另外，政府调控频繁，使得市场自身的调节功能受到影响，导致市场局部时间上呈现出低效率状态。但整体看来，上海证券市场已基本达到了弱式有效。

而对深证成指，可以看到在 1997 年之前 P 值小于 1%，说明此段时期市场还未达到弱式有效，而在 1997 年之后，有 80% 以上的 P 值均大于 10%，说明目前市场已基本达到了弱式有效。从整体来看，深圳证券市场达到了弱式有效。再来关注图中 P 值小于 1% 的区间，即市场信息效率低的时期。与上证综指一样，深圳证券市场效率低的区间主要集中在美国次贷危机引发全球金融危机的时期，因而市场的低效率可能源于金融危机的影响。

三、中国资本市场弱式效率判别结果对比

在前面两小节中我们采用相同的数据样本，共运用七种不同的方法对上海证券市场和深圳证券市场的弱式效率进行了研究，认为我国上海证券市场与深圳证券市场均基本达到了弱式有效。前文综述中整理了基于我国资本市场对信息效率判别的现有研究，成果相当丰富，结论却不尽相同。我们将上节中研究结果与前人所得的结论进行对比分析，对比结果见表 3-14。从表 3-14 中可以看出，我们的结论与前人的结论有一致的，也有一部分不同的。究其原因，我们认为是数据样

本的不同，特别是数据选取区间的不同引起的，我们在实证研究的过程中也发现，早期我国资本市场的弱式效率的确比较弱。因而，我们用相同的数据，不同的方法，实证分析我国资本市场的弱式效率更具可靠性，认为我国资本市场目前已经达到了弱式有效的结论也更具说服力。

表 3-14 中国资本市场有效性检验结果对比

方法	结论 上证综指	结论 深证成指	对比分析
游程检验符号检验	基本有效	弱式有效	与陈立新（2002）、许涤龙和吕忠伟（2003）、吴建环和赵君丽（2007）、李国俊和李霞（2010）结论相同
序列相关性检验	整体存在相关性，但渐进有效	整体存在相关性，但渐进有效	与马向前和任若恩（2002）、解保华等（2002）、吴建环和赵君丽（2007）、李国俊和李霞（2010）结论相同
单位根检验	服从一阶单整，弱式有效	服从一阶单整，弱式有效	与马向前和任若恩（2002）结论不同，与解保华等（2002）、胡畏和范龙振（2000）、许涤龙和吕忠伟（2003）、侯彦斌和张玉琴（2009）、李国俊和李霞（2010）结论相同
重标极差分析	不存在长记忆性，达到弱式有效	存在长记忆性，未达到弱式有效	上证综指与冉茂盛等（2001）结论相同，深证成指与冉茂盛等（2001）结论不同
ARCH检验	GARCH 模型不具好的预测性，不能拒绝弱式有效	GARCH 模型不具好的预测性，不能拒绝弱式有效	与韩贵和王静（2008）不同
方差比检验	弱式有效	基本有效	与胡畏和范龙振（2000）、刘维奇和史金凤（2006）、李佳和王晓（2010）结论相同

第三节　中国资本市场半强式效率判别

前面部分运用游程检验法，符号检验法等多种方法探究我国上海股票市场与深圳股票市场的弱式效率，实证结果表明我国资本市场基本达到了弱式有效。此时，我国资本市场半强式效率的判别就成为我们关注的焦点。半强式效率的研究大多是通过使用事件研究法分析某一事件发生时对市场价格的影响来判断市场的效率水平。目前，学者们运用各种收益公告等公司层面的事件，财政政策、货币政策调整等国家层面的事件研究我国资本市场半强式效率的判别，得到了丰富的成果，一致的结论——我国资本市场尚未达到半强式效率。这些研究的特点是事件多、需要关注的多，而且方法本身也有技术问题，事件的交叉影响无法分离，收益的基准选择也有争议，这些都影响半强式效率的检验结果的可靠性。然而，为了与前文弱式效率检验具有可比性，保证研究的一致性、连贯性，我们将选用相同于前文的时间跨度判别我国资本市场的半强式效率，规避了不同的研究视野造成的不可比较性。在本部分，我们将继续使用事件研究法对我国特有的"黄金周"事件进行实证分析，考察股票价格对该信息的反应程度，判别我国新型资本市场效率是否达到了半强式有效。

一、资本市场半强式有效及"黄金周"

法玛的"有效市场假说"理论指出，在半强式有效市场中，投资者无法利用任何公开信息获得经过风险调整后的超额收益。之后的判别资本市场是否达到半强式有效的研究大多以此为理论依据。

而对判别资本市场是否达到半强式有效的方法，应用最广泛的就是事件研究法。它是以某一事件的发生与否为标志，分别考察在该事件发生和不发生两种情况下，所研究对象的性态有无显著不同及差异程度，从而探究这一事件对所研究对象的影响及影响程度的一种统计分析方法。对这个方法的应用，最早可追溯到多利（Dolley，1933）对股本分散转移时名义价格的变动的研究，之后，鲍尔和布朗（Ball and Brown，1968）又利用此方法分析了公司会计盈余信息对股票价格的影响，法玛（Fama，1970）在《有效资本市场》一文中对事件研究法进行了系统的概括。此后，在对股票市场半强式有效性的研究中，事件研究法成为了一种标准方法，一直沿用至今。

国外对半强式有效的研究，比较有名的应该是法玛等（Fama，1969）对纽约证券交易所1929～1959年股票分割公司的月收益率进行的分析。他们发现，虽然股票分割本身并没有增加公司价值，但是大部分的公司在股票分割后股息有所增加。所以，总体来说，股票分割对于股票市场来说是一种利好信息。分析研究表明在信息公布之前，股票分割的信息已经公开，股价增加，投资者获得超额收益，在信息公布之后，股价对该信息已经充分反映，投资者无法再获得超额收益。皮尔斯和罗利（Pearce and Roley，1985）分析了股价对货币供应量、通货膨胀、真实经济活动的贴现率等事件公布的反应，他们发现没有一个因素在公布当天之外的其他时间内对股价产生影响，也没有一种影响可以在公布当天之后持续下去。通过他们的研究，我们知道美国的股票市场表现为半强式有效。弗思（Firth，1975）沿用法玛等人的方法，详细研究了控股事件发生时英国股票市场的半强式有效性。他们发现在控股事件公告发布前，股价已经完全及时地吸收了有关控股事件的所有信息，控股事件发生后投资者无法得到超额收益。因此，我们知道英国的股票市场也表现为半强式有效。

国内对资本市场半强式有效的研究，大部分是通过研究各种公开事件，利用事件研究法，对半强式有效进行实证检验，得出的结论是一致的，即认为我国资本市场未达到半强式有效。吴世农和黄志功（1997）以上海证券交易所上市的30

家公司为样本，根据其在1995年财务报表的盈亏情况，利用累积超额收益分析法进行实证研究，结果表明就年度赢利信息而言，上海股市未达到半强式有效。陈信元和张田余（1999）以1997年在上海证券交易所挂牌的有重组活动的95家公司为样本，利用事件研究法进行实证研究，发现公司的股价在公告前呈上升的趋势，随后逐渐下降，有的甚至降到比重组前还要低的水平，结果表明就公司重组信息而言，上海股市未达到半强式有效。靳云汇和李学（2000）以信息公布日期准确的1997年和1998年94例买壳上市信息公布为样本，利用事件研究法考察信息公布前后股价的反应，结果表明就买壳上市信息而言，中国股票市场对该信息的反应是过度的，市场未达到半强式有效。许晓磊和黄良文（2002）以被中国证监会公开处罚、谴责和批评的45家公司为样本，利用事件研究法研究被处罚信息公布前后股票累积超额收益和超额交易量来检验市场对信息公布的反应，结果表明无论就样本公司的累积超额收益的检验来看，还是就超额交易量的检验来看，我国股票市场都尚未达到半强式有效。宋歌和李宁（2009）以2009年3月我国股票市场进行"大小非"解禁的99只股票为样本，利用事件研究法对全体样本股票的累积平均日超额收益率进行实证研究，结果表明就"大小非"解禁这一事件而言，我国股票市场尚未达到半强式有效。

我们关注了"黄金周"事件，为我国资本市场半强式效率的检验提供新的证据。利用"黄金周"后股票日超额收益率及其累积平均日超额收益率来分析股票市场对"黄金周"这一事件的反应情况，进而判别市场的效率水平。事实上，"黄金周"后若存在显著的超额收益，则说明市场尚未达到半强式有效，否则，认为市场达到半强式有效。

1999年国务院改革出台新的法定休假制度，发布了新的《全国年节及纪念日放假办法》，规定每年的春节、"五一"和"十一"都放假3天，但在具体实施时一般会上移下借两个周末来延长假期，所以这就正式形成了每年3个"黄金周"的旅游消费新选择。2007年12月国务院对《全国年节及纪念日放假办法》进行了修改，于2008年1月1日起正式实施。从2008年开始，我国每年的"黄金周"变为春节和"十一"两个，"五一"黄金周被取消。自从"黄金周"出现以来，我国出现了前所未有的假日旅游热，这成为我国经济文化的一个新迹象，也使我国部分城镇居民有了一种新颖的休闲消费方式。"黄金周"基本形成了以旅游为主导的假日经济，它拉动了交通、餐饮和旅游等产业的快速发展，促进了信息、住宿、购物、娱乐等配套服务设施的建设，推动了旅游相关产品的调整优化，加速了我国旅游产业由单一型向多元化的转变，改变了人们的消费观念，提高了人们的生活质量，扩大了城镇居民的消费需求，推动了旅游相关产业的建设，如园林建设、金融保险、网络通信等，拉动了内需，从而推动了旅游经济的快速增长，加快了边远地区的发展，促使资金流、人才流、信息流等从大城市向小城乡流动，实现共同发展的目标，促使旅游当地政府提高对节假日期间各方面的协调组织管理水平，促进"大旅游"格局的形成，为旅游业的发展、协调、服务等提供更有利的政策条件。然而，我们在肯定"黄金周"制度所带来的经济效益和社会效益的同时，却不得不认真面对日益凸显的"井喷式"消费热潮所带来的种种负面影响，并阻止其演化成人们假日旅游出行时不得不慎重考虑的硬伤。

"黄金周"事件的种种有益和不利的方面都说明这是一个更加值得关注和研究的事件。因此，我们把"黄金周"事件作为我国的一个特有事件，也作为资本市场中一种典型的公开信息，对研究我国新型资本市场的半强式有效性具有重要而深远的意义。本部分以证券市场旅游酒店板块20家上市公司为研究对象，采用事件研究法，对2004~2010年的17个"黄金周"前后公司股票收益率变化情况进行分析，以此为基础判别我国资本市场的半强式有效性。

二、半强式效率判别研究设计

半强式效率判别的最主要的方法是事件研究法，即探究某一特定事件的发生是否能够带来超额收益，如果不能，则意味着该事件所包含的信息已经全部被价格所吸收，也就是说价格已经对该信息做出快速、正确的调整，利用此公开信息不能带来不承担风险的超额收益，市场达到了半强式有效。因而，我们用事件发生前的数据预测事件发生后的序列作为基准，即得到了没有该事件发生时价格变化水平，通过真实价格序列相对于基准的超额收益，如果超额收益显著不为零，则认为市场达到了半强式有效。

我们用 $\{t: t=0\}$ 表示事件发生日期；$\{t: T_0 \leqslant t \leqslant T_1\}$ 表示估计窗口，用来建立估计模型并确定事件未发生时股价变动的正常收益；$\{t: T_1 \leqslant t \leqslant T_2\}$ 表示事件窗，用于计算事件发生与不发生情形下，股票价格变动的异常收益，以此衡量该项事件发生对股价变动产生的影响及影响程度；$\{t: T_2 \leqslant t \leqslant T_3\}$ 表示事件后窗口，用于观察该事件对研究目标影响的后续效果，窗口的宽度需视所研究内容的不同而有所取舍。考虑个股日收益率序列 $\{R_{it}: t=1, 2, \cdots\}$ 与上证综合指数回报率 $\{R_{mt}: t=1, 2, \cdots\}$，利用估计窗内 $\{t: t \in [T_0, T_1-1]\}$ 的收益率序列数据，建立个股日收益率 R_{it} 和市场指数日收益率 R_{mt} 之间的一元线性回归模型

$$R_{it} = \alpha_i + \beta_i R_{mt} + \varepsilon_{it}, \quad t \in [T_0, T_1-1] \tag{3-13}$$

然后，根据式（3-13）得出的参数值，建立事件窗内 $\{t: t \in [T_1, T_2]\}$ 股票正常收益 $E[R_{it}]$ 与市场指数日收益率 R_{mt} 相关关系的计算公式如下：

$$E[R_{it}] = a + bR_{mt}, \quad t \in [T_1, T_2] \tag{3-14}$$

这时，我们就可以计算事件窗内的超额日收益率 AR_{it}、平均日超额收益率 AAR_t

和累计平均日超额收益率 CAAR_t

$$\text{AR}_{it} = R_{it} - E[R_{it}], \quad t \in [T_1, T_2] \tag{3-15}$$

$$\text{AAR}_t = \frac{1}{N} \sum_{i=1}^{N} \text{AR}_{it}, \quad t \in [T_1, T_2] \tag{3-16}$$

$$\text{CAAR}_t = \sum_{\tau=T_1}^{t} \text{AAR}_\tau \quad t \in [T_1, T_2] \tag{3-17}$$

平均日超额收益率 AAR_t 和累计平均日超额收益率 CAAR_t 与零的差异就是特定事件对股票收益变动的影响，如果 CAAR_t 持续上升或者下降，即股票收益对特定事件的反应是不充分或过度的，就说明资本市场未达到半强式有效；如果 CAAR_t 保持不变，即股票收益对特定事件的反应是充分的，说明资本市场达到了半强式有效。

三、半强式效率判别的样本与数据选择

从目前沪深两市旅游酒店板块的 31 只股票中，选取在 2008 年年底上市的股票，并剔除了 B 股股票，最终得到 20 家上市公司的 20 只 A 股作为研究样本，它们分别是 ST 零七、新都酒店、华侨城 A、华天酒店、ST 张家界、东方宾馆、西安旅游、北京旅游、峨眉山 A、桂林旅游、丽江旅游、云南旅游、三特索道、中青旅、美都控股、首旅股份、国旅联合、大连圣亚、西藏旅游和金陵饭店。本部分选取 2004 年春节至 2010 年春节的 17 个"黄金周"（其中 2004 年年初至 2007 年年底每年三个"黄金周"，分别为春节、"五一"、"十一"；2008 年年初至 2010 年年底每年两个"黄金周"，分别为春节和"十一"）为研究事件，分析"黄金周"事件对旅游上市公司股票收益率变动的影响。个股日收益率和市场日收益率数据来源于国泰安 CSMAR 数据库。

四、半强式效率判别的实证结果与分析

我们将基于"黄金周"事件，运用事件研究法判别我国资本市场是否达到了半强式有效。我们以春节、"五一"、"十一"假期休市之后的第一个交易日为事件日，以事件日前后各 15 个交易日所构成的时间间隔期为事件窗，以事件窗起始日前一年的所有交易日为事件估计窗。在整个事件窗时期内，以事件日为分割，事件日之前的所有交易日为信息泄漏期，事件日之后的所有交易日为事后检验期。

我们针对选取的 20 家样本上市公司和 17 个"黄金周"事件所取得的个股日收益率及市场日收益率数据，运用上述事件研究方法和所选取的模型，经计算得出了所有样本股票的平均日超额收益率 AAR_t 和累计平均日超额收益率 CAAR_t。

半强式有效市场假设认为股票价格能迅速准确调整以反映所公布的公开信息，所以我们通过考察事后检验期样本公司股票的累计平均日超额收益率 CAAR_t 来观

察市场对公开信息的反应程度,以此来判别资本市场是否达到半强式有效。其检验原则为,若在事后检验期不存在超额收益,即累计平均日超额收益率 $CAAR_t$ 不变,则表明信息公布前市场价格对信息的反应是充分的,资本市场达到半强式有效;若在事后检验期,存在正超额收益,即累计平均日超额收益率 $CAAR_t$ 增加,则表明信息公布前市场价格对信息的反应是不充分的,资本市场未达到半强式有效;若在事后检验期,存在负超额收益,即累计平均日超额收益率 $CAAR_t$ 降低,则表明信息公布前市场价格对信息的反应是过度的,资本市场未到达半强式有效。

为了更好地展示样本数据,分析实证结果,我们以图表的形式予以说明。图 3-6～图 3-23 显示了在 2004 年春节至 2010 年春节共 17 个"黄金周"里,所有样本股票的平均日超额收益率 AAR_t 和累计平均日超额收益率 $CAAR_t$ 走势图。

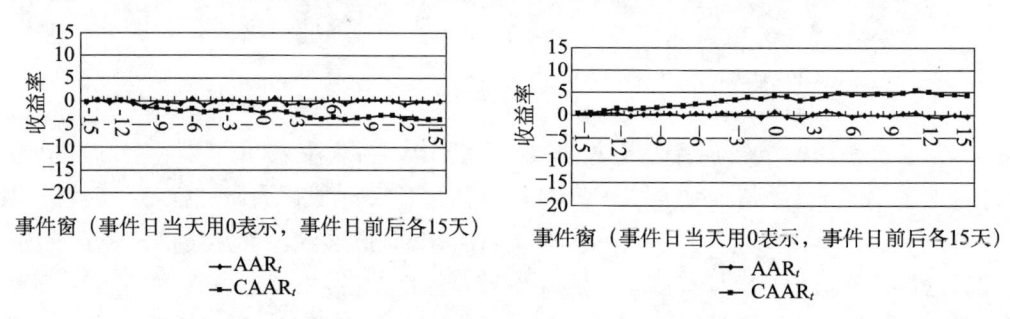

图 3-6　2004 年春节 AAR_t、$CAAR_t$ 数据走势　　图 3-7　2004 年"五一" AAR_t、$CAAR_t$ 数据走势

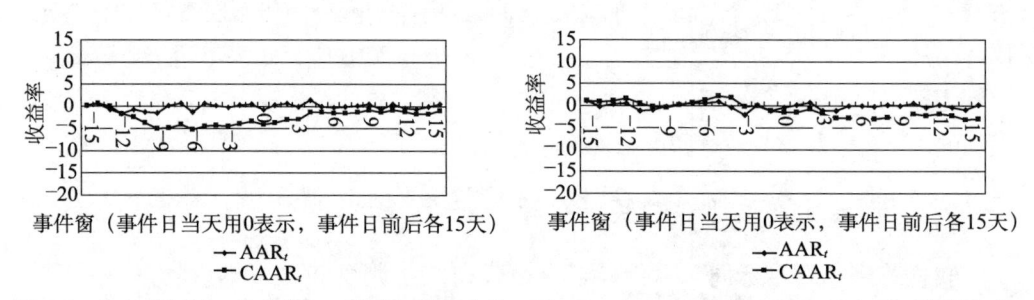

图 3-8　2004 年"十一" AAR_t、$CAAR_t$ 数据走势　　图 3-9　2005 年春节 AAR_t、$CAAR_t$ 数据走势

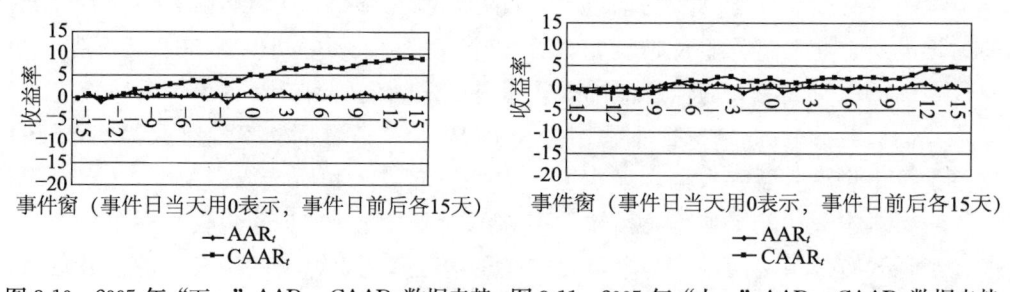

图 3-10　2005 年"五一" AAR_t、$CAAR_t$ 数据走势　　图 3-11　2005 年"十一" AAR_t、$CAAR_t$ 数据走势

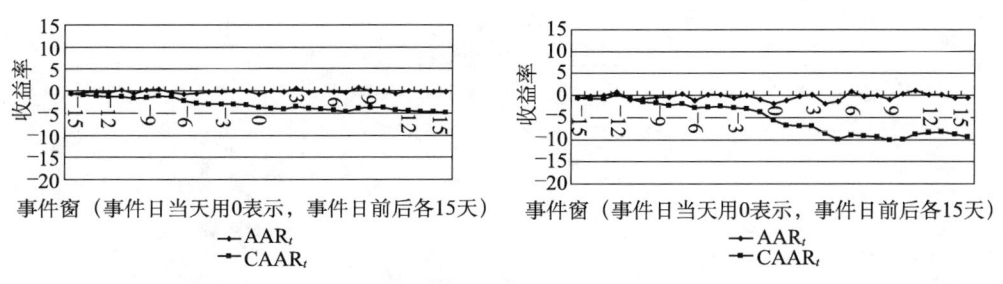

图 3-12　2006 年春节 AAR$_t$、CAAR$_t$ 数据走势　　图 3-13　2006 年"五一"AAR$_t$、CAAR$_t$ 数据走势

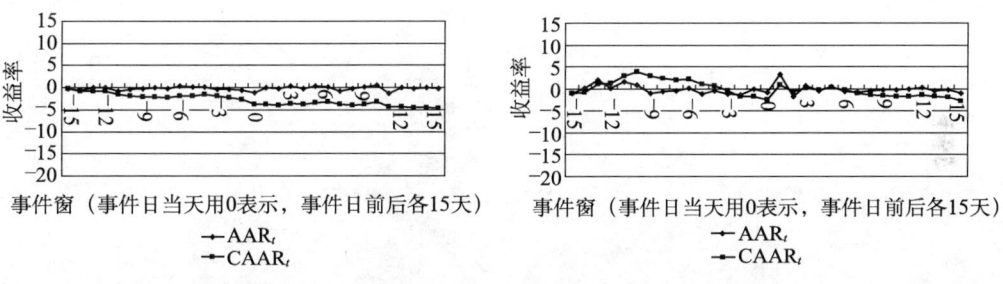

图 3-14　2006 年"十一"AAR$_t$、CAAR$_t$ 数据走势　　图 3-15　2007 年春节 AAR$_t$、CAAR$_t$ 数据走势

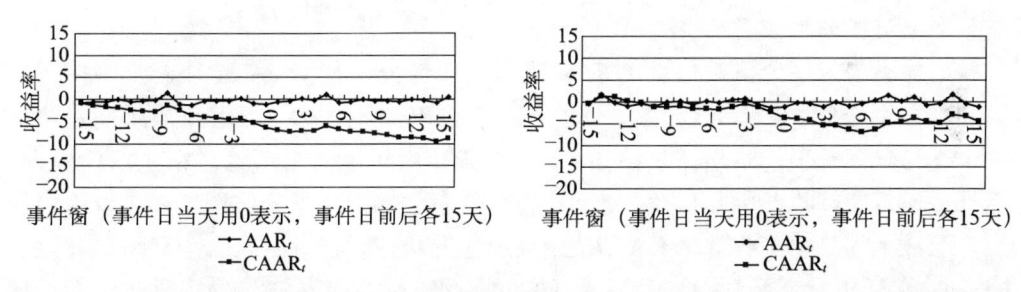

图 3-16　2007 年"五一"AAR$_t$、CAAR$_t$ 数据走势　　图 3-17　2007 年"十一"AAR$_t$、CAAR$_t$ 数据走势

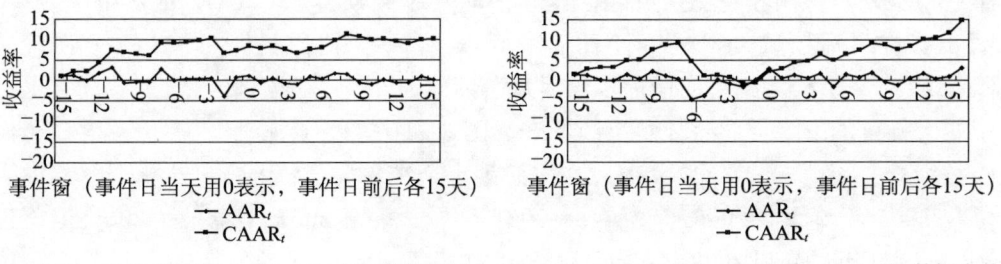

图 3-18　2008 年春节 AAR$_t$、CAAR$_t$ 数据走势　　图 3-19　2008 年"十一"AAR$_t$、CAAR$_t$ 数据走势

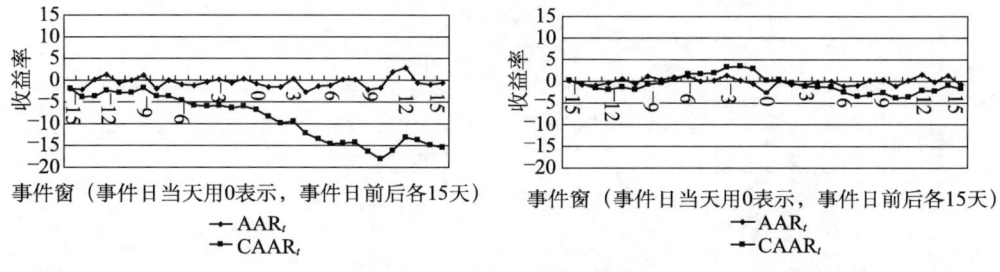

图 3-20　2009 年春节 AAR_t、$CAAR_t$ 数据走势　　图 3-21　2009 年"十一"AAR_t、$CAAR_t$ 数据走势

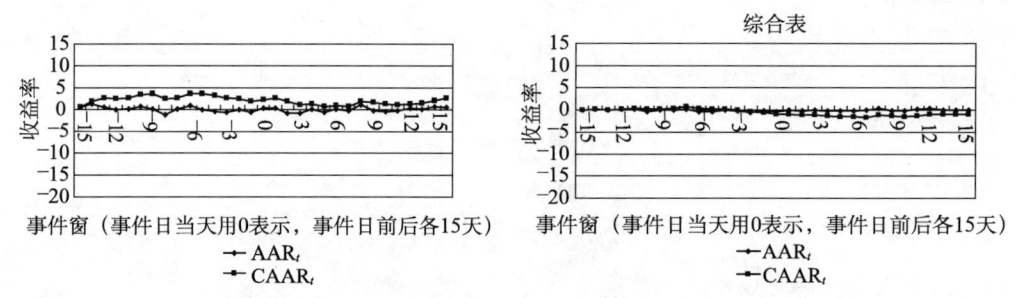

图 3-22　2010 年春节 AAR_t、$CAAR_t$ 数据走势　　图 3-23　17"黄金周"的平均趋势

对比分析上述实证结果我们可以看出，不同时期股票价格对"黄金周"的反应基本上可以分为三类。

第一类为股票价格对信息的反应是过度的情况，如图 3-6、图 3-9、图 3-13、图 3-15、图 3-16、图 3-20 和图 3-21。图 3-6 在事件日之前，即信息泄露期，第十三个交易日累计平均日超额收益率 $CAAR_t$ 开始由正值转为负值；在事后检验期，累计平均日超额收益率 $CAAR_t$ 先上升后下降，之后持续下降。图 3-9 在事后检验期，累计平均日超额收益率 $CAAR_t$ 先呈现上升状态，在事后第二个交易日开始下降，直到第四个交易日才趋于平稳。图 3-13、图 3-16 和图 3-20 在事件日之前，即信息泄露期，超额收益基本为负，累计平均日超额收益率 $CAAR_t$ 呈下降状态；在事后检验期，超额收益还是负的，累计平均日超额收益率 $CAAR_t$ 依然持续减少。图 3-15 在事后检验期，从事件日到事后第一个交易日累计平均日超额收益率 $CAAR_t$ 有一个较大幅度的增加，然后从事后第一个交易日到第二个交易日又出现了较大幅度的下降，此后依然持续下降。图 3-21 在事后检验期，累计平均日超额收益率 $CAAR_t$ 先呈现下降状态，在事后第十个交易日开始上升。这七个图都说明了在 2004 年春节、2005 年春节、2006 年"五一"、2007 年春节、2007 年"五一"、2009 年春节和 2009 年"十一"这 7 个"黄金周"事件发生前，股票市场价格对此事件信息的反应是过度的，由此判断我国的资本市场未达到半强式有效。

第二类为股票价格对信息的反应是不充分的情况，如图 3-7、图 3-8、图 3-10、

图 3-11、图 3-17 和图 3-19。图 3-7 和图 3-10 在事件日之前，即信息泄露期，超额收益基本为正，累计平均日超额收益率 $CAAR_t$ 呈上升状态；在事后检验期，超额收益还是正的，累计平均日超额收益率 $CAAR_t$ 依然持续增加。图 3-8 在信息泄露期，累计平均日超额收益率 $CAAR_t$ 先下降后上升；在事后检验期，累计平均日超额收益率 $CAAR_t$ 先呈现上升状态，在事后第四个交易日才开始趋于平稳。图 3-11 在信息泄露期，第十个交易日累计平均日超额收益率 $CAAR_t$ 开始由负值转为正值；在事后检验期，累计平均日超额收益率 $CAAR_t$ 先下降后上升，之后持续增加。图 3-17 在事后检验期，累计平均日超额收益率 $CAAR_t$ 先呈现下降状态，在事后第六个交易日开始上升，直到第九个交易日才趋于平稳。图 3-19 在事后检验期，累计平均日超额收益率 $CAAR_t$ 一直持续呈现上升状态。这六个图都说明了在 2004 年"五一"、2004 年"十一"、2005 年"五一"、2005 年"十一"、2007 年"十一"和 2008 年"十一"这六个"黄金周"事件发生前，股票市场价格对此事件信息的反应是不充分的，由此判断我国的资本市场未达到半强式有效性。

第三类为股票价格对信息的反应是充分的情况，如图 3-12、图 3-14、图 3-18 和图 3-22 所示。图 3-12、图 3-14、图 3-18 和图 3-22 在事后检验期，累计平均日超额收益率 $CAAR_t$ 一直在正常的范围内波动。这四个图都说明了在 2006 年春节、2006 年"十一"、2008 年春节和 2010 年春节这 4 个"黄金周"事件发生前，股票市场价格对此事件信息的反应是充分的，由此判断我国的资本市场达到了半强式有效性。

综上，17 个"黄金周"中只有 4 个"黄金周"表现出了股票市场价格对公开信息的反应是充分的，其余的 13 个"黄金周"都表现出了股票市场价格对公开信息反应得不充分或过度，这说明中国资本市场未达到半强式有效。所以，用事件研究法对我国"黄金周"效应进行实证分析的结果显示，我国的新型资本市场未达到半强式有效。

第四节 中国资本市场信息效率研究展望

纵观我国资本市场信息效率研究的历史，信息效率的研究焦点已经从基于随机游走检验的弱式效率判别转移到基于事件影响的半强式信息效率的研究，信息效率研究的框架基本成型。大量的实证结果显示，我国资本市场已经达到了弱式效率，正在向半强式效率迈进。然而，鉴于资本市场自身特征的不同，我国资本市场信息效率的研究与发达资本市场效率研究的侧重点有所不同。现有研究成果多指向发达资本市场，基本上是半强式的，因而已经有很多学者在探讨发达资本市场的强式效率，涉及管理层私人信息随股票价格的影响的研究、访谈、调研等。而我们的资本市场处于新兴市场，还在发展初期，制度不健全，政府涉足较深，宏观政策对市场的影响大，国有企业烙印难以消除，资本市场基本达到弱式效率水平，但半强式层面的效率水平还有待进一步的探讨。

目前，关于我国资本市场上的半强式有效的大多数研究围绕特定公司层面改善上市公司质量，涉及上市公司决策活动等特定事件发生时股价对现实的反映。然而我国宏观政策影响很大，不同于成熟的资本市场，制度、政策的影响更举足轻重。在研究中国特色的资本市场，探讨股份制改革、税率调整、货币政策调整等制度政策调整对信息效率的研究所占份额应该很大。

从信息影响层面，半强式效率的理论研究及其成果，受到市场参与者与政府决策层的关注，在改进人们的决策行为的同时，会在潜移默化中内化到价格形成过程中，最终对改善市场配置与提升市场效率产生积极正面的作用，资本市场半强式效率还有待进一步探讨。目前，我国资本市场效率研究，正处于半强式研究繁荣的阶段，这是一个很大的研究领域，还有很长的研究过程。

第四章 资本市场配置效率及判别

前面探究了资本市场信息效率的理论、模型、判别方法及在我国资本市场的运用，那么，资本市场信息效率的相关研究及成果可否替代资本市场配置效率相关问题的回答呢？信息效率和配置效率之间的内在逻辑关系是怎样的？配置效率的判别原理和方法的思路又是怎样的呢？

事实上，在完全市场条件下，资本市场通过完善且有效的运作机制，市场价格能够有效、完全、准确地吸收市场信息，并反映交易标的物内在价值，从而引导社会资源重新优化组合、配置，实现国民经济的最优发展。也就是说，依据资金逐利的原则，股票价格和公司价值的变化会引导资金合理流动，资本将根据股票价格变动迅速从低回报率的行业（公司）撤离，快速流向回报率较高的行业（公司），将有限的金融资源配置到边际效率最高的行业、部门或公司，实现市场资本配置的帕累托最优。此时，资本市场中价格有效性与实体经济中资金资源配置的有效性是一致的，资本市场的信息有效和配置有效是统一的。但是，在现实世界中，资本市场并非完全有效，因此，不能简单地用资本市场的信息效率程度作为配置效率判断的根据，信息效率作为市场效率的基石并不能完全反映资本市场的运行情况，而仅仅是从信息吸收和利用层面对效率做出的一种解释，配置效率作为衡量资本市场效率的重要指标之一仍然备受关注，资本市场的配置效率需要从新的角度，用新的思路、新的方法进行研究。

第一节 资本市场配置效率判别方法与原理

配置效率是指资本市场有效动员和高效使用资金资源，将稀缺的金融资源在不同的市场参与者之间进行调配，将资金配置到边际生产效率最高的产业、部门或企业的程度。简单而言，就是资本市场如何进行资金资源的有效分配和使用。

资本市场是筹集和配置长期资金的主要场所，其配置效率就是指资本市场通过价格机制将稀缺的资本资源在不同的所有者之间重新分配，最终配置到边际生产效率最高的企业或产业部门这种机制的作用程度，即由股票价格形成机制促使资本流向股价稳定增长、业绩好且成长性良好的行业或上市公司,因此,提升资本配置效率进而提高资本产出,最终会促进经济增长。具体通过资本市场的三个功能实现。其一是资本市场收集、传递信息的功能,投资者通过对信息的采集和分析,在可供选择的投资项目之间做出科学评估与评价,从而做出正确的投资选择,促进股票价格能够完全反映公司的所有信息,进而促进股票价格信息含量的提高,此时,股票价格与股票所代表的公司实际价值的同步性更强,市场的资本配置效率更高。其二是资本市场的流动性和风险分散功能,能够为投资者分散风险提供多元化的组合投资选择,加速交易,促使投资者能够投资于风险较高但预期回报更高的产业和公司,推动资本边际使用效率的提高。其三是资本市场的创造性和产品创新功能,相比实体经济部门,资本市场的创新活动最为活跃,创新产品的不断推出和运用,加快了与它所代表的实体经济的联系,促进了资本在实体经济部门、行业和公司之间的联动,提高了配置效率。

  这种定性的描述仅仅为我们了解资本市场配置效率的提高途径提供了思路和分析框架,然而,市场配置效率的高低如何定量描述呢?资本市场所表达的是游离于实体经济——企业自身的生产、经营、管理活动之外的,在理论上应该是浓缩了企业实体经济全部的质的一个替代品,即股票,资本市场上资本所追逐的股票产品,本源是其所代表的公司实体,由此,代表企业产品生产经营过程的实体经济本身和蕴涵企业发展虚拟经济的代表股票在本源上是一个统一体。从这个意义上说,作为社会财富创造的主体上市公司,实质上是集实体经济与虚拟经济于一体,上市公司的赢利能力、管理制度、人力资源、财务状况等,是实体经济的外在表现,其综合评价可以反映所在行业、部门的发展状况;而上市公司股票的市场价格、成交量正好与虚拟经济相对应,是虚拟经济在资本市场的体现。当公司运营良好,即公司基本面,如每股收益、股利分配等,表现良好,投资者根据资本市场披露的公司财务或其他信息,判断公司经营状况并对股票进行买卖交易,驱使资金流向好的公司。也就是说,资金逐利原则使得成长性好、赢利潜力强的公司及行业的股票受到青睐,而产品夕阳化、业绩滑坡的公司及行业的股票遭到抛售。这就使得社会资金逐渐流向赢利能力强、发展前景好的公司和行业,推动其股票价格的逐步上扬,为该公司和行业利用股票市场进行资本扩张提供了一个良好的运作环境,该公司和行业可以在再筹资时筹集到更多的社会资金。而前景黯淡、业绩滑坡的公司及行业,股价逐步下跌,难以再筹资进行扩大生产,以致逐渐衰落、消亡或被兼并收购。在此过程中,资本市场实现了资源有效配置,通过虚拟经济信息的传导,在实体经济层面上引导资金流向发展前景良好的行业或企业,实现全社会财富的最优增长。资本理所当然地迅速流向最需要它的地方,就像水流能找到它的位置一样,资本配置效率越高，公司获得外部融资的机会越大，相反，资本配置效率越低也就意味着公司很难获得外部融资。

艾伦和加尔（Allen and Gale，2000）从实体经济角度阐述了资本配置效率的含义，指出衡量资本配置效率应该考虑经济所处的特定历史形态，强调只有金融体系的发展与实体经济的发展相适应，才最有利于资本配置和经济增长。巫格勒（Wurgler，2000）通过建立资本配置效率模型研究了65个非社会主义国家的资本配置效率，直接检验了金融模式对资本配置的影响，认为金融市场越发达的国家，资本配置效率越高，资本配置效率与国有资本化程度负相关，与少数投资者受法律保护的程度正相关。李等（Li et al.，2004）的研究也表明，在低收入国家资本市场上股票价格具有明显的随机性，股票价格信息传递对改善微观经济资本配置不存在显著作用；低收入国家的政权阶层经常通过政治权利限制资本市场的自由发展，从而在很大程度上抑制了资本配置效率；相反在发达国家资本市场上，股票价格可以有效地传递资本边际收益的信息，并能促进资本流向高收益的项目。加林多等（Galindo et al.，2007）分别用两种形式的资本边际预期收益，即资本产出比和每单位投资所获得的营业利润来衡量资本配置效率。上述资本配置效率的研究观点都体现了实体经济对虚拟经济的影响，把资本配置效率高低的研究构建在实体经济运行或影响因素的层面上。

借鉴巫格勒（Wurgler，2000）的资本配置效率模型，国内学者韩立岩和蔡红艳（2002）、刘赣州（2003）也测算了我国工业内部39个行业的资本配置效率，并将资本配置效率作为被解释变量，资本市场发展水平作为解释变量，构建回归模型，检验了资本配置效率与金融市场发展的相关性，得出信贷市场规模、股票市场流动性与资本配置效率负相关的结论，还发现我国在20世纪90年代资本配置效率处于较低水平，在大多数年份行业资本流动与其赢利能力无关。李至斌（2003）以股票市场筹资额、地区GDP增长率、行业利润为变量建立回归模型，分析了1997~2001年我国股票市场的地区资本配置效率和行业资本配置效率。岳正坤和王高（2006）用整个社会行业固定资产和利润数据测算了全社会的资本配置效率。李名义和张成（2007）以股票市场总值和上市公司平均每股收益为变量建立回归模型，考察了我国股票市场的总体资本配置效率。李勇（2009）以股票市场的行业成交金额和利润总额代表股票市场各行业的投资和利润，研究了股票市场的资本配置效率，得出总体呈现上升趋势但配置效率比较低的结论。

可见，这些对资本市场配置效率问题的研究，不仅重视了宏观经济因素，而且重视了行业中观层面的因素，也关注了企业微观因素，这些宏观与微观因素考量的齐头并进，以及置身于一个整体框架下的研究，一方面有别于以价格运行吸收相关信息进行定价效率判别的研究模式，另一方面也体现了实体经济影响虚拟资本配置效率的研究路径。然而，在这些研究中，多数还是仅停留在国家宏观和行业中观层面上，还少有细化到实体经济的细胞——公司层面的研究的，而这恰是本书探究配置效率判别研究方法的出发点，我们希望从一个更加微观的角度，以资本市场服务的实体经济对象，或者说资本市场的重要载体上市公司为研究对象，透过上市公司的基本面和技术面缩影的连接关系，来表达我国资本市场配置效率判别成果。

因此，要研究资本市场配置效率就要从公司层面考虑，既着眼于公司在资本市场虚拟经济层面的表现，也要立足于公司生产过程中实际金融资源的分配和使用情况，分别选择上市公司的基本面和技术面衡量指标，构建实体经济和虚拟经济的综合替代指标，透过两者之间的联动关系来判别资本市场的配置效率。

一、实体经济及代理指标的确定

遵循本书资本市场配置效率的研究思路，需要先分析实体经济、虚拟经济与资本市场之间的关系。一直以来，资本市场被期待成宏观经济的晴雨表，资本市场天然与宏观经济之间有着密切的联系，自然表达了实体经济基本面的过去和未来，进一步来说，资本市场还是虚拟经济展现的舞台，也作为虚拟经济的象征。

（一）实体经济与上市公司基本面及评价指标体系的选择

与资本市场代表虚拟经济相对应，上市公司是实体经济的重要载体，代表了实体经济层面，上市公司的生产经营、投融资活动等所表现出来的财务状况、经营成果和现金流，是实体经济运营的反映和折射。因此，上市公司基本面指标能够作为实体经济运行情况的代理变量。

如何准确评判实体经济的运营状况，取决于如何选择代表上市公司基本面的合适指标。鉴于上市公司运营状况信息的主要传播途径是对外公开发布的财务报告，财务报表中的各类财务指标自然成为了解企业实体经济状况的最好代理，然而，如此众多的财务指标中选择多少指标，以及选择哪些指标才能全面且精练地反映企业的实体经济状况呢？2006年，国务院国有资产监督管理委员会（简称国资委）针对中央企业综合绩效评价颁布了《中央企业综合绩效评价管理暂行办法》（国资委令第14号），同时制定了《中央企业综合绩效评价实施细则》，其中所涉及的评价内容、评价指标和指标权重见表4-1。

表 4-1　中央企业综合业绩评价指标与权重

评价内容	财务绩效定量指标（权重70%）		管理绩效定性指标（权重30%）
	基本指标（100）	修正指标（100）	评议指标（100）
赢利能力状况（34）	净资产收益率（20） 总资产报酬率（14）	营业利润率（10） 盈余现金保障倍数（9） 成本费用利润率（8） 资本收益率（7）	战略管理（18） 发展创新（15） 经营决策（16） 风险控制（13） 基础管理（14） 人力资源（8） 行业影响（8） 社会贡献（8）
资产质量状况（22）	总资产周转率（10） 应收账款周转率（12）	不良资产比率（9） 流动资产周转率（7） 资产现金回收率（6）	
债务风险状况（22）	资产负债率（12） 已获利息倍数（10）	速动比率（6） 现金流动负债比率（6） 带息负债比率（5） 或有负债比率（5）	
经营增长状况（22）	营业增长率（12） 资本保值增值率（10）	营业利润增长率（10） 总资产增长率（7） 技术投入率（5）	

注：括号中的数字为各指标在评价体系中的权重值，共计22个定量指标和8个定性指标

我们知道，中央企业是由中央政府监督管理的国有企业，大多属于关系国计民生的行业，其作为市场经济中的单位，除了实现国有资产增值保值的目标外，还承担着必要的社会责任，这就导致了中央企业的综合评价指标体系与一般上市公司的业绩评价指标体系存在差异，尤其是在单个财务指标所代表的重要性（权重）与依赖程度上有所不同，如权重占比30%的管理绩效定性评价指标中的各个项目几乎都不能通过企业对外公布的财务报表数据获得，这造成了学术研究中数据获取方面的难度；再者上市公司中不但包括国有企业，还包括合资企业和民营企业，其在产权结构、员工构成等方面都与中央企业不同，因此，在上市公司基本面评价指标的实际选择上，不能简单地套用中央企业的综合绩效评价体系，需要根据上市公司实际情况和学术研究的可行性要求选择恰当的评价指标。

鉴于此，2008年6月，"中国上市公司业绩评价课题组"制定的《中国上市公司业绩评价指标体系》公布。这一指标体系是由国务院国资委有关部门、中联资产评估集团有限公司等单位组织专家，历时8年完成的。该评价指标体系充分借鉴了财政部、国家经贸委等部委2002年联合颁布的《企业绩效评价实施细则》和2006年国务院国资委颁布的《中央企业绩效评价管理暂行办法》的有关规定，评分标准完全基于公开披露的上市公司信息。整个指标体系包含了上市公司的财务效益、资产质量、偿债风险、发展能力及市场表现五个方面，在遵循指标具有较强的横向、纵向可比性的原则下，每一方面又包括基本指标和修正指标两个层次，

最终共有 23 个相关指标进入上市公司业绩评价指标体系，具体指标及权重分配见表 4-2。

表 4-2　中国上市公司业绩评价指标体系与指标权数表

评价内容	权数 100	基本指标	权数 100	修正指标	权数 100
财务效益状况	35	净资产收益率 总资产报酬率	20 15	营业利润率 盈余现金保障倍数 股本收益率 资产规模系数	7 8 8 12
资产质量状况	15	总资产周转率 流动资产周转率	8 7	应收账款周转率/次 存货周转率/次	9 6
偿债风险状况	15	资产负债率 获利倍数	8 7	速动比率 现金流动负债比 带息负债比	5 5 5
发展能力状况	20	营业收入增长率 资本扩张率	10 10	累计保留盈余率 三年营业收入增长率 总资产增长率 营业利润增长率 资产规模系数	3 3 4 4 6
市场表现状况	15	市场投资回报率 股价波动率	10 5		

本书的目的是透过上市公司公开发布的财务报告及相关资料，反映上市公司实体经济基本面的信息，《中国上市公司业绩评价指标体系》虽然是基于上市公司实际情况编制的，也考虑到了上市公司法人治理结构不完善等因素，以及公司的财务效益、资产质量等方面，但与本书中关于资本市场配置效率判别方法研究的框架和要求还有差距，本书的思路是区别上市公司的基本面和技术面指标，分别去构建代表实体经济和虚拟经济面的代理变量，因此，《中国上市公司业绩评价指标体系》中关于"市场表现状况"的信息并不在基本面指标中体现，同时，结合我们对企业财务状况基本面指标意义的理解和运用，我们将在此基础上做必要的项目增减，以形成本书综合评价上市公司基本面的指标体系。具体将剔除《中国上市公司业绩评价指标体系》中市场表现指标，增加成本费用率、现金比率、营运资本资产比和流动比率指标，相关分析依据如下。

其一，关于企业的财务效益状况，《中国上市公司业绩评价指标体系》给出了高达 35% 的权重，其重要程度可见一斑。而成本费用利润率也是反映企业财务状况赢利能力的指标，该指标还反映企业的成本控制、基础管理、人力资源调配等方面的软实力。由成本费用利润率的定义可知，成本费用利润率等于利润总额除以成本费用总额，面对两家在规模、市场、业务、信用等方面都类似的公司，在相同的利润总额水平下，该指标的高低还能反映出公司的成本费用水平，尤其是其成本控制和管理水平，这些差异在本质上是由公司内部的成本控制、基础管理、员工素质等方面质的不同所导致的。因此，该指标在反映企业的经营管理、成本控制等软实力方面有着不可替代的作用，故而，我们将此指标加入对上市公司运营情况考核的指标体系当中。

其二，在偿债风险状况的评价指标中，将现金比率作为企业合法经营、遵守法规、按期还债、信用保障的替代指标加入。1958年，印度经济学家卡甘（Cangan）首先设计并采用了简单现金比率法估测第二次世界大战期间美国的未申报收入；1977年，古特曼（Gutmann）运用卡甘的现金比率法估算出美国1976年非正规经济规模值约为1750亿美元，差不多占到当年美国国民生产总值的10%；2003年，我国学者刘洪和夏帆也利用修正的现金比率法研究我国非正规经济规模占GDP比重。可见，现金比例在反映企业短期偿债能力信息之外，还能够在一定程度上揭示企业逃避税收和政府管制等非正规经济行为，恰恰反映了企业在法律风险、社会贡献等方面难以直接评价的经营表现。

其三，考虑到我国上市公司普遍存在的低长期负债，甚至零长期负债现象张信东等（Zhang et al., 2012），国内企业偿债能力的衡量应该更多地偏向于短期偿债能力方面。奥尔特曼（Altman，1968）运用了包括营运资本比总资产（该指标反映了企业的短期偿债能力）在内的5个比率指标对企业破产进行研究，发现该比率指标体系对企业破产有可信的预测能力，王玉洁（Wang，2009）则将该指标作为公司财务业绩表现的衡量标准。此外，流动比率也常常和速动比率结合使用，来评价短期成长能力。因此，我们将营运资本比总资产和流动比率两个指标也加入上市公司基本面评价指标体系当中。

综上所述，本书中选择上市公司基本面的评价范围包括财务效益、资产质量、偿债风险和发展能力等四个方面，每个方面又包括了相应的基本指标和修正指标，最终得到的评价指标体系见表4-3。

表4-3　中国上市公司业绩评价指标体系修改版

评价内容	基本指标	符号	修正指标	符号
财务效益状况	净资产收益率	ROE	营业利润率 盈余现金保障倍数	OPR EARM
	总资产报酬率	ROA	股本收益率 成本费用利润率* 资产规模系数	ROS RPC CAS
资产质量状况	总资产周转率	TAT	应收账款周转率/次	ART
	流动资产周转率	CURAT	存货周转率/次	INVT

续表

评价内容	基本指标	符号	修正指标	符号
偿债风险状况	资产负债率 [逆向指标]	DTA	流动比率* 速动比率 现金比率*	CURR QUIR CASHR
	获利倍数	PM	现金流动负债比 带息负债比 [逆向指标] 营运资本比总资产*	CASHFTD IWDR WTA
发展能力状况	营业收入增长率	RGR	累计保留盈余率 三年营业收入增长率	APR TYRG
	资本扩张率	CER	总资产增长率 营业利润增长率 资产规模系数	TAGR OPPGR CAS

* 所标注的指标为新加入的指标，未标注为"逆向指标"的指标皆为正向指标

（二）上市公司基本面财务评价综合指标确定

本书判别资本市场配置效率的基本思路是：基于实体经济与虚拟经济之间的关联程度进行分析。资本市场是实体经济进行资金融通和社会资金进行有效配置的重要场所，一个健康、稳定、发展、高效配置的资本市场，其走势应该能够反映实体经济的预期走势，其中长期走势也应该能够由国民经济的基本面和走势来决定；反之，资本市场的稳定与否，以及其能否发挥资本资源的有效率配置功能，则取决于其是否会出现频繁的、持久的不正常波动，是否会因此而招致股市的大起大落，进而引发股市泡沫或股市暴跌，并危及实体经济。因此，资本市场能否稳定健康发展，能否发挥其资金资源的有效配置功能，关乎国民经济的有效运行，关乎党和政府的信用，关乎社会、政治的稳定乃至国家安全，其实质体现了实体经济和虚拟经济之间的协调性。这种协调性期望由一个连接二者关系的模型系数定量表达，前期基础需要我们把上述确定的代表实体经济层面的上市公司基本面评价指标体系归一化。

因此，在获得上述上市公司基本面综合业绩评价的各项指标之后，需要用一定的方法对该指标体系作进一步处理，以获得反映实体经济的归一化指标。主成分分析方法被认为是较好综合多指标为单一综合指标的有效方法。

1. 主成分分析原理及主成分指标的提取

主成分分析（principal component analysis，PCA），是将多个变量通过线性变换浓缩成较少个数的、相互独立的、有明确含义的主成分变量的一种多元统计分析方法。主成分分析首先是由皮尔森对非随机变量引入的，之后霍特林（Hotelling，1933）将此方法推广到随机向量的情形。

在课题研究中，往往提出很多与问题有关的变量（或因素），每个变量都在不同程度上反映了这个课题的某些信息，这种多变量且变量之间存在相关性的情形，会由于变量内部之间的关联性而干扰或抵消其对最终问题解答的准确性和分析结果。主成分分析就是设法将原来众多具有一定相关性的变量，重新组合为一组新的相互无关的综合变量，同时根据实际需要从中提取前几个较少的综合变量，尽可能多地去反映原来变量的信息，这些被提取的变量就是主成分，因而，主成分分析方法实质上就是数学上处理降维的一种方法。通常数学降维方法是将原变量作线性组合，但这种线性组合可以有很多，如果不加限制的话，应该如何选择呢？如果将选取的第一个线性组合，即第一个综合变量记为 PC_1，自然希望它尽可能多地反映原来变量的信息，这里的信息用方差 $Var(PC_1)$ 来测量，即希望 $Var(PC_1)$ 越大，表示 PC_1 包含的信息越多，由此，在所有的线性组合中选取最大方差的组合 PC_1，称之为第一主成分；当第一主成分不足以代表初始所有变量的信息时，考虑选取第二个线性组合 PC_2，PC_2 中不再包含 PC_1 中已经含有的信息，称 PC_2 为第二主成分；依此类推，依次构造出第三、第四、…、第 p 个主成分。

如此，主成分分析理论上可以得到 p 个主成分，这些主成分之间不相关，并且它们的方差依次递减，包含的信息量也依次递减。但是，主成分的精髓在降维，因此，在实际应用中，一般不选取 p 个主成分，而是根据研究需要选取 $k(<p)$ 个重要的主成分，依次选取的标准是各个主成分方差贡献率的大小，其中，第 i 个主成分的方差贡献率是其方差占全部变量方差的比例，贡献率越大，说明该主成分所包含原始变量的信息越多，从而越应该作为首先选择的对象，而主成分个数 k 的确定是根据主成分的累积贡献率来决定的，一般要求累积贡献率达到 85% 以上，这样才能保证综合变量能包括原始变量的绝大多数信息。虽然，舍弃排位靠后的主成分会造成一定的信息损失，但降维后少数几个主成分变量的使用有利于研究者抓住事物的主要矛盾，并从原始数据汇总进一步提取某些新的信息，因而在实际问题研究中比采用原变量获得的信息更多，有利于问题的分析与处理。

此外，在实际应用中，在选择了重要的主成分之后，还要注意给出主成分实际含义的解释，这被称为主成分财务指标。主成分分析中一个很关键的问题是如何赋予主成分新的意义，给出合理的解释。一般而言，这个解释是根据主成分表达式中原始变量的系数大小结合其性质给出的。主成分是原来变量的线性组合，在这个线性组合中各个变量的系数有大有小，有正有负，有的大小相当，因而不能简单地认为这个主成分是某几个原变量属性的综合，线性组合中各变量系数的绝对值大者表明该主成分主要综合了其中信息，当出现几个变量的系数大小相当时，应认为这一主成分是这几个变量的总和，在实际中，需要结合具体问题，赋予每一个主成分变量实际意义。

2. 主成分财务指标的谢瓦斯季亚诺夫转换

谢瓦斯季亚诺夫和迪穆拉（Sevastjanov and Dymora，2009）在其论文中采用了三种综合指标的合成方法，分别为算术加权平均、几何加权平均和 Yager 的最小值方法，本文将在 k 个主成分变量确定的基础上，借鉴谢瓦斯季亚诺夫的指标集成思路和方法，对主成分意义下的财务综合指标进行技术处理，即将各主成分变量线性映射转换成为取值 [0，1] 区间的变量。

谢瓦斯季亚诺夫指出："为构建基于财务指标 r 的局部准则，我们将财务指标分为两类，一类是公司业绩随指标值增加而增加的财务指标，一类是公司业绩随指标值增加而降低的财务指标，即效益型指标和成本型指标。找出所有样本公司财务指标数据中的最大值和最小值，以此作为局部准则建立的基础，根据模糊集理论，建立各类型指标对应的隶属度函数，即将不同类型的财务指标 r（正向指标或逆向指标）转换成取值在 [0，1] 区间的线性函数 $\mu(r)$，且保持与 r 的一一对应关系。"

在上述主成分分析法提取到的上市公司基本面业绩评价指标中，其与公司业绩之间的关系也存在效益型和成本型之分，根据谢瓦斯季亚诺夫的数据转换原理，即模糊集理论，我们建立了主成分财务指标的隶属度函数，将主成分财务指标值映射到 [0，1] 区间。当主成分财务指标为公司业绩的正向指标时，数据越小映射值越小，数据越大映射值越大；而如果主成分指标是公司业绩的逆向指标时，其映射结果与正向指标恰好相反，数据越小映射值越大，数据越大映射值越小。

3. 综合指标中权重的确定

指标权重是各指标在综合指标中重要程度的反映，是各指标相对重要程度得以体现的主观评价或客观反映的综合度量。权重赋值的合理与否、权重发生的变化，都会影响最终评价结果，因此权重的赋值必须做到科学与客观，寻求合适的权重确定方法在综合指标的确定时非常重要。

确定指标权重的方法很多，按照计算权重系数时原始数据来源及计算过程的不同，可以将这些方法分为主观赋权法和客观赋权法。

主观赋权法是一种定性方法，由专家根据经验进行主观判断而得到各指标的权重，如专家调查 Delphi 打分法、层次分析法等。主观赋权法汲取了专家知识和专业判断，在一定程度上能有效地按各指标的重要程度确定权重，然而，该方法存在较大的主观性，专家不同，给出的权重也会不同，在某些情况下，专家权重可能与真实权重存在较大差异。

客观赋权法是依据历史数据和一定的方法探究指标之间的关系，主要有最大熵技术法、主成分分析法等。客观赋权法从方法论角度，具有较强的理论性和科学性。例如，主成分分析法在得到各主成分指标和确定的主成分个数后，一般会采用各主成分的方差贡献率作为综合指标中权重的确定基础。

4. 实体经济基本面综合指标的合成——基于主成分财务指标

加权平均法、几何平均法和 Yager 最小类型法，均被用于基于主成分财务指标进行实体经济基本面合成指标的构建，其中，主成分财务指标均作了谢瓦斯季亚诺夫转换，具体计算公式如下：

$$\text{Arg}_1 = \sum_{i=1}^{k} \alpha_i \mu_i (\text{PC}_i)$$

$$\text{Arg}_2 = \prod_{i=1}^{k} \mu_i^{\alpha_i} (\text{PC}_i)$$

$$\text{Arg}_3 = \text{Min}(\mu_1^{\alpha_1}(\text{PC}_1), \mu_2^{\alpha_2}(\text{PC}_2), \cdots, \mu_k^{\alpha_k}(\text{PC}_k)) \quad (4-1)$$

式中，Arg 为综合指标；Arg_1 为加权平均；Arg_2 为几何平均；Arg_3 为 Yager 的最小类型值；α 为相应主成分的方差贡献率占比，即权重；PC_i 为第 i 个主成分财务指标；μ 为映射函数，即主成分财务指标 PC 的谢瓦斯季亚诺夫转换，$\mu(PC) \in [0, 1]$。对映射函数 μ 的选取，一般是选择线性函数，如图 4-1 所示。这三种合成方法得到的 Arg 值都是反映实体经济运营状况（即基于公司基本面表现）的综合指标，Arg 值越接近于 1，实体经济状况越好，越接近于 0，实体经济状况越差。

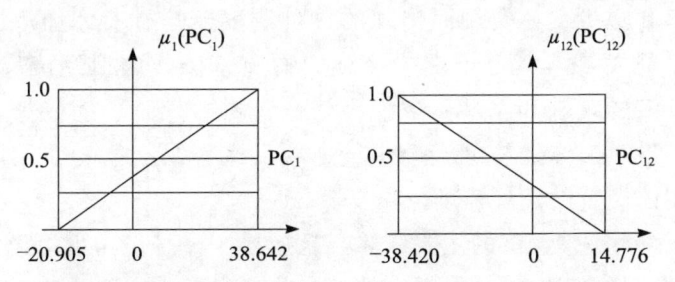

图 4-1 正向指标与逆向指标的谢瓦斯季亚诺夫转换图
注：数值是下文实证部分中，标准化后的主成分财务指标值

二、虚拟经济及代理变量的确定

作为由政府、上市公司、投资者（机构投资者、个体投资者）等多主体构成、受多因素影响的一个复杂自适应系统，资本市场也是实体经济进行资金融通和社会资金进行有效配置的重要场所。实体经济是指全社会物质的、精神的产品和服务的生产、流通等经济活动，包括农业、工业、交通通信业、商业服务业、体育等产品的生产和服务部门。由此可见，实体经济是以实物运动为特征的工业、农业、服务业、建筑业等物质生产和服务部门，也包括教育、文化、知识、信息、艺术经济形态等部门，实体经济始终是人类社会赖以生存和发展的基础。

虚拟经济（fictitious economy）是相对实体经济而言的，是经济虚拟化（西方称之为金融深化）的必然产物。经济的本质是一套价值系统，包括物质价格系统和资产价格系统，与由成本和技术支撑定价的物质价格系统不同，资产价格系统是以资本化定价方式为基础的一套特定的价格体系，由于资本化定价，人们的心理因素会对虚拟经济产生重要的影响，从而导致虚拟经济在运行上的内在波动性。对虚拟经济的理解，成思危（2003）曾指出，由于译名的相同，人们经常混淆了三个不同的概念，将三者均译成虚拟经济。一是指与证券、期货、期权等虚拟资本的交易有关的经济活动（fictitious economy）；二是指以信息技术为依托所进行的经济活动（virtual economy），也有人称之为数字经济或网络经济；三是指用计算机模拟的可视化经济活动（visual economy）。为了区别这三个概念，应该将 fictitious economy 译成虚拟经济，将 virtual economy 译成网络经济或拟实经济，将 visual economy 译成可视化经济。也就是说，虚拟经济是指与有价证券等虚拟资本交易有关的经济活动，是以资本市场为主要载体的各项经济活动。虚拟经济是实体经济发展到一定阶段，为解决现实资本的流动性，提高生产效率和减少交易费用而出现的一种制度安排。实体经济进程促进了虚拟经济的诞生与发展，奠定了虚拟经济的物质基础，虚拟经济反哺实体经济，有助于实体经济的改进和发展，虚拟经济中证券、期货、期权等虚拟资本的交易频率、交易量对实体经济的资金供给、项目选择具有指导作用，其发达程度同时制约着实体经济的发展速度。

资本市场作为虚拟经济的主要载体，是连接实体经济与虚拟经济的纽带，实体经济与虚拟经济在现实经济体系中的关联是通过资本市场来实现的。资本市场具有筹集资本和配置资本的功能，资本市场功能实现过程表现为两个相对独立的阶段，首先投资者（资金富余方）在股票价格机制的引导下，在资本市场平台，通过购买上市公司股票将手中的资本转移到上市公司（资金需求方）手中，上市公司（资金需求方）将资本市场上筹集的货币资本投入实际生产过程中并转化为产业资本，创造出有效产出，在资金筹集和配置的功能发挥过程中，资本市场将实体经济和虚拟经济联系在一起，成为两者之间的纽带。

因此，虚拟经济运行状况的度量离不开对资本市场的运行质量考量和对金融资产价格运动规律和变化规律的考察，离不开对资本市场技术面的分析，即上市公司市场层面的表现。在谢瓦斯季亚诺夫基于模糊集理论的多准则股票选择策略分析中，运用了月度最大收益和月度最大损失指标，来评判投资策略的股票市场表现，一次月度交易的损失 ML_i 定义为上月以较高价格买入而本月以较低价格卖出的交易得益，一次月度交易的收益 MR_i 则定义为上月以较低价买入而本月以较高价卖出的交易得益。由于买卖是虚拟的，所以不考虑交易成本，任何月度之间的股票交易得益就是在最大月损失（ML_{max}，即上个月最高价买入，本月最低价卖出）和最大月收益（MR_{max}，即上个月最低价买入，本月最高价卖出）之间的一次交易。对应于实体经济综合代理变量，基于这两个技术面指标值的虚拟经济代理变量的计算方法如下

$$\mathrm{Arg}_{1p} = \alpha_R \mu_R (\mathrm{ML}) + \alpha_P \mu_P (\mathrm{MR})$$
$$\mathrm{Arg}_{2p} = \mu_R (\mathrm{ML}) \alpha_R \times \mu_P (\mathrm{MR}) \alpha_P$$
$$\mathrm{Arg}_{3p} = \min(\mu_R (\mathrm{ML}) \alpha_R, \mu_P (\mathrm{MR}) \alpha_P) \tag{4-2}$$

式中，Arg_p 为综合指标，Arg_{1p} 为加权平均；Arg_{2p} 为几何平均；Arg_{3p} 为 Yager 的最小类型值；α_R 和 α_P 为最大损失 ML 和最大收益 MR 指标值的权重；μ 为谢瓦斯季亚诺夫映射函数，$\mu(.) \in [0, 1]$，图 4-2 表达了上市公司技术面评价指标的 [0, 1] 数值转换，左图为正指标最大收益 MR 的转换，右图为逆指标最大损失 ML 的转换。

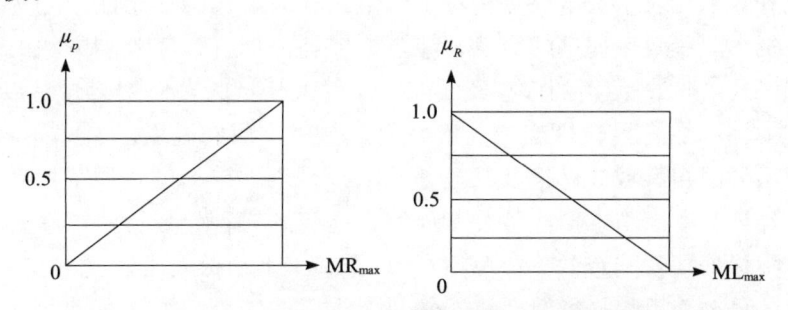

图 4-2 市场层面正向指标与反向指标的谢瓦斯季亚诺夫映射

需要指出的是，MR 和 ML 有时也代表最大收益率和最大损失率指标。

第二节　资本市场配置效率研究设计

我们在本书第一章中指出，资本市场上，实体经济所蕴涵的是赢利状况、管理制度、人力资源状况、财务状况等代表公司运营与发展实力的上市公司的基本面水平，而虚拟经济则相对于股票价格变化趋势为主的上市公司的技术面水平。在一定程度上，上市公司的基本面和技术面能够代表实体经济与虚拟经济两大层面的状况和走势，良好的基本面能够为坚挺的技术面夯实基础，进而反映在股票市场上，良好的技术面走势应当预示公司基本面的美好前景，吸引投资者的关注，支撑股票价格的高位。公司的基本面与技术面之间的相互关系体现了实体经济与虚拟经济之间的关联性，选择上市公司的基本面和技术面分别作为实体经济与虚拟经济的代表，用上市公司的基本面和技术面的联动关系来表现实体经济与虚拟经济的协调性，进而判断资本市场配置效率水平，是本章的研究思路和设计思想。

一、模型选择

巫格勒（Wurgler，2000）在研究 65 个非社会主义国家的资本配置效率时，建立了如下模型

$$\ln \frac{I_{i,t}}{I_{i,t-1}} = \alpha + \eta \ln \frac{V_{i,t}}{V_{i,t-1}} + \varepsilon_{i,t-1} \tag{4-3}$$

式中，I 为固定资产净值的年均余额；V 为利润总额或工业增加值；$I_{i,t}/I_{i,t-1}$ 为固定资产净值年均余额的增长率；$V_{i,t}/V_{i,t-1}$ 为利润总额或工业增加值的增长率；η 为资本配置效率，表示资本投资相对于产值或利润增长的敏感性；$\varepsilon_{i,t}$ 为随机扰动项。受该资本配置效率模型的启发，结合本书提出配置效率判别方法的原理和思路，我们以式（4-2）给出的虚拟经济综合性代理变量为被解释变量，以式（4-1）给出的实体经济综合性代理变量为解释变量，建立回归模型，如式（4-4）所示，并以此模型的回归系数估计值及其显著性来判别资本市场的资源配置效率。根据上述实体经济基本面与虚拟经济技术面综合指标的三种合成方法，本书将按照这三种综合指标分别就配置效率模型（4-4）作基于上市公司样本的相应实证检验，这样处理的另一个目的是稳健性的考虑。

$$\text{Arg}_p = \alpha + \beta \times \text{Arg} + \varepsilon \tag{4-4}$$

回归系数 β 估计的显著性检验首先给出配置效率是否有效的证据。正的 β 估计值（$\beta > 0$）说明股票市场回报与其对应的上市公司基本面表现呈正相关关系，

实体经济运行质量对股票市场回报是正促进作用；而负的 β 估计值（$\beta<0$）表明股票市场没有正确反映实体经济运行情况，股票市场作为宏观经济晴雨表的功能发挥不正常，市场配置处于无效状态。β 系数越接近于 1，资本配置效率水平越高，此时代表实体经济基本面的运行指标和代表虚拟经济技术面的运行指标达到了更好的同步，体现了资本市场上最佳的协调性。

判别模型（4-4）搭建了一个实体经济综合指标和虚拟经济综合指标的关联关系，通过回归系数 β 估计值的大小、正负和显著性检验结果，以及对这些表现的动态观察，透视公司基本面和技术面之间的普遍连接程度，进而推断资本市场配置效率状况及其变化性。

二、样本数据及其描述性统计

我们以上海证券交易所上市的全部 A 股上市公司为研究对象，考虑到金融机构在资本配置作用中的特殊作用和特定功能，本研究剔除了银行和非银行金融类上市公司，本研究考察区间是 2006 年第 1 季度到 2011 年第 3 季度共计 23 个季度数据。代表实体经济状况的上市公司基本面原始指标由《中国上市公司业绩评价指标体系修改版》（表 4-3）给定，其中，部分样本数据来源于国泰安 CSMAR 数据库，部分数据则根据下载指标值计算获得，如股本收益率、资产规模系数、累计保留盈余率、三年营业收入增长率等。代表虚拟经济状况的上市公司技术面原始数据为公司股票价格序列及以此计算的收益率。在剔除了季度样本数据的缺失值之后，最终选定本研究的样本公司数，其各季度样本公司数的分布情况见表 4-4，相应实体经济基本面的基础指标的描述性统计结果见表 4-5。

表 4-4 样本公司的季度分布

季度	2006 年第 1 季度	2006 年第 2 季度	2006 年第 3 季度	2006 年第 4 季度	2007 年第 1 季度	2007 年第 2 季度	2007 年第 3 季度	2007 年第 4 季度
样本公司数/家	451	485	504	474	493	545	551	546
季度	2008 年第 1 季度	2008 年第 2 季度	2008 年第 3 季度	2008 年第 4 季度	2009 年第 1 季度	2009 年第 2 季度	2009 年第 3 季度	2009 年第 4 季度
样本公司数/家	526	550	545	515	443	471	469	460
季度	2010 年第 1 季度	2010 年第 2 季度	2010 年第 3 季度	2010 年第 4 季度	2011 年第 1 季度	2011 年第 2 季度	2011 年第 3 季度	合计
样本公司数/家	439	490	492	528	56	530	530	11 093

表 4-5 实体经济基本面原始指标季度数据的描述性统计分析

序号	指标	代码	均值	中位数	最大值	最小值	标准差
1	净资产收益率	ROE	0.066 7	0.046 2	1.895 9	−0.395 8	0.073 6
2	总资产报酬率	ROA	0.030 9	0.020 6	0.466 0	0.000 0	0.033 8

续表

序号	指标	代码	均值	中位数	最大值	最小值	标准差
3	总资产周转率	TAT	0.495 6	0.359 6	10.179 3	0.000 2	0.502 8
4	流动资产周转率	CURAT	1.113 8	0.808 7	19.801 9	0.000 2	1.117 6
5	资产负债率	DTA	0.528 6	0.535 6	0.974 1	0.009 1	0.159 3
6	获利倍数	PM	1.827 0	1.590 5	12.282 1	−0.969 7	1.223 4
7	营业收入增长率	RGR	0.607 8	0.167 1	2 237.496 0	−0.955 6	21.991 7
8	资本扩张率	CER	0.099 4	0.021 0	258.829 1	−0.925 5	2.481 1
9	营业利润率	OPR	0.143 7	0.067 5	344.860 2	−1.823 2	3.330 7
10	盈余现金保障倍数	EARM	−2.470 4	0.945 7	964.803 7	−31 989.400 0	307.037 8
11	股本收益率	ROS	0.256 6	0.152 5	6.129 6	0.000 0	0.329 3
12	成本费用利润率	RPC	0.155 2	0.079 1	9.363 2	−0.015 6	0.284 7
13	资产规模系数	CAS	1.088 7	0.685 8	3.000 0	0.600 0	0.840 2
14	应收账款周转率	ART	1.906 9	1.684 3	12.383 0	−4.033 1	1.554 7
15	存货周转率	INVT	0.804 8	0.864 8	11.833 6	−8.600 6	1.483 4
16	流动比率	CURR	1.334 1	1.172 9	29.850 3	−23.729 5	0.908 8
17	速动比率	QUIR	0.883 9	0.750 0	25.176 0	−19.414 1	0.706 7
18	现金比率	CASHR	0.368 9	0.264 5	11.602 5	−13.587 1	0.447 2
19	现金流动负债比	CASHFTD	0.082 6	0.051 7	3.395 9	−10.677 0	0.259 7
20	带息负债比	IWDR	0.485 9	0.504 3	0.979 9	0.000 0	0.226 4
21	营运资本比总资产	WTA	0.083 9	0.075 6	0.839 9	−0.727 7	0.203 5
22	累计保留盈余率	APR	0.902 1	0.273 5	843.252 7	−587.474 0	17.356 1
23	三年营业收入增长率	TYRG	−0.441 0	0.039 0	16.550 8	−81.342 7	1.796 9
24	总资产增长率	TAGR	0.134 4	0.034 8	616.305 2	−0.862 4	5.865 6
25	营业利润增长率	OPPGR	3.419 1	0.171 7	10 802.950 0	−126.578 6	140.661 9

从表 4-5 可以看出，上市公司的三年营业收入增长率的均值为负，说明上市公司的总体营业增长是呈现负的关系，也就是说企业的长期收入的增长是递减式的增长。而盈余现金保障倍数也为负，且其波动（标准差）也是相当的大，也就是说企业的盈余现金保障是负的平均水平，且企业盈余现金保障的差异是异常明显的。而营业利润增长率、营业收入增长率、累计保留盈余率的差异（标准差）也相对较大，也就是说企业的长期收益差异是明显的。而盈余现金保障倍数是从现金流入和流出的动态角度，对企业收益的质量进行评价，对企业的实际收益能力进行再次修正的。也就是说企业的发展能力状况差异是明显的，即实体的上市公司之间的发展是有着明显差异的。虽然整体上市公司的长期增长呈现递减式的递增关系，而整个市场的发展能力状况差异仍然是明显的，这就说明了不同上市公司的发展能力差异仍旧较大。

三、实体经济综合指标的构建

运用主成分分析的一个重要目的是对刻画实体经济基本面的 25 个基础性指标降维，年度数据较为合适，因此，选取 2006～2010 年度指标值，考虑剔除缺失值之后，共有 2523 个公司年数据，经运行，主成分分析结果见表 4-6，提取前 13 个主成分的累积方差贡献率达到 85.27%。在所确定的 13 个主成分中，按照其中原始指标构成成分（即载荷系数）的比重情况，各主成分所代表的含义和对公司综合绩效的正负作用分析如下。

表 4-6 主成分分析各主因子载荷矩阵

原指标	PC_1	PC_2	PC_3	PC_4	PC_5	PC_6
ROE	**0.2520**	**0.2912**	−0.1010	0.1826	−0.1644	−0.1432
ROA	**0.3598**	**0.2547**	−0.0416	−0.0361	−0.1203	−0.1318
TAT	−0.0347	**0.2491**	**0.4770**	0.1283	−0.0943	0.1028
CURAT	−0.0666	**0.3854**	**0.3423**	−0.0794	0.1282	0.1465
DTA	−0.2595	0.1122	−0.1195	**0.3555**	−0.1216	0.1406
PM	**0.3531**	0.1104	0.0598	−0.0165	−0.2407	−0.0165
RGR	0.0000	0.0111	−0.0266	0.1732	0.0312	−0.1915
CER	0.1582	0.0707	−0.0799	**0.4716**	**0.3535**	−0.2080
OPR	**0.2738**	0.0916	**−0.3689**	−0.1864	0.0458	0.2436
EARM	−0.0272	0.0305	0.0486	−0.1086	0.1732	−0.1207
ROS	**0.2604**	**0.2892**	−0.0332	0.1085	−0.1676	−0.0401
RPC	**0.2521**	0.0910	**−0.3835**	−0.1776	0.0479	0.2180
CAS	−0.0016	0.1365	−0.0898	0.1798	0.0704	**0.4838**
ART	0.0172	**0.2603**	0.0902	0.0366	0.0175	**0.4618**
INVT	−0.0478	**0.2964**	0.2088	−0.2265	**0.3783**	−0.0651
CURR	**0.2965**	−0.3188	0.2152	0.0540	0.0590	0.2217
QUIR	**0.2892**	−0.2605	0.2588	−0.0131	0.2221	0.1411
CASHR	**0.3020**	−0.1580	0.1916	−0.0879	**0.3255**	0.0422
CASHFTD	0.1040	**0.2195**	−0.0197	**−0.3349**	0.1597	**−0.3592**
IWDR	−0.1363	−0.0302	−0.3115	−0.1186	**0.3774**	0.1516
WTA	**0.2670**	−0.2920	0.1105	0.0947	−0.2120	−0.0024
APR	−0.0062	0.0603	0.0504	−0.0491	0.0316	0.0746
TYRG	−0.0289	−0.0175	0.0409	−0.0203	−0.0534	0.1236
TAGR	0.1017	0.0401	−0.0849	**0.4897**	**0.3849**	−0.0926
OPPGR	−0.0010	−0.0083	−0.0311	−0.0109	−0.0104	−0.0567
方差贡献率	0.1797	0.1353	0.0873	0.0724	0.0600	0.0484
累积方差贡献率	0.1797	0.3150	0.4023	0.4747	0.5347	0.5831

续表

原指标	PC$_7$	PC$_8$	PC$_9$	PC$_{10}$	PC$_{11}$	PC$_{12}$	PC$_{13}$
ROE	0.0263	0.0014	0.0116	−0.1322	−0.0361	**0.3247**	0.1242
ROA	−0.0070	−0.0334	0.0109	−0.0517	−0.0374	0.2110	0.0321
TAT	0.0059	−0.0164	0.0520	−0.0555	−0.0549	−0.0407	0.0478
CURAT	0.0026	−0.0920	0.0356	0.0374	−0.0990	−0.0306	0.1108
DTA	0.0772	0.0988	−0.0025	−0.1119	0.0400	0.1648	0.0030
PM	−0.0554	0.0299	−0.0169	0.0978	0.0853	**−0.2536**	−0.0248
RGR	**0.3483**	**0.2992**	−0.1515	**0.7101**	**−0.3669**	0.1343	0.0133
CER	−0.1298	−0.0937	0.0384	−0.0316	0.0922	−0.0977	0.1045
OPR	−0.0360	−0.0289	0.0259	−0.0200	−0.0259	−0.1494	0.1461
EARM	**0.2967**	**0.5854**	−0.1402	−0.1973	**0.5500**	0.0430	**0.3433**
ROS	0.0501	0.0157	−0.0118	−0.1022	0.0112	**0.3213**	−0.0774
RPC	0.0070	0.0221	−0.0051	0.0865	−0.0829	−0.1560	0.1891
CAS	0.1156	0.1572	−0.0362	−0.0366	0.1839	0.1301	**−0.6549**
ART	0.0826	0.1938	−0.0032	0.1814	−0.0342	**−0.3270**	0.1773
INVT	−0.1156	−0.0347	0.0511	−0.0458	−0.1574	0.1032	0.0206
CURR	0.0885	0.0157	0.0045	−0.0314	−0.0607	0.1436	0.1004
QUIR	0.0387	−0.0001	0.0293	−0.0725	−0.1078	**0.2446**	0.0784
CASHR	0.0153	0.0799	0.0077	0.0319	0.0120	0.0230	**−0.2119**
CASHFTD	−0.0036	0.0804	−0.0439	0.1192	0.1597	−0.1247	**−0.4650**
IWDR	0.0497	−0.0770	0.0203	−0.0210	−0.1246	**0.3858**	0.0537
WTA	0.0487	0.0155	−0.0352	0.0409	0.1113	−0.0766	−0.1131
APR	**0.3884**	**−0.6579**	−0.2497	0.2848	**0.4656**	0.0961	0.1024
TYRG	**−0.6620**	0.1175	0.1519	**0.4879**	**0.3906**	**0.3101**	0.1091
TAGR	−0.1130	−0.0806	0.0085	0.0382	0.0948	−0.2921	−0.0083
OPPGR	0.3320	−0.0337	**0.9255**	0.1008	0.1238	−0.0173	−0.0086
方差贡献率	0.0414	0.0404	0.0398	0.0390	0.0383	0.0364	0.0342
累积方差贡献率	0.6245	0.6649	0.7047	0.7437	0.7820	0.8184	0.8526

注：该表是对实体经济基本面原始指标，基于沪市所选样本公司2006～2010年的年度数据做主成分分析的因子载荷矩阵，13个主成分的累积方差贡献率达到85.27%，因子载荷系数取到小数点后四位。表中标黑部分代表构成相应主成分的主要原始指标成分，余同

第一主成分PC$_1$在总资产报酬率、净资产收益率、营业利润率、成本费用利润率、股本收益率、获利倍数（利息保障倍数）、现金比率、流动比率、速动比率、营运资本占总资产比例等指标上的载荷较大，集中反映了企业的赢利能力，短期偿债能力指标的进入反映了日常经营的资金供给稳定对公司赢利能力的保障性，该主成分财务指标的含义明确为稳健的赢利能力考核指标，从公司业绩考核

角度，该指标为正向指标。

第二主成分 PC_2 在流动资产周转率、应收账款周转率、存货周转率、总资产周转率上有较大的载荷，集中反映了公司的营运能力和资金周转能力，同时在净资产收益率、股本收益率、总资产报酬率等反映企业赢利状况的指标上也有较大载荷，该主成分财务指标的含义可以定位在企业的运营状况能力，该指标也为正向指标。

第三主成分 PC_3 在流动资产周转率、总资产周转率上有较大的正载荷，而在成本费用利润率、营业利润率上有较大的负载荷，该主成分财务指标值反映了企业在扣除成本费用后的资产运营能力，成本费用控制主要反映了企业的资产质量状况与财务效益状况，定位该主成分为正向指标。

第四主成分 PC_4 在总资产增长率、资本扩张率（资本累计率）、资产负债率上有较大的正载荷，反映了企业的融资能力，同时在现金流动负债比指标上有较大的负载荷，说明该主成分财务指标值集中反映了企业的长期融资能力，该指标为正向指标。

第五主成分 PC_5 在资本扩张率（资本累计率）、存货周转率、总资产增长率、现金比率等指标上有较大的正向载荷，是企业综合发展能力指标，该指标为正向指标。

第六主成分 PC_6 在资产规模系数、应收账款周转率指标上有较大的正载荷，在现金流动负债比率指标上有较大的负载荷，该主成分财务指标结合 PC_5 指标一并反映企业的发展能力，为正向指标。

第七主成分 PC_7 在累计保留盈余率、营业收入增长率、营业利润增长率、三年营业收入增长率等指标上的载荷较大，集中反映了企业的增长能力，该指标为正向指标。

第八主成分 PC_8 在累计保留盈余率（负载荷）、盈余现金保障倍数指标上有较大载荷，反映了公司股东可获得的潜在分红能力，为正向指标。

第九主成分 PC_9 集中反映了营业利润增长率指标，该指标定位为正向指标。

第十主成分 PC_{10} 突出在营业收入增长率、三年营业收入增长率指标上有大的载荷，反映了企业主营业务的获利能力和增长能力，是评价企业长期核心业务增长能力的指标，该指标为正向指标。

第十一主成分 PC_{11} 在盈余现金保障倍数、累计保留盈余率、三年营业收入增长率、营业收入增长率（负载荷）指标上有较大载荷，反映了公司的长期增长能力，该主成分为正向指标。

第十二主成分 PC_{12} 在获利倍数、应收账款周转率、带息负债比（逆指标）上有较大载荷，而在净资产收益率、三年营业收入增长率、股本收益率上有较大的正载荷，反映了在股东收益基础上的债权人利益保障程度，该指标为逆向指标。

第十三主成分 PC_{13} 在盈余现金保障倍数上有较大的正载荷，而在资产规模系数、现金流动负债比、现金比率等指标上有较大的负载荷，反映了企业的现金持有状况，考核的是企业经营所获得现金在偿付即时债务之后的现金水平，该指标为正向指标。

综上所述，13 个主成分分别从不同的角度刻画了上市公司财务状况的基本面，利用这 13 个主成分和与其相应的方差贡献率占比作为权重，是确定公司基本面综合状况指标的一种通用方法，我们的研究则拟采用式（4-1）给出的三种综合指标合成方法，其中的第一个综合指标 Arg_1 恰是主成分原理下的集成指标，而第二、第三个综合指标则是几何加权和最保守匹配原则下的集成指标，式（4-1）中的合成计算的一个基础性工作是进行指标数据的谢瓦斯季亚诺夫转换，在此需要首先对所确定的 13 个主成分财务指标进行 [0, 1] 转换，然后进行实体经济综合指标的集成。需要说明的是，从第一主成分财务指标到第十一主成分财务指标和第十三主成分财务指标均为正向指标，而第十二主成分财务指标为逆向指标，故在处理第十二主成分的谢瓦斯季亚诺夫映射时，该指标数据越小其映射值越大，该指标值越大其映射值将越小。图 4-1 是第一主成分财务指标（正指标的代表）和第十二主成分财务指标（逆指标）的谢瓦斯季亚诺夫转换表达。

具体实体经济基本面合成指标如（4-5）式

$$Arg_1 = (0.1797/0.8527) \times \mu_1(PC_1) + (0.1353/0.8527) \times \mu_2(PC_2) \\ + \cdots + (0.0342/0.8527) \times \mu_{13}(PC_{13})$$

$$Arg_2 = \mu_1(PC_1)^{0.1797/0.8527} \times \mu_2(PC_2)^{0.1353/0.8527} \times \cdots \times \mu_{13}(PC_{13})^{0.0342/0.8527}$$

(4-5)

$$Arg_3 = Min(\mu_1(PC_1)^{0.1797/0.8527}, \mu_2(PC_2)^{0.1353/0.8527}, \cdots, \mu_{13}(PC_{13})^{0.0342/0.8527})$$

四、虚拟经济综合指标的构建

关注资本市场的效率配置问题，除对实体经济主体——上市公司的基本面进行考察外，另一个重要的考量是其在证券市场上的表现，即公司股票价格的变化是否及时反映了公司基本面财务状况的变化，是否可以起到预示公司未来发展前景的作用。在资本市场上，投资者有时是完全按照技术面的分析来做出判断的，是通过观察和研究技术面数据来透视资金进出上市公司情况，进而分析公司股票价格的未来走势，做出投资决策，并进一步影响股票价格的表现的，因此，对上市公司技术面的分析部分地揭示了资本市场所代表的虚拟经济的一面。然而，从上市公司技术面分析的角度来认识和评价资本市场配置功能时，应该避免以下误区。其一，把股票价格指数的增幅程度作为衡量资本市场发达程度的标志，认为股价指数的增减幅度与资本市场的业绩正相关。事实上，通过观察我国资本市场指数如上证180指数、深证100指数、沪深300指数等，我们发现指数及其变化与构成指数计算依据的采样股票的数量、价格、样本公司在行业中的代表性、公司规模等诸多因素有关，其实质并不能直接反映资本市场的配置功能，并不能促进资本在公司之间的合理分配，实际情况往往是股价指数的大幅增减波动恰恰是资本市场泡沫过大和投机过度的一种反映，恰恰是资本配置效率被吞噬的现象。其二，把资本市场的融资规模作为衡量资本市场业绩表现的主要指标，认为融资规模与资本市场业绩及其功能发挥正相关。事实上，在我国资本市场发展的初级阶段，其筹资规模只具有广度和数量上的表征意义，规模并不能说明资本的用途和使用效率等，实际情况可能是，当资本市场的配置功能处于低效率或无效率状态时，资本市场的筹资规模反而越大，存在严重的市场失灵、筹集资金被轻易改变用途等现象。因此，在选择虚拟经济代表性指标——上市公司的技术面数据时，我们避开评价市场整体运行状况的常用指标，如股价指数及成交量等，而选择了基于个体上市公司层面的样本公司股票价格作为关注对象。

式（4-2）集中表达了我们确定虚拟经济代理变量指标的内容，相比实体经济基本面综合指标采用的是公司季度财务数据，虚拟经济技术面数据是上市公司股票月度价格数据指标基础上集成的季度值。借鉴谢瓦斯季亚诺夫方法，我们选择样本上市公司的月度股票价格最大值和最小值，利用式（4-6）和式（4-7）分别计算每个样本公司的月最大收益率（MR）和月最大损失率（ML）

$$\mathrm{MR}_{i,m} = \frac{m\text{月股票最高价} - (m-1)\text{月股票最低价}}{(m-1)\text{月股票最低价}} \tag{4-6}$$

$$\mathrm{ML}_{i,m} = \frac{m\text{月股票最低价} - (m-1)\text{月股票最高价}}{(m-1)\text{月股票最高价}} \tag{4-7}$$

接下来对每只股票的月度最大收益率和最小收益率赋权，集成对应上市公司的月度市场表现指标——月度股票收益率。卡尼曼和特维斯基（Kahneman and Tversky, 1979）指出，投资者普遍具有损失厌恶心理，即相对于收益，投资者规避风险的意愿更大，据此，我们也主观选择了上市公司月度最大收益率和月度最大损失率0.35和0.65的权重，从而得到如下的合成指标：

$$V_{i,m} = 0.35\mathrm{MR}_{i,m} + 0.65\mathrm{ML}_{i,m} \tag{4-8}$$

式中，i为上市公司；m为月份，$m = 1, 2, \cdots, 12$；t为年份，$t = 2006, 2007, \cdots, 2011$。

式（4-8）中的股票月度收益值$V_{i,m}$由上市公司月股票价格合成。众所周知，公司股票价格包含了市场风险，即当大盘涨时，公司股价也水涨船高，反之也有同步性。为了剔除公司月度收益中的系统性风险干扰，使公司技术面综合指标也与其基本面综合指标——主成分财务指标 PC_{it} 所圈定的公司信息内容一致，我们选取了上海证券交易所每月的上证指数最高点和最低点来合成上证指数的月度收益率 $d_{i,mt}$（计算方法与个股月度收益率计算一致），在此基础上，依据式（4-9）计算出个股剔除系统性风险因素之后的月度超额收益率

$$r_{i,mt} = V_{i,mt} - d_{i,mt} \tag{4-9}$$

式中，i 为上市公司；m 为月份，$m = 1, 2, \cdots, 12$；t 为年份，$t = 2006，2007，\cdots，2011$。

虚拟经济技术面的年度超额收益率按照式（4-10）复利计算原理求得，年度收益率除以 4 给出了上市公司技术面代理变量的季度值

$$R_{i,t} = (1 + r_{i,1t}) \times (1 + r_{i,2t}) \times \cdots \times (1 + r_{i,12t}) - 1 \tag{4-10}$$

上市公司季度收益率的指标确定之后，需要进行谢瓦斯季亚诺夫转换，其后运用式（4-2）即可求得样本上市公司技术面综合指标的季度数据，图 4-2 展示了该转换的含义，其中 i 为股票交易的区间数

$$\mathrm{ML_{max}} = \mathrm{Max}(\mathrm{abs}(\mathrm{ML}_i)) \tag{4-11}$$

$$\mathrm{MR_{max}} = \mathrm{Max}(\mathrm{abs}(\mathrm{MR}_i)) \tag{4-12}$$

基于季度窗口，在针对样本上市公司构建了实体经济基本面综合指标 Arg_j 和虚拟经济技术面综合指标 Arg_{jp} 之后（$j=1，2，3$，代表的是综合指标的三种合成方法），根据我们考察资本市场配置效率的行业比较、区域比较、趋势比较的需要，分别在不同的样本子区间上运行我们设计的资本市场配置效率衡量模型（4-4），得出实证结果，在分析基础上给出我们对中国资本市场配置效率检验的结论。

第三节　实证结果与分析

一、趋势分析

首先，运用全部样本上市公司基本面和技术面的季度匹配数据，运行模型（4-4），实证结果将对认识整个资本市场的运行效率有一个粗浅轮廓。为了保证回归模型（4-4）的合理性和时间序列数据的平稳性，本研究先行作了单位根（ADF）检验，证实所有序列都是平稳的，全部数据运行的回归结果汇总见表 4-7。为说明结果的稳健性，表 4-7 中也给出了股票超额收益分别和三种基本面综合指标的回归结果。

表 4-7　全部样本数据的面板回归结果

		解释变量合成指标					
		Arg$_1$		Arg$_2$		Arg$_3$	
		回归系数（T 值）	R^2	回归系数（T 值）	R^2	回归系数（T 值）	R^2
被解释变量的合成指标	Arg$_{1P}$	1.152*** (51.393)	0.192				
	Arg$_{2P}$			0.677*** (32.401)	0.086		
	Arg$_{3P}$					0.194*** (19.010)	0.032
	R（收益）	9.350*** (11.725)	0.012	5.070*** (7.181)	0.005	1.477*** (3.827)	0.001

***表示在1%水平上显著，表中将收益和基本面综合指标的回归结果一并列出，是对市场表现指标稳健性的检验

从表 4-7 可以看出，我国资本市场实体经济基本面的表现和虚拟经济市场面的表现是显著的正相关关系，说明上市公司市场层面的表现能够反映其基本面的价值变化，从总体上看，我国资本市场配置效率是好的。

从国家管理层面，动态考量资本市场的配置效率状况更具意义，表 4-8 给出依季度测算的我国资本市场配置效率水平值。

表 4-8　配置效率趋势分析实证结果

季度	Arg$_1$对 Arg$_{1p}$		Arg$_2$对 Arg$_{2p}$		Arg$_3$对 Arg$_{3p}$	
	回归系数（T 值）	R^2	回归系数（T 值）	R^2	回归系数（T 值）	R^2
2006 年第 1 季度	0.053 (3.299)	0.024	0.058 (3.118)	0.021	**0.017（1.864）**	0.008
2006 年第 2 季度	0.287 (7.489)	0.104	0.343 (7.328)	0.100	0.124 (5.540)	0.060
2006 年第 3 季度	0.338 (6.882)	0.086	0.423 (6.826)	0.085	0.192 (6.296)	0.073
2006 年第 4 季度	0.405 (7.629)	0.110	0.557 (7.906)	0.117	0.267 (7.368)	0.103
2007 年第 1 季度	0.389 (8.625)	0.132	0.435 (8.552)	0.130	0.127 (6.667)	0.083
2007 年第 2 季度	0.880 (10.225)	0.161	1.066 (10.143)	0.159	0.418 (9.375)	0.139
2007 年第 3 季度	1.237 (10.979)	0.180	1.553 (10.839)	0.176	0.554 (9.258)	0.135
2007 年第 4 季度	1.614 (12.362)	0.219	0.553 (5.874)	0.060	0.163 (4.528)	0.036
2008 年第 1 季度	0.889 (9.147)	0.138	0.997 (8.732)	0.127	0.289 (5.696)	0.058
2008 年第 2 季度	1.560 (10.510)	0.168	0.352 (4.691)	0.039	0.129 (3.683)	0.024

续表

季度	Arg_1对Arg_{1p} 回归系数（T值）	R^2	Arg_2对Arg_{2p} 回归系数（T值）	R^2	Arg_3对Arg_{3p} 回归系数（T值）	R^2
2008年第3季度	1.695（11.523）	0.196	2.170（11.204）	0.188	0.959（9.005）	0.130
2008年第4季度	1.621（10.680）	0.182	2.216（10.546）	0.178	0.941（8.181）	0.115
2009年第1季度	0.361（7.100）	0.103	0.409（7.162）	0.104	0.125（5.969）	0.075
2009年第2季度	0.503（7.436）	0.105	0.580（7.097）	0.097	0.151（4.419）	0.040
2009年第3季度	0.680（7.557）	0.109	0.833（7.426）	0.106	0.258（5.284）	0.056
2009年第4季度	0.796（8.230）	0.129	0.182（3.058）	0.020	**0.039（1.641）**	0.006
2010年第1季度	0.358（6.439）	0.087	0.433（6.650）	0.092	0.165（5.191）	0.058
2010年第2季度	0.575（7.438）	0.102	0.136（3.414）	0.023	0.051（2.702）	0.015
2010年第3季度	0.736（7.282）	0.098	1.036（7.862）	0.112	0.473（6.998）	0.091
2010年第4季度	1.005（8.545）	0.122	1.369（8.729）	0.127	0.615（7.523）	0.097
2011年第1季度	**−0.024（−0.572）**	**0.006**	**−0.017（−1.517）**	**0.041**	**−0.003（−0.682）**	**0.009**
2011年第2季度	0.214（3.202）	0.019	0.165（3.090）	0.018	0.068（2.661）	0.013
2011年第3季度	0.817（6.616）	0.077	0.967（6.206）	0.068	0.502（5.148）	0.048

从表4-8可以看出，季度数据的截面回归系数几乎全部是显著的正相关关系，特别的情况是2011年第1季度，三种方法下给出的配置效率水平均为负值，且不显著，这一例外的不正常结果出现是由本研究初始数据获得时CSMAR数据库中财务指标缺失值过度所致，改进数据之后的运行结果在随后的相关研究中会继续探讨，但预计不会对重要结论和主要观点产生影响。

那么，我国资本市场配置效率水平是逐年提高、逐季度提高的吗？为了回答这个问题，我们将表4-8中的回归系数依季度的变化趋势绘制成图4-3。

从图4-3可以看出，在三种综合指标的合成方法中，几何加权平均法和Yager最小类型法得出了几乎完全一致的结果，而算术加权平均法下的结果略有差异，基本上能够得出本研究综合指标集成方法的稳健性。配置效率从2006年1季度到2007年3季度，整体呈明显上升趋势，而在2007年第4季度到2008年第1季度则表现为下降趋势，可以归结为全球金融危机冲击的后果。之后，配置效率水平

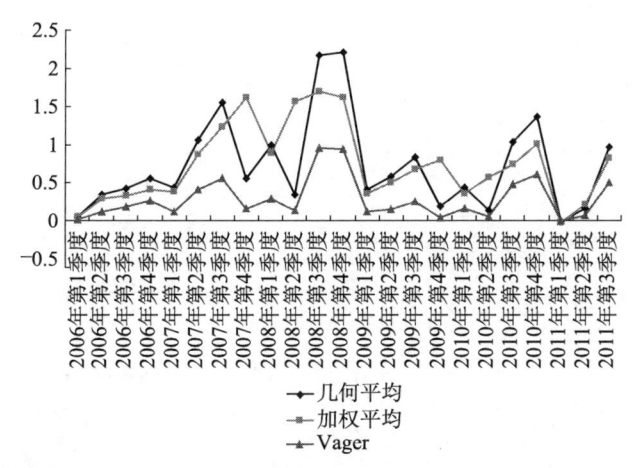

图 4-3 三种合成综合指标模型下回归系数的季度趋势图

继续上升，到 2008 年第 4 季度陡然回落，从 2009 年 1 季度开始，又重演 2006 年第 1 季度至 2007 年第 3 季度的平稳上升趋势，所不同的是，经过危机冲击的调整，平均配置效率水平在一个较高的水平上稳步提升。我们的结论是，整个资本市场朝着一个好的方向发展，资本市场的资源配置效率水平在提高。

前文对配置效率的探讨采用的是季度数据，囿于我们样本数据获取量的局限性并未分析年度趋势，留待后续研究完成。

二、行业分析

相比配置效率较低的市场，在一个较高配置效率的资本市场上，资金流向必然是偏爱增长型行业，并撤离那些衰退型的行业，见庞和吴（Pang and Wu，2009）和巫格勒（Wurgler，2000）。我们推断，像高科技、新型材料、新型能源等备受市场关注的行业，应该是股票表现活跃的市场焦点，上市公司充分的信息流通和被认知，必然会被吸收进公司的股价变化之中，因此，这些行业上市公司的基本面应该更多更快地被反映到股票价格当中，信息效率的提高引导了资本市场的资金流向，促进了资本市场的配置效率提升。鉴于此，我们按照中国证监会上市公司行业分类标准的划分，作了基于行业层面的配置效率检验，实证结果如表 4-9 所示。

表 4-9 配置效率行业分析实证结果

行业	Arg_1 对 Arg_{1p} 回归系数（T 值）	R^2	Arg_2 对 Arg_{2p} 回归系数（T 值）	R^2	Arg_3 对 Arg_{3p} 回归系数（T 值）	R^2
A	1.253（5.810）	0.141	1.572（5.554）	0.131	**0.324（1.625）**	0.013
B	2.753（11.972）	0.355	3.693（10.775）	0.309	0.878（3.779）	0.052
C	1.108（37.773）	0.189	0.640（24.115）	0.087	0.199（15.845）	0.039
D	0.699（7.770）	0.089	0.852（7.844）	0.090	0.268（4.639）	0.034

续表

行业	Arg₁对 Arg₁ₚ 回归系数（T值）	R^2	Arg₂对 Arg₂ₚ 回归系数（T值）	R^2	Arg₃对 Arg₃ₚ 回归系数（T值）	R^2
E	1.772（12.749）	0.332	2.270（12.405）	0.320	1.267（10.530）	0.253
F	0.530（10.416）	0.154	0.623（9.821）	0.139	0.244（6.691）	0.070
G	0.765（4.860）	0.041	0.249（2.574）	0.012	**0.081（1.603）**	0.005
H	1.164（16.417）	0.222	1.629（16.281）	0.219	0.616（9.258）	0.083
J	0.990（8.501）	0.136	1.066（7.534）	0.110	0.262（2.990）	0.019
K	0.924（8.228）	0.189	0.164（3.277）	0.036	0.041（1.817）	0.011
L	1.062（4.242）	0.375	1.327（4.281）	0.379	0.664（3.307）	0.267
M	0.694（11.386）	0.164	0.130（3.572）	0.019	0.033（1.939）	0.006

注：行业代码含义如下：A 为农、林、牧渔业；B 为采掘业；C 为制造业；D 为电力、煤气及水的生产和供应业；E 为建筑业；F 为交通运输仓储业；G 为信息技术业；H 为批发和零售贸易；J 为房地产业；K 为社会服务业；L 为传播与文化产业；M 为综合类。

从表 4-9 可以看出，在算术加权平均法和几何加权平均法下，实体经济基本面和虚拟经济技术面的回归系数几乎全部给出了显著正相关关系的结论，而 Yager 最小类型法下综合指标集成后所代表的二者关系的回归系数，在大部分行业也是显著的，并且全部是正向关系，因此得出我国资本市场的配置效率在行业层面是显著有效的，实体经济与虚拟经济指标能够协调一致地变化，二者具有良好的联动性。从表 4-9 还可以看出，采掘业资本配置效率最高，其次是建筑业，这说明在样本考察区间，资本较多地追逐和流向这两个行业，而在服务业、信息技术业等增长较快的行业，其回归系数显示出低水平，这与庞和吴（Pang and Wu，2009）及巫格勒（Wurgler，2000）的研究结果有较大差异，资本没有更多地投向增长型行业，后者暴露出我国资本市场配置效率在行业间的不平衡。分析其原因，我们认为，垄断和政府控制弱化了资本市场的市场化配置，进而损失了效率。

图 4-4 显示，在三种综合指标的合成方法中，几何加权平均法和 Yager 最小类型法得到的结果相近，而算术加权平均法下的计算结果略有差异，但基本上保持

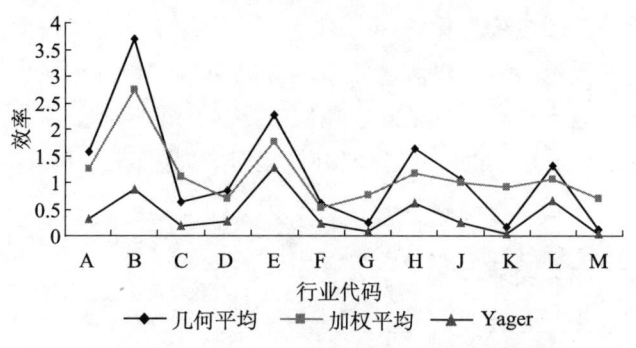

图 4-4 三种合成综合指标模型下行业回归系数图

行业配置效率的序关系，这也是本研究综合指标集成方法稳健性的一个证据。从资本市场配置效率的趋势分析和行业分析三种方法下给出结果的分析，还可以看出几何加权平均法较为稳健，在下面资本市场配置效率的区域分析部分以几何加权平均法下的实证结果为主要依据进行阐述。

三、区域分析

中国地大物博，资本市场存在明显的区域差异，不同地区之间由于经济发展水平、资本投资结构、政策贯彻力度、管理理念等方面的差异，区域资本市场的发展不平衡，可能影响资本配置效率。我们根据中国各地区经济发展状况，参照何刚和陈文静（2008）与徐冬林和陈永伟（2009）的研究，划分各省、直辖市、自治区为东部、中部和西部三组，其中东部地区包括北京、天津、河北、辽宁、上海、江苏、浙江、福建、山东、广东和海南11个省（直辖市、自治区）；中部地区包括山西、吉林、黑龙江、安徽、江西、河南、湖北、湖南等8个省（直辖市、自治区）；西部地区包括四川（重庆数据并入四川）、贵州、云南、西藏、陕西、甘肃、青海、宁夏、新疆、广西、内蒙古等11个省（直辖市、自治区），由于数据缺失太多将西藏剔除。本书将全部样本上市公司分为三组，具体在各区域、各季度的分布情况见表4-10。

表 4-10 样本上市公司的区域分布情况（家数）

季度	2006年第1季度	2006年第2季度	2006年第3季度	2006年第4季度	2007年第1季度	2007年第2季度	2007年第3季度	2007年第4季度
东部	282	300	310	294	300	330	333	337
中部	87	92	97	94	104	115	117	115
西部	82	93	97	86	89	100	101	94
合计	451	485	504	474	493	545	551	546
季度	2008年第1季度	2008年第2季度	2008年第3季度	2008年第4季度	2009年第1季度	2009年第2季度	2009年第3季度	2009年第4季度
东部	330	340	338	318	281	288	283	278
中部	110	119	116	106	92	103	105	95
西部	86	91	91	91	70	80	81	87
合计	526	550	545	515	443	471	469	460
季度	2010年第1季度	2010年第2季度	2010年第3季度	2010年第4季度	2011年第1季度	2011年第2季度	2011年第3季度	合计
东部	271	305	304	321	23	324	326	6 816
中部	94	102	100	114	17	106	103	2 303
西部	74	83	88	93	16	100	101	1 974
合计	439	490	492	528	56	530	530	11 093

仅就进入我们样本考察范围的上海证券交易所非金融类上市公司数量的区域分布情况来看，我国东部资本市场较为发达，从上市公司数量而言，几乎是中部

或西部地区的 3 倍，中部相比西部又稍稍推进了一步，这一点在表 4-10 里很明显。在划分了东部、中部和西部地区后，我们分组进行模型（4-4）的运行，以判断季度时间序列上资本市场的配置效率趋势，表 4-11～表 4-13 分别给出我国东部、中部和西部地区的配置效率实证结果。

表 4-11 东部地区配置效率分析实证结果

季度	Arg_1对Arg_{1p} 回归系数（T 值）	R^2	Arg_2对Arg_{2p} 回归系数（T 值）	R^2	Arg_3对Arg_{3p} 回归系数（T 值）	R^2
2006 年第 1 季度	0.054 (2.918)	0.030	0.060 (2.856)	0.028	0.018 (2.076)	0.015
2006 年第 2 季度	0.293 (6.186)	0.114	0.341 (5.844)	0.103	0.117 (4.233)	0.057
2006 年第 3 季度	0.367 (6.195)	0.111	0.435 (5.792)	0.099	0.157 (4.268)	0.056
2006 年第 4 季度	0.414 (7.082)	0.147	0.547 (6.980)	0.143	0.225 (5.385)	0.091
2007 年第 1 季度	0.308 (6.028)	0.109	0.335 (5.713)	0.099	0.084 (3.482)	0.039
2007 年第 2 季度	0.742 (7.548)	0.148	0.903 (7.496)	0.147	0.349 (6.722)	0.121
2007 年第 3 季度	1.087 (8.074)	0.165	1.387 (8.019)	0.163	0.471 (6.305)	0.108
2007 年第 4 季度	1.446 (9.484)	0.212	0.374 (3.957)	0.045	0.098 (2.765)	0.022
2008 年第 1 季度	0.911 (7.355)	0.142	0.964 (6.649)	0.119	0.239 (3.909)	0.045
2008 年第 2 季度	1.761 (9.837)	0.223	2.151 (9.271)	0.203	0.827 (6.668)	0.117
2008 年第 3 季度	1.839 (10.287)	0.240	2.331 (9.707)	0.220	0.981 (7.539)	0.145
2008 年第 4 季度	1.837 (10.472)	0.258	2.475 (9.964)	0.240	0.986 (7.227)	0.142
2009 年第 1 季度	0.476 (7.366)	0.163	0.506 (7.033)	0.151	0.146 (5.690)	0.104
2009 年第 2 季度	0.588 (6.698)	0.136	0.651 (6.149)	0.117	0.148 (3.376)	0.038
2009 年第 3 季度	0.651 (5.789)	0.107	0.792 (5.595)	0.101	0.212 (3.446)	0.041
2009 年第 4 季度	0.767 (6.565)	0.135	0.104 (1.749)	0.011	0.018 (0.784)	0.002
2010 年第 1 季度	0.292 (4.937)	0.083	0.338 (4.788)	0.079	0.101 (2.805)	0.029
2010 年第 2 季度	0.706 (7.075)	0.142	0.870 (6.926)	0.137	0.325 (4.874)	0.073

续表

季度	Arg₁对 Arg₁ₚ 回归系数（T值）	R^2	Arg₂对 Arg₂ₚ 回归系数（T值）	R^2	Arg₃对 Arg₃ₚ 回归系数（T值）	R^2
2010年第3季度	0.694 (6.290)	0.116	0.967 (6.592)	0.126	0.373 (4.939)	0.075
2010年第4季度	0.846 (6.163)	0.107	1.159 (6.301)	0.111	0.485 (5.191)	0.078
2011年第1季度	0.005 (0.120)	0.001	−0.002 (−0.157)	0.001	0.005 (0.656)	0.020
2011年第2季度	0.077 (1.327)	0.005	0.087 (1.969)	0.012	0.036 (1.763)	0.010
2011年第3季度	0.643 (5.145)	0.076	0.737 (4.728)	0.065	0.382 (4.444)	0.058

表 4-12　中部地区配置效率分析实证结果

季度	Arg₁对 Arg₁ₚ 回归系数（T值）	R^2	Arg₂对 Arg₂ₚ 回归系数（T值）	R^2	Arg₃对 Arg₃ₚ 回归系数（T值）	R^2
2006年第1季度	0.030 (1.256)	0.018	0.036 (1.302)	0.020	0.010 (0.731)	0.006
2006年第2季度	0.158 (2.540)	0.067	0.227 (3.032)	0.093	0.147 (3.595)	0.126
2006年第3季度	0.174 (1.806)	0.033	0.272 (2.273)	0.052	0.236 (4.159)	0.154
2006年第4季度	0.252 (2.148)	0.048	0.384 (2.556)	0.066	0.259 (3.611)	0.124
2007年第1季度	0.334 (3.685)	0.117	0.412 (4.045)	0.138	0.165 (4.089)	0.141
2007年第2季度	0.807 (4.182)	0.134	1.009 (4.356)	0.144	0.477 (5.153)	0.190
2007年第3季度	1.403 (5.135)	0.187	1.720 (5.100)	0.184	0.690 (5.154)	0.188
2007年第4季度	1.854 (5.756)	0.227	2.463 (5.818)	0.231	1.015 (5.771)	0.228
2008年第1季度	1.147 (5.398)	0.212	1.473 (5.863)	0.241	0.538 (4.000)	0.129
2008年第2季度	1.396 (4.509)	0.148	0.154 (2.059)	0.035	0.069 (1.909)	0.030
2008年第3季度	1.674 (5.326)	0.199	2.222 (5.629)	0.217	1.257 (5.264)	0.196
2008年第4季度	1.881 (5.107)	0.200	2.680 (5.592)	0.231	1.544 (5.408)	0.219
2009年第1季度	0.198 (1.966)	0.041	0.260 (2.276)	0.054	0.087 (1.832)	0.036
2009年第2季度	0.412 (2.651)	0.065	0.529 (2.807)	0.072	0.184 (2.141)	0.043

续表

季度	Arg$_1$对Arg$_{1p}$ 回归系数（T值）	R^2	Arg$_2$对Arg$_{2p}$ 回归系数（T值）	R^2	Arg$_3$对Arg$_{3p}$ 回归系数（T值）	R^2
2009年第3季度	0.892 (4.221)	0.147	1.093 (4.220)	0.147	0.426 (3.531)	0.108
2009年第4季度	1.144 (4.668)	0.190	1.404 (4.396)	0.172	0.453 (2.861)	0.081
2010年第1季度	0.622 (3.744)	0.132	0.775 (4.042)	0.151	0.380 (4.031)	0.150
2010年第2季度	0.870 (3.574)	0.113	1.110 (3.657)	0.118	0.579 (3.429)	0.105
2010年第3季度	0.920 (3.086)	0.089	1.282 (3.371)	0.104	0.733 (3.584)	0.116
2010年第4季度	1.431 (4.651)	0.162	1.872 (4.522)	0.154	0.854 (3.642)	0.106
2011年第1季度	−0.779 (−0.391)	0.010	−0.104 (−0.386)	0.010	−0.059 (−0.330)	0.007
2011年第2季度	1.044 (3.175)	0.088	1.277 (3.130)	0.086	0.669 (2.627)	0.062
2011年第3季度	0.883 (3.754)	0.122	1.133 (3.882)	0.130	0.680 (4.305)	0.155

表 4-13　西部地区配置效率分析实证结果

季度	Arg$_1$对Arg$_{1p}$ 回归系数（T值）	R^2	Arg$_2$对Arg$_{2p}$ 回归系数（T值）	R^2	Arg$_3$对Arg$_{3p}$ 回归系数（T值）	R^2
2006年第1季度	0.071 (1.216)	0.018	0.064 (0.999)	0.012	0.018 (0.451)	0.003
2006年第2季度	0.406 (3.234)	0.103	0.479 (3.173)	0.100	0.117 (1.810)	0.035
2006年第3季度	0.434 (2.778)	0.075	0.567 (2.922)	0.082	0.278 (3.005)	0.087
2006年第4季度	0.629 (3.335)	0.117	0.918 (3.697)	0.140	0.420 (3.610)	0.134
2007年第1季度	0.848 (5.763)	0.276	0.900 (5.599)	0.265	0.194 (4.166)	0.166
2007年第2季度	1.594 (6.004)	0.269	1.834 (5.666)	0.247	0.581 (4.365)	0.163
2007年第3季度	1.746 (5.852)	0.257	2.083 (5.531)	0.236	0.666 (4.459)	0.167
2007年第4季度	2.452 (6.393)	0.308	3.292 (6.425)	0.310	1.399 (6.147)	0.291
2008年第1季度	0.600 (2.518)	0.070	0.797 (2.814)	0.086	0.359 (2.838)	0.087
2008年第2季度	0.810 (1.683)	0.031	1.123 (1.860)	0.037	0.497 (1.611)	0.028

续表

季度	Arg$_1$对 Arg$_{1p}$ 回归系数（T值）	R^2	Arg$_2$对 Arg$_{2p}$ 回归系数（T值）	R^2	Arg$_3$对 Arg$_{3p}$ 回归系数（T值）	R^2
2008年第3季度	0.867 (1.904)	0.039	1.131 (1.953)	0.041	0.476 (1.649)	0.030
2008年第4季度	0.177 (0.381)	0.002	0.375 (0.594)	0.004	0.204 (0.679)	0.005
2009年第1季度	0.115 (0.802)	0.009	0.186 (1.100)	0.017	0.074 (1.244)	0.022
2009年第2季度	0.355 (2.638)	0.082	0.424 (2.581)	0.079	0.132 (2.062)	0.052
2009年第3季度	0.547 (2.765)	0.088	0.683 (2.789)	0.090	0.222 (2.309)	0.063
2009年第4季度	0.532 (2.452)	0.066	0.725 (2.682)	0.078	0.273 (2.314)	0.059
2010年第1季度	0.298 (2.717)	0.093	0.378 (3.111)	0.118	0.128 (2.536)	0.082
2010年第2季度	0.271 (2.621)	0.078	0.049 (1.541)	0.028	0.021 (1.436)	0.025
2010年第3季度	0.674 (2.918)	0.090	0.976 (3.414)	0.119	0.509 (3.888)	0.150
2010年第4季度	1.063 (4.157)	0.160	1.548 (4.757)	0.199	0.801 (5.621)	0.258
2011年第1季度	0.320 (0.928)	0.054	0.619 (1.471)	0.126	0.407 (2.464)	0.288
2011年第2季度	1.246 (5.252)	0.220	1.665 (5.617)	0.244	0.683 (5.252)	0.220
2011年第3季度	1.126 (4.559)	0.175	1.453 (4.378)	0.164	0.756 (4.655)	0.181

从表 4-11～表 4-13 中可以看出，总体上，资本市场在三个区域均达到了较有效率的配置，均体现了实体经济连接虚拟经济的显著的正相关关系，但区域之间的效率水平差异明显，这一点可以由所构建的实体经济基本面和虚拟经济技术面代理变量之间回归模型的关联程度，即回归系数值的大小之别和正负之别来判定。具体需要说明的还有以下几点。

第一，2007 年是资本市场特别的一年，因为伴随全球金融危机的蔓延，在 2007 年 10 月 16 日，上证综指突破 6000 点，达到历史高位。从本研究实证结果来看，没有显示在该时间段位明显的效率滑坡，这一证据恰是鲍尔（Ball，2009）和麦基尔（Malkiel，2011）观点的反例，也正是市场有效性理论成立的一个佐证。

第二，比较有规律的一个现象是，无论是在东部、中部还是西部，无论采用何种综合指标的集成方法，配置效率趋势在时间序列上的变化都是一致的，每年度从第 1 季度到第 4 季度，市场配置效率均呈上升趋势，而多数情形下第 1 季度在上年第 4 季度配置效率水平上有所回落。这一结果与我们提出配置效率判别方法的理论原理是吻合的，因为虚拟经济代理变量是来自市场交易价格变化的信息，而实体经济代理变量来自公司财务状况的数据，中国传统节日——春节对消费的刺激，真实提升了实体经济质量和发展速度，而公司年报披露业绩的市场预期和会计盈余管理的配合也对公司市场价值的提升起到了推波助澜的作用。因此伴随了虚拟经济运行的高水平，两个经济层面运行活跃度的提振，表现了二者更加紧密的关联关系，显现出较高的配置效率水平，但到下年的第 1 季度，无论是实体经济还是虚拟经济运行，都会有所减缓，但由于资本市场定价效率并未达到强式效率，甚至没有达到半强式效率，所以市场交易层面吸纳和消化来自实体经济调整的全部内容需要时间，此时，显现出配置水平的回落。

第三，配置无效率或者低效率时段的观察。东部地区在 2009 年 4 季度、2011 年 1 季度和 2011 年 2 季度表现出配置效率不显著，甚至还出现负值的现象；中部地区仅在 2011 年 1 季度显现出极端异常的配置效率系数；西部地区在 2008 年 4 季度、2009 年 1 季度和 2011 年 1 季度均表现出了配置效率的不显著。除了 2011 年 1 季度是由于原始数据获取方面的缺失值引起异常结果以外（关于这一研究中的缺陷，前面的分析中已有论及），其他几个季度的无效率或效率不显著背后所蕴涵的意义，可以认为是区域资本市场发展不平衡的反映。

第四，2008 年 4 季度可以确认为是配置效率两个稳定提升阶段的分界点，这一结果在东部地区和中部地区表现得很明显，相比而言在西部地区不突出。我们的理解是全球金融危机的冲击，使得资本市场自身的运行规律，以及实体经济的结构和内容都有了实质性的调整，都进行了一次革命性的洗礼，2009 年伊始的资本市场在配置效率水平的稳步提升和改进方面，本质上有了不同于 2008 年之前的表达，2008 年之后的配置效率水平将在一个更高水准上改进和稳步提升。

区域之间配置效率变化趋势的比较结果，可以直观地通过图 4-5 给出。从图 4-5 中可以看出，我国资本市场配置效率状况存在地区差异，王小鲁和樊刚（2004）、曾五一和赵楠（2007）、刘维奇等（2011）的研究也得出一致的结果。虽然西部地区在 2007 年之前的资本配置趋好是优于中部地区和东部地区的，但在 2008 年之后，西部地区的配置效率提升落后于东部地区和中部地区，这说明我国西部地区资本市场配置的脆弱性，西部地区整体资本市场规模和盘子偏小，上市公司数量较少，构建在上市公司为代表的整个实体经济和虚拟经济之间的联系性考量，有一定的局限性。

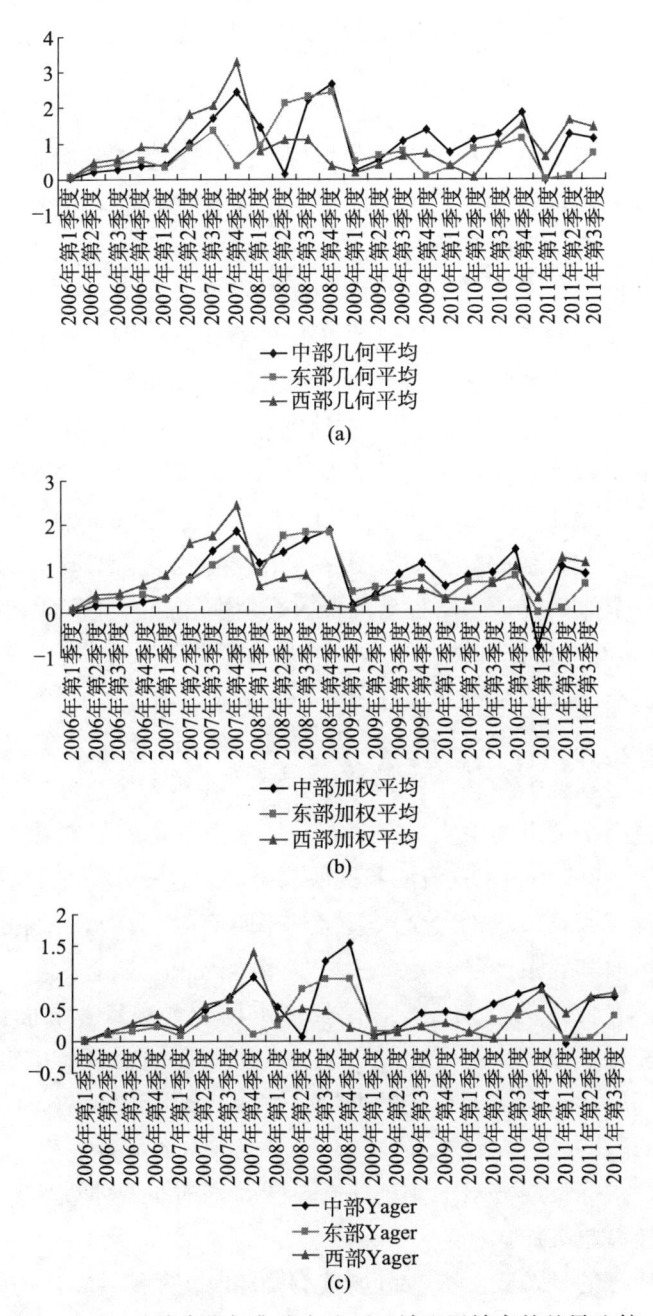

图 4-5　三种综合指标集成方法下区域配置效率的差异比较

第四节 小 结

　　本章研究资本市场配置效率的判别方法，并作了基于我国资本市场配置效率的实证检验。本章的重点不在于论述实证研究结果的价值，而在于介绍和给出一种资本市场配置效率水平的判别思路和方法，在于提出一个新的研究角度，即从一个相对微观的视角，深入到企业层面，通过考察其实体经济运行情况，进而联系到其在资本市场上的代表物——股票及其价格运行情况，透过二者联动关系的考量，动态地刻画和反映我国资本市场资金配置效率的全貌。

　　尽管如此，新方法的提出及其所依据的原理还是有理论支撑和文献依据的。尽管实证检验部分做得还比较粗糙，特别是2011年第1季度财务指标数据缺失值的干扰，使得该季度样本上市公司家数明显偏少，这导致了检验结果及分析可能存在一定的连带误差，但是，实证结果在2011年第1季度所呈现出来的极端异常，也恰恰从一个方面佐证了所提出配置效率判别方法的合理性和有效性。显然，对2011年第1季度，延伸到第2季度的区域配置效率判断，本研究的实证检验结果不能也不足以给出最终结论。

　　从总体上说，我国资本市场配置效率在时间序列上是稳步提升的，2008年全球金融危机在一定程度上减缓了资本市场配置效率整体改进和提升的速度，但表现出了一个在更高水准上的稳步提升势态。从整个平均趋势来看，2008年及以后的趋势仍是高于2006年的，这说明我国股票市场是越变越好的，其配置效率是在不断提高的。我国股票市场的资金配置是越来越有效的。从行业分析层面，支持了实体经济基本面和虚拟经济技术面关联的指标的正向显著关系，二者能够协调一致地变化，具有良好的联动性，我国资本市场配置在行业层面是显著有效的，但行业之间的配置效率水平还是有差异的。区域层面的分析，也给出有价值的研究结果，如中部地区具有最为稳定的配置效率提高的变化趋势，西部地区在时间序列变化性上的脆弱性，以及东部地区在整个资本市场配置效率考察上的代表性。采用对三种综合指标集成方法的实证研究结果，同时也是本研究结论可靠性的支持证据和稳健性检验工作。

　　值得高度注意的是，我国资本市场仅有20年的发展历史，仍处在初级阶段，依然受到政府调控、制度环境、经济环境变迁的影响，资本市场一方面还处在资源供大于求的状态；另一方面投资者行为还存在许多不确定性和非理智性干扰，使得资本市场在金融资源配置方面不能完全、充分、自发地发挥作用，资源配置效率整体低下（从表 4-8~表 4-13 的实证结果来看，β 系数估计值达到 1 的情形并不多见），股票价格还不能快速、同步反映公司基本面情况和运营状况，虚拟经济与实体经济的连接存在扭曲。我们认为，通过制度建设和完善，提高市场的流动性，减少交易费用和信息成本，必然有助于促进二者之间的联动关系，进而改进和提升我国资本市场配置效率。

第五章　中国资本市场信息效率的提升

　　作为现代经济重要组成部分的资本市场，是促进资本形成和优化资源配置的重要渠道，是推动结构调整和产业升级的重要平台，是支持经济平稳快速发展的重要力量。高效率的资本市场不仅可以聚集大量资金为结构调整开辟增量资金来源渠道，还能够提高资金的利用效率为经济转型拓展空间。资本市场效率的提升是拓展资本市场服务国民经济发展能力、增强经济发展的活力和动力的有效途径，我们必须紧紧抓住机遇，进一步深化资本市场的改革创新，不断提升资本市场的效率。然而，我国资本市场在规模、功能，结构等方面存在的缺陷使资本市场的效率水平不高，大量的研究结果进一步证明处于新兴、转轨时期的我国资本市场还未达到半强式有效，市场效率的提升还存在很大的空间。

　　我国资本市场低效率的根源在于市场变迁中存在的制度缺陷，制度缺陷造成资本市场运行的扭曲，使资本市场内在机制不能有效运行，如何通过制度变革提升我国的资本市场效率成为推动金融、经济稳定健康发展的重要课题。全球金融危机的爆发与世界金融格局的变化对我国资本市场改革发展提出了更高的要求，同时也为其健康发展提供了难得的机遇和广阔的空间，进一步改革发行体制，积极推动资本市场的基础建设，大力推进股权分置改革，完善上市公司治理，有效推进制度建设改善是让更多的中国企业和中国的多余资金能够顺利对接，提升资本市场效率的有效途径。近年来我国在提升资本市场效率方面做了大量的工作，制度上作了相应的改革和完善，在2005年4月29日正式启动股权分置改革，消除了中国先天性的严重制度性缺陷，对改造、淘汰落后产能，引导产业有序转移发挥了重要作用，有力地促进了行业整合与产业升级；从2006年起多次利用利率手段来调控宏观经济，以期确保经济的平稳发展；从2008年4月24日起证券（股票）交易印花税税率由现行的千分之三调整为千分之一，我国股市迎来"减负"的利好消息。国家颁布了一系列的宏观政策调控为资本市场的稳健运行保驾护航，有力地抵抗了全球金融危机的冲击，为"保增长、扩内需、调结构"提供了有力支撑。

　　鉴于此，本章着眼于股票市场效率提升的制度建设，着重从股权分置改革、利率调整、印花税的调整这个三方面分析政策对资本市场效率的影响，寻求积极拓展资本市场发展空间、促进市场稳定健康发展的途径。

第一节　股权分置改革与资本市场效率

股权分置改革实质上要解决非流通股的流通问题，消除流通股与非流通股的定价差异。随着股权分置改革进程和方案的推进，上市公司中非流通股和流通股的定价机制趋于统一，其利益基础也趋向一致化。由于大股东预期能够同流通股股东一样通过股价的上涨获得合法的股权收益，我们预期股权分置改革有利于形成科学的公司治理机制，提升公司市场价值，完善资本市场的定价功能，促进资本市场信息效率的提高。本节关注股权分置改革这一在中国资本市场上具有划时代意义的制度性改革是否促进了资本市场的有效配置的问题，并以 Fama-French 三因子模型作为实证检验方法的理论依据（刘维奇等，2010）。

一、股权分置改革与资本市场效率

股权分置改革是我国资本市场所特有的，也是我国资本市场先天的制度性缺陷。伴随我国经济的快速增长和市场化进程的加快，资本市场在国民经济和国家安全中的地位和作用日益彰显，市场的晴雨表功能也受到来自政府和投资者的高度期待。然而，股权分置中流通股与非流通股"同股不同权，同股不同价"的市场隔离现实和价格的双轨制状态都严重制约了资本市场的健康发展。鉴于此，从制度层面上再造我国资本市场的股权分置改革于 2005 年 4 月 29 日正式启动，首批股权分置改革的 4 家试点公司也于 2005 年 5 月 9 日正式登场，截至 2006 年 12 月 31 日，沪深两市已经有 1124 家上市公司先后完成股改，而截至 2009 年 12 月 8 日，1673 家 A 股上市公司中，尚未完成股权分置改革的公司仅有 24 家，占比 1.47%，其余部分于 2010 年以后陆续解禁，这标志着中国资本市场逐步向全流通时代迈进。股权分置改革除去了我国资本市场历史遗留的制度性缺陷，我国资本市场也迎来了另一个发展的黄金时期。

股权分置改革为有效利用资本市场工具促进公司发展奠定了良好基础。从公司自身角度来说，进行股权分置改革有利于引进市场化的激励和约束机制，形成良好的自我约束机制和有效的外部监督机制，进一步完善公司法人治理结构。对于流通股股东来说，通过股改得到非流通股股东支付的对价，流通股股东的利益得到了保护，同时这一改革也消除了股权分置这一不确定因素，有利于资本市场的长远发展。

解决股权分置问题，是一项影响极其深远的改革举措，其意义不亚于中国证券市场的创立。试点公司的试点方案陆续推出、市场的逐渐被认可和接受，表明目前改革的原则、措施和程序是比较稳妥的，改革已经有了一个良好的开端。

股权分置改革促进了中国资本市场效率研究。从理论上讲，股权分置改革后，股价成为流通股和非流通股的共同价值判断标准，市场估值的真实性将得以实现，股权分置改革预期修正资产的定价功能，促进资本市场的有效发展，更好地实现资源优化配置。自2005年5月9日首批试点公司股改以来，国内很多学者从不同角度研究股权分置改革的经济效果。综合所收集的文献，相关研究可以分为以下三类。

第一，研究股权分置改革的资本市场短期效应。关注股权分置改革对资本市场是否为利好消息的问题，推出股权分置改革方案的上市公司其股价在资本市场的反应如何，如林乐芬和展海军（2007）选取前25批股改公司作为样本，廖理和沈红波（2008）根据2006年年底已经成功实施股权分置改革的1058个有效样本，分别采用事件研究法检验了股权分置改革的市场效应，实证结果都表明股权分置改革政策对股票市场产生了显著影响，且为正效应。

第二，研究股权分置改革是否改善公司治理结构，从而对公司业绩产生影响。王勇智（2006）以第一批和第二批股权分置改革完毕的45家上市公司为样本，对其在2004年和2005年的每股收益进行T检验，而胡珍全和唐军（2007）对前两批股权分置改革试点公司中26家的主要财务指标进行T检验，他们的实证结果都表明，股权分置改革后上市公司的每股收益和经营绩效从总体上都得到了明显改善。

第三，研究资本市场的定价功能。股权分置改革实质上是对资本市场的一次重新洗牌，股权分置改革后的股价是否更客观地反映上市公司的内在价值，二者相关性如何，皆是投资者最为关心的问题。杨善林等（2006）选取截至2006年4月30日已完成股权分置改革的公司为样本，采用剩余收益估值模型估计股票内在价值，检验了股权分置改革对股票价格和价值之间相关性的影响，结果表明，股权分置改革后股票的价格和价值之间的相关性增加了，业绩较差公司的股价相对于其价值的偏离得到一定程度的修正，而且股权分置改革在改善股票市场定价机制方面实现了管理层的预期效果。丁守海（2007）对2006年4月20日前已实施股改方案的602只股票及23家尚未股权分置改革的指标股进行了检验，结果表明，股权分置改革使上市公司的价值普遍得到提高，股权分置改革有利于提高"一股独大"的公司的治理绩效，股权分置改革确实修正了资本市场的定价功能。

上述研究分别从资本市场的短期效应、改善公司治理结构从而提升上市公司业绩及资本市场定价的合理性三方面支持了股权分置改革的积极意义。但是，从资产定价模型方面直接比较股权分置改革前后资本市场效率的文献较少，依据国内学者（吴世农和许年行，2004；肖军和徐信忠，2004）的研究结果，三因子模型比 CAPM 模型更能解释中国股票横截面收益的变化，本节以中国资本市场的分水岭 2005 年 4 月 29 日为分界点，采用三因子模型比较分析股权分置改革前后股票收益率各因子解释力的变化，从市场角度判断股改对资本市场效率的影响。

二、股权分置改革对市场效率影响的研究设计

（一）样本选择

我们选取 1996 年 12 月 31 日前已在上海证券交易所上市的全部 A 股为研究对象。相关数据来源于国泰安 CSMAR 数据库。考虑到研究的需要，筛选样本时剔除了被 PT、ST 及每股权益为负的上市公司，由于股改的实质是非流通股东对流通股东支付对价的一次重新安排，所以 PT、ST 及每股权益为负的上市公司被排除在该研究选择的样本之外，这样就得到 223 家上市公司作为有效样本。截至 2007 年 12 月 31 日，202 家上市公司已经全部股权分置改革完毕。

所选样本有以下几方面特征。①全面性。223 家样本公司中制造业 94 家、批发与零售贸易 32 家、综合类 22 家、信息技术业 12 家、房地产业 12 家、电气、煤气及水的生产与供应业 11 家、交通运输与社会服务业 8 家、仓储业 5 家、传播与文化产业 3 家、建筑业 2 家、金融保险业 1 家，所选样本几乎涵盖了各行各业，保证了样本的全面性。②典型性。样本上市公司至少已有 10 年的上市记录，而早期上市的公司大多有着极深的国有企业烙印，其股权分置的所有权结构和政府参与非常鲜明，市场运行较为稳定，是此次股权分置改革的先行者，以此为样本研究股改问题，具有典型性。③代表性。由于所选样本公司的上市时间较早，且都是各地区各行业的领头羊，所以具有代表性。

（二）研究设计

在股权分置改革及对资本市场效率的研究中，我们以 Fama-French 三因子模型的市场拟合情况作为市场效率检验的依据，以股改前后三因子模型时间序列回归估计的截距项是否为零来判定平均的超额收益率是否存在，从而检验市场是否趋于有效。

三因子模型反映出投资组合的超额收益率由市场超额收益率、规模、账市比三个因子解释，其表达式如下：

$$R_{pt} - R_{ft} = \alpha + \beta \times (R_{mt} - R_{ft}) + s \times \mathrm{SMB}_t + h \times \mathrm{HML}_t + \varepsilon_t \qquad (5-1)$$

式中，R_p 为资产组合 p 的收益率，R_f 为无风险资产收益率，R_m 为市场组合收益率，SMB 为规模因子的模拟组合收益率，HML 为账市比因子的模拟组合收益率，ε 为随机扰动项，下标中的 t 表示模型（5-1）在时间序列上的回归。如果资本市场有效，三因子就能够很好地解释资产组合的收益率，即 25 个组合收益率的截距

项全部趋近于 0。

我们以规模、账市比值将样本分成 25 个组合，同时考察 25 个组合的回归结果。具体设计方案和计算过程如下所述。

1. 账市比和规模的计算

根据样本第 $t-1$ 年年末的每股账面权益 BE 与第 $t-1$ 年最后一个交易日收盘价 ME 的比值来计算第 t 年的账市比值，即账市比 = BE/ME；用第 t 年 6 月底股票的流通市值来度量公司第 t 年规模的大小。

2. 分组设计

1997 年 7 月至 2010 年 6 月，根据每年 6 月底股票流通市值（Size），将样本股票等分为 5 组，每组再按照账市比由低到高等分成 5 组，这样就得到 25 个组合。

3. 被解释变量组合超额收益率的计算

分别求出 25 个组合中每个组合的超额收益率为每年 7 月到下一年 6 月的月收益率（以每组中个股的流通市值占组合总流通市值的比例为权重）减去对应的同期无风险收益率（用三个月定期存款利率所折算的月收益率）。

4. 解释变量市场超额收益率、SMB 和 HML 的计算

因所取样本均来自于上海证券交易所，所以整个样本期的 R_{mt} 由上证综指收益率来代替。

根据第 t 年 6 月底股票流通市值（Size），将样本股票均分为大（B）和小（S）两组，每组再按第 $t-1$ 年年末的账市比的值分为高（H）、中（M）、低（L）三组，样本比例分别为 30%，40%，30%，这样形成 SL、SM、SH、BL、BM、BH 6 个组，分别计算这 6 个组合从 t 年 7 月到 $t+1$ 年 6 月的月收益率（以组合中个股流通市值占组合总流通市值的比例为权重），SMB 则为三个小股票组合（SL、SM、SH）和三个大股票组合（BL、BM、BH）等权平均收益率之差，即 SMB=(SL+SM+SH−BL−BM−BH)/3，SMB 通过对各种账市比的情况作了平均，剔除了账市比因子而只考虑规模因子对组合超额收益率的贡献；HML 则为两个高账市比组合（SH、BH）和两个低账市比组合（SL、BL）的等权平均收益率之差，即 HML=(SH+BH−SL−BL)/2，HML 是对各种 Size 的情况作平均，剔除了规模因子而只考虑账市比因子不同而造成的组合收益率的差距。

5. 回归系数的含义

回归系数 b、s、h 分别代表市场、规模、账市比三个因子的风险载荷。如果小规模组合的 s 值大于大规模组合的 s 值，则表明小规模组合的风险高于大规模组合；如果高账市比组合的 h 值大于低账市比组合的 h 值，则表明高账市比组合的

风险高于低账市比组合。

三、中国股权分置改革对市场效率影响的实证检验

在这部分中我们将从两方面进行实证分析，一方面是检验我国资本市场在股权分置改革前后两个样本阶段和所选样本范围内是否存在规模效应和账市比效应；另一方面分析三因子模型在股权分置改革前后两个样本阶段的解释力。

（一）规模效应和账市比效应检验

尽管吴世农和许年行（2004）、肖军和徐信忠（2004）的研究表明三因子模型能解释我国资本市场收益率的变化，但考虑到所选样本时间段的不同与所选样本公司的不同可能会导致三因子模型适用的合理性，因此，接下来首先检验我国资本市场在股权分置改革前后两个样本阶段和所选样本范围内是否存在规模效应和账市比效应。

1. 股改前规模效应和账市比效应检验

股改前根据规模效应和账市比分组所得的 25 个组合在股改前所有月份的平均超额收益率见表 5-1。从表 5-1 可见，股权分置改革前账市比值溢价仅从 0.01% 增长到 0.32%，变化不是很明显，5 个 T 值均在 5% 的显著性水平下不显著（下文如无特殊说明，均指 5% 显著性水平下的检验结果），平均而言，1997 年 7 月至 2005 年 4 月，高账市比组合与低账市比组合月平均收益没有显著的差别。同样，规模效应溢价从 0.91% 增长到 1.92%，5 个 T 值中 2 个在统计上显著，平均规模效应溢价为 1.33%（$T=6.46$），这表明小规模效应组合比大规模效应组合的月平均收益率高出 1.33%。由此可见，中国股市在股改前存在规模效应，而账市比效应不明显。

表 5-1　25 组合股改前平均超额收益率的规模效应和账市比效应（1997.7～2005.4）

平均超额收益率		账市比分组							
		低	2	3	4	高	$H-L$	$T(H-L)$	p 值
规模效应分组	小	0.0141	0.0066	0.0089	0.0127	0.0099	−0.0042	−0.8000	0.4276
	2	−0.0003	0.0076	0.0095	0.0080	−0.0002	0.0001	0.0300	0.9769
	3	0.0025	−0.0034	0.0068	−0.0001	0.0056	0.0032	0.7500	0.4530
	4	0.0040	0.0006	−0.0049	−0.0573	0.0029	−0.0010	−0.1600	0.8749
	大	0.0000	−0.0019	−0.0104	−0.0041	0.0007	0.0007	0.1100	0.9142
	$S-B$	0.0141	0.0085	0.0192	0.0167	0.0091			
	$T(S-B)$	1.7500	1.3800	2.3400	2.4100	1.4800			
	P 值	0.0843	0.1707	0.0212	0.0179	0.1418			

注：按照账市比和规模效应进行 5×5 独立分组，每组平均超额收益率是组内各股票超额收益率的加权平均，权重是分组时每年 6 月底的流通市值，而后在时间序列上取平均值

2. 股改后规模效应和账市比效应检验

股改后，依规模效应和账市比分组所得的 25 个组合在股权分置改革后的月度

平均超额收益率见表 5-2。从表 5-2 来看，股改后账市比溢价从 0.07% 增长到 3.57%，5 个 T 值 4 个不显著，平均而言，2005 年 5 月至 2010 年 6 月，高账市比组合平均每月比低账市比组合高出 1.2%（T=1.72）。同样的，规模效应溢价从 1.32% 增长到 2.86%，5 个 T 值均不显著，平均规模效应溢价为 1.83%（T=6.69），这样看来，中国股市在股权分置改革后不存在规模效应和账市比效应。

表 5-2　25 组合股权分置改革后平均超额收益率的规模效应和账市比效应（2005.4～2010.6）

平均超额收益率		账市比分组							
		低	2	3	4	高	H−L	T (H−L)	P 值
规模效应分组	小	0.0268	0.0408	0.0370	0.0467	0.0625	0.0357	1.2400	0.2212
	2	0.0430	0.0406	0.0461	0.0432	0.0407	−0.0022	−0.3000	0.7625
	3	0.0310	0.0448	0.0336	0.0445	0.0317	0.0007	0.0800	0.9395
	4	0.0335	0.0306	0.0314	0.0323	0.0396	0.0062	0.6500	0.5160
	大	0.0135	0.0217	0.0205	0.0324	0.0339	0.0204	2.5900	0.0119
	S−B	0.0132	0.0191	0.0164	0.0144	0.0286			
	T (S−B)	1.3900	1.4700	1.6800	1.4200	0.9500			
	P 值	0.1685	0.1461	0.0975	0.1613	0.3453			

注：按照账市比和规模效应进行 5×5 独立分组，每组平均超额收益率是组内各股票超额收益率的加权平均，权重是分组时每年 6 月底的流通市值，而后在时间序列上取平均值。

（二）基于 Fama-French 三因子模型的实证结果与分析

我们采用所选股票分股改前与股改后两个时间段拟合 Fama-French 三因子，进而通过分析截距项、各个系数和 R^2 的值考察三因子模型的解释力，实证结果见表 5-3、表 5-4。

表 5-3　股改前 Fama-French 三因子回归模型（1997.7～2005.4）

规模效应分组		账市比分组				
		低	2	3	4	高
		$R_{pt} - R_{ft} = \alpha + \beta \times (R_{mt} - R_{ft}) + s \times \mathrm{SMB}_t + h \times \mathrm{HML}_t + \varepsilon_t$					
		α 及其 P 值				
小		0.0043	−0.0032	−0.0018	0.0016	−0.0012
		0.3358	0.3719	0.6559	0.6559	0.7083
2		−0.0079**	0.0008	0.0031	−0.0008	−0.0059
		0.0275	0.8229	0.289	0.8022	0.1017
3		−0.0038	−0.009	−0.0001	−0.0064**	0.0012
		0.3028	0.0258	0.9673	0.0157	0.6923
4		0.0028	−0.0011	−0.0068**	−0.0052	0.0004
		0.512	0.7544	0.0122	0.1371	0.8726
大		0.0031	−0.0016	−0.0006	−0.0035	0.0014
		0.386	0.6182	0.0823	0.319	0.6495
		β 及其 P 值				
小		1.0222***	1.0853***	1.1418***	1.0059***	0.9832***
		0.0000	0.0000	0.0000	0.0000	0.0000

续表

规模效应分组	账市比分组				
	低	2	3	4	高
	$R_{pt}-R_{ft}=\alpha+\beta\times(R_{mt}-R_{ft})+s\times\mathrm{SMB}_t+h\times\mathrm{HML}_t+\varepsilon_t$				
	β 及其 P 值				
2	1.0507***	1.037***	1.0461***	1.017***	1.0385***
	0.0000	0.0000	0.0000	0.0000	0.0000
3	0.9857***	1.1284***	1.1304***	1.0267***	1.1468***
	0.0000	0.0000	0.0000	0.0000	0.0000
4	1.235***	1.0726***	1.0663***	0.9904***	1.2259***
	0.0000	0.0000	0.0000	0.0000	0.0000
大	1.1546***	1.1067***	1.0328***	0.9587***	1.0611***
	0.0000	0.0000	0.0000	0.0000	0.0000
	s 及其 P 值				
小	0.9517***	0.9556***	1.0643***	1.0869***	0.8216***
	0.0000	0.0000	0.0000	0.0000	0.0000
2	0.7104***	0.6198***	0.566***	0.8426***	0.4938***
	0.0000	0.0000	0.0000	0.0000	0.0000
3	0.5528***	0.4916***	0.6363***	0.5483***	0.3604***
	0.0000	0.0000	0.0000	0.0000	0.0000
4	0.0282	0.054	0.0668	0.3639***	0.1282**
	0.8036	0.5772	0.3591	0.0002	0.0661
大	−0.4654***	−0.1716	−0.6393***	−0.2247**	−0.2224***
	0.0000	0.054	0.0000	0.0187	0.0077
	h 及其 P 值				
小	−0.5057***	−0.1763	−0.0255	0.1669	0.1558
	0.0057	0.2117	0.8768	0.2434	0.2328
2	−0.749***	−0.5771***	−0.2206**	0.3812***	0.059
	0.0000	0.0002	0.0762	0.0054	0.6798
3	−0.5204***	0.0557	−0.0371	0.166	0.0377
	0.0005	0.7271	0.787	0.1102	0.7585
4	−1.3073***	−0.1351	0.4964***	0.2015	0.4***
	0.0000	0.3439	0.0000	0.493	0.0012
大	−1.4053***	−0.256**	0.1852	0.0998	0.4282***
	0.0000	0.0505	0.1767	0.471	0.0006

表 5-4　股改后 Fama-French 三因子回归模型（2005.4～2010.6）

规模效应分组	账市比分组				
	低	2	3	4	高
	$R_{pt}-R_{ft}=\alpha+\beta\times(R_{mt}-R_{ft})+s\times\mathrm{SMB}_t+h\times\mathrm{HML}_t+\varepsilon_t$				
	a 及其 P 值				
小	−0.0098	−0.0086	−0.0043	0.0017	0.0217
	0.3791	0.4192	0.6512	0.8992	0.4685
2	0.0035	0.0076	−0.0013	0.0026	−0.0025
	0.741	0.5015	0.9078	0.7919	0.7888

续表

规模效应分组	账市比分组				
	低	2	3	4	高
	$R_{pt} - R_{ft} = \alpha + \beta \times (R_{mt} - R_{ft}) + s \times SMB_t + h \times HML_t + \varepsilon_t$				
	α 及其 P 值				
3	−0.0024	0.0092	−0.0022	0.0044	−0.0057
	0.8566	0.4056	0.8257	0.687	0.5427
4	0.0081	0.0037	−0.0036	0.0015	0.0076
	0.4526	0.6744	0.7661	0.8871	0.4922
大	−0.0105	0.0021	−0.0023	0.0041	0.0104
	0.2529	0.829	0.8128	0.721	0.2351
	β 及其 P 值				
小	0.917***	0.9761***	0.9227***	0.9396***	1.1615***
	0.0000	0.0000	0.0000	0.0000	0.0000
2	1.0123***	0.8574***	1.0694***	0.984***	0.927***
	0.0000	0.0000	0.0000	0.0000	0.0000
3	0.998***	0.8953***	0.9082***	1.0408***	1.0448***
	0.0000	0.0000	0.0000	0.0000	0.0000
4	0.8993***	1.0162***	1.0564***	0.9489***	0.9446***
	0.0000	0.0000	0.0000	0.0000	0.0000
大	1.1351***	0.9357***	0.9009***	1.1088***	1.0255***
	0.0000	0.0000	0.0000	0.0000	0.0000
	s 及其 P 值				
小	1.352***	2.1128***	1.5326***	1.68***	1.1505
	0.0000	0.0000	0.0000	0.0000	0.1053
2	1.5522***	1.098***	1.7493***	1.4864***	1.6482***
	0.0000	0.0000	0.0000	0.0000	0.0000
3	1.1649***	1.3247***	1.1237***	1.3509***	1.2225***
	0.0004	0.0000	0.0000	0.0000	0.0000
4	0.8375***	0.6386***	0.9439***	0.7405***	0.9816***
	0.0015	0.0032	0.0013	0.0043	0.0003
大	0.486**	0.3312	0.2963	0.3448	0.2399
	0.0267	0.1397	0.1993	0.2049	0.243
	h 及其 P 值				
小	−0.038	0.0645	0.3202	0.7303*	0.7967
	0.9188	0.8566	0.1962	0.0987	0.4298
2	−0.4123	0.2608	0.5651	0.1785	0.4469
	0.2531	0.4903	0.1397	0.5969	0.1572
3	0.4433	−0.0732	0.6458*	0.4091	0.1789
	0.3658	0.8435	0.063	0.2788	0.603
4	−0.7775*	−0.13	0.5481	0.6805*	0.1279
	0.035	0.664	0.7761	0.0614	0.7301
大	−0.6771**	−0.4449	0.5549	0.913**	0.4748
	0.0311	0.1658	0.0952	0.0212	0.1087

1. 股权分置改革前 Fama-French 三因子模型解释力

股权分置改革前三因子模型的回归结果如表 5-3 显示，25 个组合中有 22 个组合的 α 值无异于 0，25 个 β 值均在 1 左右且都显著不等于 0，21 个 s 值显著不等于

0，12 个 h 显著不等于 0。同时，成长型投资组合对 HML 的回归系数全部为负，而价值型投资组合对 HML 的回归系数全部为正。我们还可以看到，大股票投资组合对 SMB 的回归系数全部为负，小股票投资组合对 SMB 的回归系数全部为正，这与传统文献的结果是一致的。由此可见上述三因子对组合收益率的构成和影响比较显著，再从表 5-5 给出的回归方程的拟合系数来看，在样本期间内三因子模型能够较好地解释中国股市横截面收益率。

表 5-5　股权分置改革前后三因子模型拟合系数 R^2 的比较

回归方程拟合优度		按账市比高低分组				
		股权分置改革前				
	组别	低	2	3	4	高
规模效应分组	小	0.7666	0.8447	0.8172	0.8284	0.8345
	2	0.8492	0.8217	0.8792	0.8460	0.8122
	3	0.8111	0.8023	0.8507	0.8898	0.8759
	4	0.8577	0.8256	0.8849	0.8005	0.8880
	大	0.8933	0.8658	0.8445	0.8014	0.8629
		股权分置改革后				
	小	0.6397	0.7388	0.7308	0.6214	0.2503
	2	0.7014	0.5952	0.7244	0.7223	0.7513
	3	0.5687	0.6306	0.6786	0.7052	0.7527
	4	0.6093	0.7383	0.6493	0.6543	0.6325
	大	0.7656	0.6714	0.6545	0.6807	0.7531

2. 股权分置改革后 Fama-French 三因子模型的解释力

接下来继续采用 25 个规模和账市比组合（构造方法与股改前一致）作为测试样本，以 2005 年 5 月至 2010 年 6 月为样本期间对三因子模型进行检验，股权分置改革后三因子模型的回归结果见表 5-4。从表中可见，25 个投资组合截距项的 T 值都不显著，这意味着截距项与 0 无显著差异，所有组合均没有超额收益率，这与股权分置改革前是一致的，说明在股权分置改革前后三因子模型均能很好地解释股票组合收益率。股权分置改革后 25 个组合全部不能拒绝 α 为零的原假设，相对股权分置改革前有 3 个显著不为零的 α 值，可以认为股权分置改革提升了我国资本市场的效率。而 β 值仍与 1 接近的全部显著不为零的数值，且相对于股权分置改革前有减小的特征，也就是说股权分置改革后市场的系统性风险有所下降。股权分置改革扫除了中国资本市场长期有效发展的制度性障碍，不仅提升了我国资本市场的效率，还有助于市场系统性风险的减小。

此外，小规模组合的回归系数大于大规模组合，这说明沪市仍存在着小公司效应，即公司收益与规模成反比，但相对于股权分置改革前，25 个投资组合的规模因子回归系数在整体上有所上升。分析其原因有二。一是，股权分置改革前由于非流通股的市值难以客观度量，传统文献在选取划分组合依据时仅把流通股纳入研究范围，忽略了非流通股的影响，这样容易把流通值较小的公司与小规模公司均划分在小规模组合中，造成回归结果的偏差。股权分置改革后，非流通股逐步上市流通，流通市值客观反映上市公司的规模，以此作为划分依据修正了前期回归结果的偏差。二是，股权分置改革完成后，中国资本市场步入全流通时代，股票流动性相对于股权分置改革前有所增强，系数的整体提高是流动性对组合收益的一种补偿。同股权分置改革前相比，高账市比组合的回归系数仍是大于低账市比组合，这说明高账市比公司有较高的风险，25个组合回归系数由显著的负相关减弱或变为不显著的正相关。进一步来说，从表5-5给出的股权分置改革前后三因子模型的市场拟合系数 R^2 值可见，股权分置改革后的 R^2 变小，说明市场中有更多的三因子模型不可解释的内容。

四、中国股权分置改革对市场效率影响的小结

股权分置改革自实施以来就一直是人们关注的焦点，解决上市公司2/3的非流通股的流通是否促进资本市场的有效发展问题在理论上和实务上都具有重要意义。我们以1996年12月31日以前上市且已经股改完毕的沪市A股为研究对象，根据Fama-French三因子模型中截距项是否异于0对比检验股权分置改革前后资本市场的效率。实证研究结果表明，在股权分置改革后，市场、规模及账市比三因子能够较好地解释25个组合收益，而股权分置改革前三个显著不为零的截距项的绝对值在股改后都变小了，且变得显著为零，这说明股权分置改革后我国资本市场效率提升，股权分置改革是提升资本市场效率的有效途径。同时股权分置改革政策的实施使得市场风险因子有所减少，规模这个公司层面的非系统风险因子对收益的解释度有所上升，而账市比因子的显著的负相关减弱或变为不显著的正相关。据此，投资者在进行投资时不仅要考虑市场这个大环境对股票的影响，而且同样需要关注个股本身的特点，这样股票收益率所蕴涵的公司特性才能够逐步得以体现，风险与收益也才能较好地相匹配。这种投资模式与投资理念必将促进市场上资产价格的理性回归。值得一提的是，这次研究选取的样本期间截止到2010年6月，考虑到2007年2月以来美国发生次贷危机进而引发全球金融海啸对我国股票市场的影响，结合股权分置改革后"大小非"的逐步解禁和国际金融危机等情况，跟踪所选样本在2010年6月之后的长期走势，继续关注股权分置改革对我国资本市场效率的改进的研究更具意义。

第二节 货币政策调整与资本市场效率

资本市场作为上市公司补充血液，调节资金配置的平台，对现代社会的经济

发展具有越来越重要的作用。我国资本市场在 20 多年的风风雨雨中逐步成长起来，为促进我国经济的高速发展、推动经济结构调整与转型贡献着力量。然而，我国资本市场是伴随着经济体制改革而逐步发展起来的"新兴加转轨"市场，所以尚未形成一套相对稳定且具有连续性的规范证券市场健康运作的政策体系，政府总在不断地制定新办法、新政策、新措施帮助市场健康发展，以致投资者总是寄望于市场低迷时期的国家调控，使宏观政策成为一种左右市场运行趋势的因素，市场的发展打上了深深的政策烙印。然而，宏观政策调整究竟会给资本市场带来什么？是否能达到预期的目的？对市场会产生怎样的影响？货币政策与财政政策的反复调整说明目前还不能很好地把握这些政策的影响，因而理清宏观政策调整对市场的影响与作用，探索提升资本市场效率的途径成为亟待解决的问题。我们将从货币政策与财政政策两个维度探究国家宏观政策调整对资本市场的影响，从制度的视角寻求提升资本市场效率的有效方法。

货币政策是通过中央银行调节货币供应量，影响利息率及经济中的信贷供应程度来间接影响总需求，以达到总需求与总供给趋于理想的均衡，进而稳定物价、充分就业、促进经济增长和平衡国际收支的一系列措施。目前我国央行控制货币和信贷的工具主要是公开市场业务、法定准备金率和利率。然而，随着金融结构多元化趋势的明显，金融市场加快向深度和广度拓展，股票融资、债券融资、民间融资、私募股权投资、风险投资基金、社会保险基金及保险公司投资等快速发展，直接融资比重不断提高，银行贷款在社会融资总量中的占比不断下降，从而使得传统统计口径低估了货币供应量，我国货币政策调控思路有待更新，数量型调控手段应积极向价格型手段转变。为此，我们以利率政策这一价格型货币政策工具为对象探讨货币政策调整对市场的影响（刘维奇等，2012）。

一、利率政策调整与资本市场效率

2004 年以来，中国人民银行（以下简称央行）根据货币信贷、投资增长和通货膨胀水平连续采用利率调整手段来调控宏观经济。毫无疑问，央行利率调整是收缩或放宽银根的表现，对国家经济运行必将产生一定的影响。从宏观层面来看，央行利率调整可以在一定程度上调控投资增长速度、货币信贷投放量、外贸顺差等。尽管 2007 年频繁的 5 次加息没有实现实际利率为正的目标，但仍然在控制通货膨胀方面起到一定的积极作用，累积效应日渐明显。2008 年，央行又连续 5 次下调存贷款基准利率，以刺激金融危机下的疲软经济。2009 年 10 月至 2011 年 7 月，央行再次连续 5 次上调存贷款基准利率。利率调整如此频繁，其执行效果如何呢？在房地产业，由于房地产企业长期依靠商业银行贷款，行业平均负债率在 70% 左右，所以利率变动可能会导致企业财务成本增大，一定程度上抑制了房地产市场的过快发展。在股票市场,虽然每次利率调整都没有带来大的市场波动,但是连续利率调整对股票市场过热的抑制效应已逐渐显现。同时应当注意到,央行利率调整主要是针对固定资产投资、信贷规模、物价水平这三方面的,对股票市场间接产生调控作用:一方面,必要的利率调整可以在一定程度上调节股票市场的发展,防范金融风险;另一方面,太过频繁的利率调整会影响投资者情绪,进而不利于股票市场的健康稳定发展。因此,要用好利率调整政策就需要很好地把握政策力度,认真研究央行利率调整政策下股票市场的行为规律。

近年来,国内外学者从不同角度,用不同方法探讨了利率调整对股票市场的影响。赵进文和高辉(2009)验证了股指和房价都是央行货币政策利率反应函数的重要内生变量,然而股指受利率调整的影响比房价小。李星和陈东一(2009)的研究表明货币供应量和一年期存款利率对股指都存在正向影响,而准备金率对股指则产生负影响。李稻葵等(2009)的研究却表明资产价格波动不仅和货币政策有关,市场情绪的过分波动也会带来资产价格的过分波动。王培辉(2010)用平滑转移向量自回归模型探讨了货币冲击对股价波动的非对称影响。瑞高保和萨克(Rigobon and Sack,2004)为避免股票市场发展与货币政策制定相互影响带来的变量内生性问题,以异方差识别法研究了货币政策对股票市场的影响。发科(Farka,2009)以 GARCH 模型研究了美联储货币政策对股票价格的影响,指出股指收益率的波动水平随货币政策类型和政策行为的不同而不同。蔡(Tsai,2011)运用 ARCH-VAR 模型研究了美国联邦基金目标利率的非预期增长对股票收益的影响。我们则拟运用基于 GARCH 模型的事件研究法来分析央行频繁利率调整下股票市场的行为规律,即利率调整对上海股票市场的传导效应。考虑到沪深两市股指变化存在协整关系,我们以沪市为例来研究我国股票市场在央行利率调整政策下的运行规律具有代表性。具体来讲,就是研究股票市场在一定时期内能否按央行政策导向运动(利率调整政策下股指上涨或下跌),以及股票市场对利率调整政策的反应强烈程度(上涨或下跌的幅度)。按照现代金融学的观点,如果股票市场是有效的(严格讲是半强式有效的),股票市场将对政策出台做出迅速准确的反应;反之,则可能出现反应程度和速度上的偏差。因此,研究央行利率调整下股票市场的行为,在一定意义上也可判定股票市场的效率。

在中国股票市场发展的历程中,央行利率调整的时间间隔也无一定规律,2004 年 10 月 29 日到 2011 年 7 月 7 日已历经 20 次调整(详细内容见表 5-6,数据来源于新浪财经网站),特别是 2007 年连续 5 次利率调整,时间间隔之短是历史上所罕见的。我们基于 20 次利率调整事件的相关数据运用事件研究法实证分析中国股市对历次利率调整事件的反应。

表 5-6 2004 年以来央行利率调整情况统计表

调整时间	调整内容	公布日沪市表现
2004 年 10 月 29 日	一年期存、贷款基准利率均上调 0.27%	10 月 29 日开盘价 1316.6，收盘价 1320.54，跌 1.58%
2005 年 03 月 17 日	上调住房贷款利率（至少 20 个百分点）	3 月 17 日开盘价 1255.99，收盘价 1243.48，跌 0.96%
2006 年 04 月 28 日	上调金融机构贷款利率 0.27%	4 月 28 日开盘价 1403.52，收盘价 1440.22，涨 1.66%
2006 年 08 月 19 日	一年期存、贷款基准利率均上调 0.27%	8 月 21 日开盘价 1565.46，收盘价 1601.15，涨 1.19%
2007 年 03 月 18 日	上调金融机构存、贷款基准利率 0.27%	3 月 19 日开盘价 2864.26，收盘价 3014.44，涨 2.87%
2007 年 05 月 19 日	一年期存、贷款基准利率分别上调 0.27%、0.18%	5 月 21 日开盘价 3902.35，收盘价 4072.22，涨 1.04%
2007 年 07 月 20 日	上调金融机构存、贷款基准利率 0.27%	7 月 20 日开盘价 3918.41，收盘价 4058.85，涨 3.73%
2007 年 08 月 22 日	一年期存、贷款基准利率分别上调 0.27%、0.18%	8 月 22 日开盘价 4876.35，收盘价 4980.08，涨 0.5%
2007 年 09 月 15 日	一年期存、贷款基准利率均上调 0.27%	9 月 17 日开盘价 5309.06，收盘价 5421.39，涨 2.06%
2007 年 12 月 21 日	一年期存、贷款基准利率分别上调 0.27%、0.18%	12 月 21 日开盘价 5017.2，收盘价 5101.78，涨 1.15%
2008 年 09 月 16 日	一年期贷款基准利率下调 0.18%	9 月 16 日开盘价 2049.81，收盘价 1986.44，跌 4.47%
2008 年 10 月 09 日	一年期存、贷款基准利率均下调 0.27%	10 月 9 日开盘价 2125.57，收盘价 2074.58，跌 0.84%
2008 年 10 月 30 日	一年期存、贷款基准利率均下调 0.27%	10 月 30 日开盘价 1732.77，收盘价 1763.61，涨 2.55%
2008 年 11 月 27 日	一年期存、贷款基准利率均下调 1.08%	11 月 27 日开盘价 2012.69，收盘价 1917.86，跌 1.05%
2008 年 12 月 23 日	一年期存、贷款基准利率均下调 0.27%	12 月 23 日开盘价 1990.05，收盘价 1897.23，跌 4.55%
2010 年 10 月 20 日	一年期存、贷款基准利率均上调 0.25%	10 月 20 日开盘价 2947.51，收盘价 3003.95，涨 0.07%
2010 年 12 月 26 日	一年期存、贷款基准利率均上调 0.25%	12 月 27 日开盘价 2842.81，收盘价 2781.4，跌 1.90%
2011 年 02 月 09 日	一年期存、贷款基准利率均上调 0.25%	2 月 9 日开盘价 2778.7，收盘价 2774.07，跌 0.89%
2011 年 04 月 06 日	一年期存、贷款基准利率均上调 0.25%	4 月 6 日开盘价 2964.21，收盘价 3001.36，涨 1.14%
2011 年 07 月 07 日	一年期存、贷款基准利率均上调 0.25%	7 月 7 日开盘价 2813.19，收盘价 2794.27，跌 0.58%

二、货币政策调整对市场效率影响的研究设计

我们拟采用事件研究法来研究央行调整存贷款利率的货币政策对中国股票市场的影响。事件研究法最重要的环节是事件选择，所选事件应是研究问题的核心

内容和关注焦点,因而选定央行利率调整作为事件研究利率调整对中国股票市场的影响。选定事件后,接下来确定所研究事件的发生日期,即信息公开披露的日期。在事件研究法中,围绕事件发生日分别确定三个时间区间,即事件窗、事件后窗和估计窗,如图 5-1 所示。估计窗一般用于建立估计模型,事件窗用于分析事件对研究主体的影响,事件后窗用于研究事件的远期影响。其中,$t=0$ 表示发生日期,$t=T_0$ 到 $t=T_1$ 表示估计窗,$t=T_1$ 到 $t=T_2$ 表示事件窗,$t=T_2$ 到 $t=T_3$ 表示事件后窗。分别用 $L_1=T_1-T_0$、$L_2=T_2-T_1$、$L_3=T_3-T_2$ 表示估计窗、事件窗和事件后窗的长度。

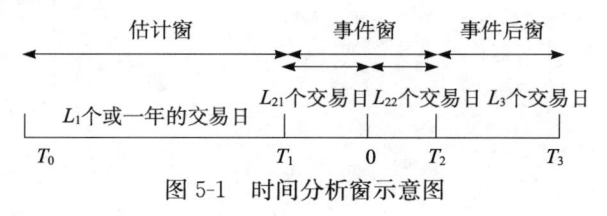

图 5-1 时间分析窗示意图

(一)正常收益估计模型

正常收益率是指在假设事件不发生的情况下,该资产在事件窗内的预期收益。计算正常收益的常用统计模型一般包括市场模型、常数均值收益模型和 GARCH 模型。市场模型(market model)的理论基础是市场中任何资产组合的收益与市场组合的收益存在相关性。通过资产组合收益同市场组合收益的关系建立市场模型,可以得出更为精确的正常收益的估计值。常数均值收益模型(constant mean return model)要求价格序列是平稳序列,且具有常数均值和方差。鲍勒斯莱夫于 1986 年通过在 ARCH 模型中增加条件方差的自回归项得到 GARCH 模型,GARCH 模型考虑到了金融时间序列一般具有的簇族(Cluster)性等复杂特征。随后,许多学者对 GARCH 模型进行了不同方面的修正,衍生出一系列 GARCH 类模型。

ARCH(p)模型包括两个方程,一个是收益方程,另一个是条件方差方程。收益方程为

$$R_t = \mu_t + \varepsilon_t \tag{5-2}$$

在时刻 $t-1$ 可获得信息集 F_{t-1} 的条件下,误差项 ε_t 期望为 0,条件方差为 h_t,条件方差方程为

$$h_t = \text{Var}(\varepsilon_t \mid F_{t-1}) = a_0 + \sum_{i=1}^{p} a_i \varepsilon_{t-i}^2 \tag{5-3}$$

GARCH 模型将 ARCH 模型中条件方差方程推广为自回归移动平均形式,即

$$h_t = \alpha_0 + \sum_{i=1}^{p} \alpha_i \varepsilon_{t-i}^2 + \sum_{k=1}^{q} \beta_k h_{t-k} \tag{5-4}$$

相对于 ARCH 模型,GARCH 模型的优点在于可以用较低阶的 GARCH 模型

来代表高阶 ARCH 模型，从而使模型识别和参数估计更加容易和准确。

为了考虑条件方差受利空和利好信息的非对称效应，尼尔逊（Nelson）于 1991 年提出了指数 GARCH 模型（Exponential GARCH，EGARCH），条件方差方程进一步推广为

$$\ln h_t = \alpha_0 + \sum_{i=1}^{p} \alpha_i \left\{ \gamma \frac{\varepsilon_{t-i}}{\sqrt{h_{t-i}}} + \theta \left(\left| \frac{\varepsilon_{t-i}}{\sqrt{h_{t-i}}} \right| - E \left| \frac{\varepsilon_{t-i}}{\sqrt{h_{t-i}}} \right| \right) \right\} + \sum_{k=1}^{q} \beta_k \ln h_{t-k} \quad (5-5)$$

若 $\gamma \neq 0$，说明信息作用非对称。当 $\gamma < 0$ 时，负的冲击要比正的冲击更增加金融时间序列的波动性，即具有杠杆效应。丁等（Ding et al.，1993）将 2 次幂一般化为 δ 次幂，进一步总结提出 PGARCH 模型。

本书的研究对象为上证综指，因此市场模型不适应。常数均值模型没有考虑到时间序列的簇族性等复杂特征，也不能很好地刻画收益变化规律，所以我们拟采用 GARCH 类模型预测正常收益。

（二）超额收益的计算

以 P_t 表示资产组合（或指数）的价格，实际收益 $R_t = \log P_t - \log P_{t-1}$。以 $\hat{R}_t$ 表示估计期正常收益，则超额收益（abnormal returns，AR）定义为 $AR_t = R_t - \hat{R}_t$。累积超额收益（cumulative abnormal returns，CAR）为

$$\mathrm{CAR}_t = \sum_{s=T_1}^{t} \mathrm{AR}_s \quad (5-6)$$

为了考虑央行连续利率调整对股票市场的综合影响，我们将多次事件的超额收益累加，计算平均超额收益如下：

$$\mathrm{AAR}_t = \frac{1}{n} \sum_{j=1}^{n} \mathrm{AR}_t^j \quad (5-7)$$

用 AR_t^j 表示第 j 次事件对应的超额收益，n 表示累加事件数。类似地，累积平均超额收益率

$$\mathrm{CAAR}_t = \sum_{s=T_1}^{t} \mathrm{AAR}_s = \frac{1}{n} \sum_{j=1}^{n} \mathrm{CAR}_t^j \quad (5-8)$$

（三）统计检验

本书选用 T 检验方法，判断央行 20 次利率调整总体信息公告期内及公告期前后超额收益是否存在，即检验平均超额收益或累积平均超额收益是否显著偏离 0，因此原假设为 $H_0: \mathrm{AAR}_t = 0$，或者 $H_0: \mathrm{CAAR}_t = 0$。

检验统计量分别为

$$T_{\mathrm{AAR}} = \frac{\mathrm{AAR}_t}{\sigma(\mathrm{AAR}_t)/\sqrt{n}} \quad (5-9)$$

或者

$$T_{CAAR} = \frac{CAAR_t}{\sigma(CAAR_t)/\sqrt{n}} \quad (5\text{-}10)$$

如果相应的显著性水平下拒绝原假设，则说明利率调整对当天影响比较大，反之则说明利率调整对当天影响不明显。

三、中国货币政策调整对市场效率影响的实证检验

（一）样本选择与预测模型

本节采用 2003 年 10 月 13 日至 2011 年 7 月 20 日上证综合指数每日收盘价，数据来源于国泰安 CSMAR 数据库。利用表 5-6 提供的 20 次利率调整事件数据进行分析，选择事件估计窗为一年，以包括事件日在内的 22 天[①]作为事件窗，这样就可以充分地说明事件日前后的影响，更加详细地反映事件发生的市场效果。比如，对第 9 个事件日 2007 年 9 月 15 日来说，事件窗是 2007 年 8 月 30 日至 2007 年 9 月 26 日合计 22 个交易日，估计窗为 2006 年 8 月 30 日至 2007 年 8 月 29 日合计 242 个交易日。

1. 样本数据的描述性统计分析

对 2003 年 10 月 13 日至 2011 年 7 月 20 日全部 1891 个样本数据进行基本统计分析，分别检验收益率的正态性、平稳性、自相关性和异方差性。

1) 正态性检验

根据图 5-2 上证综合指数收益率直方图及 QQ 图和偏度、峰度（表 5-7），可知上证综合指数收益率不服从正态分布，出现明显的尖峰、厚尾和偏态特征。

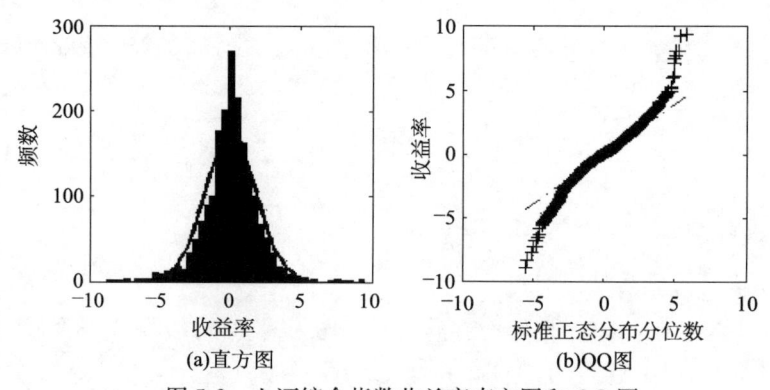

图 5-2 上证综合指数收益率直方图和 QQ 图

---

① L_{21} 个交易日为 12 个交易日，考虑到"黄金周"等其他事件信息的干扰，L_{22} 个交易日取为 9 个交易日。

表 5-7　上证综合指数收益率基本统计分析

最小值	最大值	中位数	均值	标准差	峰度	偏度
−8.8407	9.4549	0.1099	0.0528	1.8092	5.9576	−0.1730

2) 平稳性检验

用单位根方法检验时间序列的平稳性，结果见表 5-8。由表 5-8 可知，对数日收益率时间序列在 1% 水平下是显著平稳的。

表 5-8　上证综合指数对数日收益率 ADF 检验

t 统计量	检验水平	检验统计量	概率
−43.135 73	1%	−2.5662	0.0001
	5%	−1.9410	0.0001
	10%	−1.6166	0.0001

3) 自相关性检验

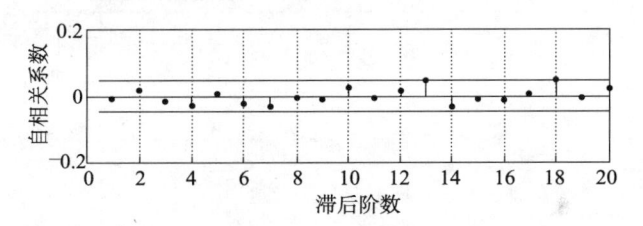

由上证综合指数对数日收益率自相关图（图 5-3），可知上证综合指数对数日收益率自相关性并不显著。

图 5-3　上证综合指数对数日收益率自相关图

4) 异方差性检验

图 5-4 为上证综合指数对数日收益率折线图，我们可以看出收益率存在簇族性效应（即一次大的波动往往伴随着大的波动，一次小的波动往往伴随着小的波动）。

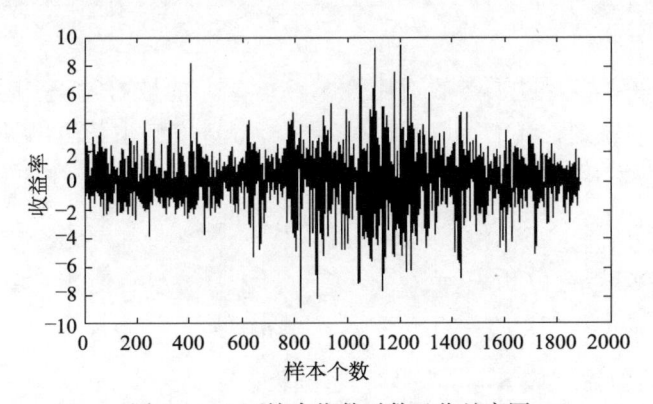

图 5-4　上证综合指数对数日收益率图

从图 5-4 可以直观地看出上证综合指数的日收益率存在簇族性效应，可能存在异方差现象。为此，有必要对上证指数进行 ARCH 效应异方差检验，结果见表 5-9。

表 5-9　上证综合指数对数日收益率的异方差检验

ARCH（q）	H 值	ARCHstat	CriticalValue	概率	结论
q＝1	1	37.91	3.84	0.0000	存在异方差
q＝2	1	43.22	5.99	0.0000	存在异方差
q＝3	1	69.51	7.81	0.0000	存在异方差
q＝4	1	88.16	9.48	0.0000	存在异方差

2. 基于 GARCH 类模型预测事件窗口的收益率

据以上分析，上证综合指数的对数日收益率为平稳序列。经过比较 GARCH（p，q）、模型（p，q）取不同值时的 AIC、SIC 值及对数似然值 L 等指标，发现滞后（p，q）模型选为（1，1）模型较为合理。同理，我们也选择了 EGARCH（1，1）及 PARCH（1，1）模型，模型拟合结果见表 5-10。

表 5-10　GARCH（1，1）类模型的拟合表

	GARCH（1，1）	EGARCH（1，1）	PGARCH（1，1）
C	0.0680	0.0631	0.0600
	(0.0310)	(0.0327)	(0.0343)
α_0	0.0296	−0.0926	0.0265
	(0.0081)	(0.0103)	(0.0080)
α_1	0.0574	0.1404	0.0691
	(0.0072)	(0.0147)	(0.0092)
β_1	0.9343	−0.0136	0.0853
	(0.0079)	(0.0069)	(0.0496)
γ		0.9873	0.9319
		(0.0034)	(0.0079)
δ			1.4635
			(0.2929)
AIC	3.8388	3.8391	3.8393

上述三种模型都通过了参数适用性条件检验，能较好地适用上证综合指数，根据 AIC 最小的原则，我们选取 GARCH（1，1）模型来预测事件日的上证综合指数收益率。我们采取同样的方法对其他事件的估计窗用上述三种模型来拟合，最后选取 GARCH（1，1）模型来预测正常收益率。

（二）实证结果与分析

通过估计期的样本拟合 GARCH 模型，然后在预测事件期正常收益率的基础上计算出超额收益率（表 5-11）和累积超额收益率。计算 20 次利率调整事件期间超额收益率和累积超额收益率并做两者的折线图（如图 5-5～图 5-9 所示，*表示

事件日当天的累积超额收益率)。

表 5-11 利率调整日股市的超额收益率

事件序号	事件日	开盘日	实际收益率	预期收益率	超额收益率
1	2004.10.29	2004.10.29	−0.0789	0.1915	−0.2704
2	2005.03.17	2005.03.17	−1.0677	0.2069	−1.2746
3	2006.04.28	2006.04.28	−0.0529	−0.0934	0.0404
4	2006.08.19	2006.08.21	−0.3312	0.0637	−0.3949
5	2007.03.18	2007.03.19	−0.7189	0.0973	−0.8162
6	2007.05.19	2007.05.21	−0.4454	0.0599	−0.5053
7	2007.07.20	2007.07.20	−0.4356	0.1196	−0.5552
8	2007.08.22	2007.08.22	1.0265	−0.0629	1.0894
9	2007.09.15	2007.09.17	0.7318	0.2559	0.4758
10	2007.12.21	2007.12.21	2.0592	−0.1167	2.1759
11	2008.09.16	2008.09.16	0.0332	−0.0688	0.1020
12	2008.10.09	2008.10.09	−3.0410	0.0291	−3.0701
13	2008.10.30	2008.10.30	−2.9354	−0.1011	−2.8343
14	2008.11.27	2008.11.27	0.4850	−0.2636	0.7486
15	2008.12.23	2008.12.23	−1.5210	−0.0263	−1.4947
16	2010.10.20	2010.10.20	1.5775	0.2927	1.2848
17	2010.12.26	2010.12.27	−0.7026	0.0432	−0.7457
18	2011.02.09	2011.02.09	−0.8893	−0.1675	−0.7218
19	2011.04.06	2011.04.06	1.1441	−0.1740	1.3181
20	2011.07.07	2011.07.07	−0.5768	0.4294	−1.0062

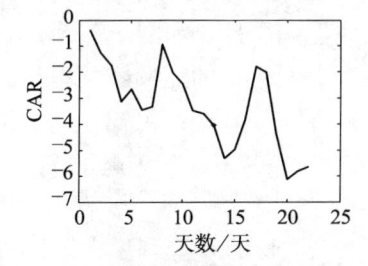

图 5-5 第一类事件 (2004.10.29)
CAR 折线图

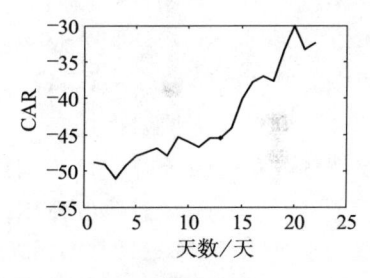

图 5-6 第二类事件 (2006.4.28)
CAR 折线图

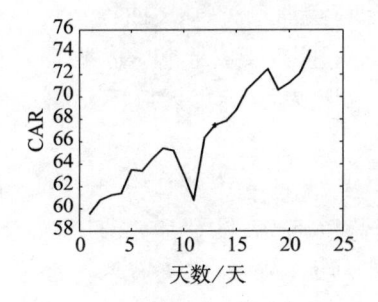

图 5-7 第三类事件 (2007.8.22)
CAR 折线图

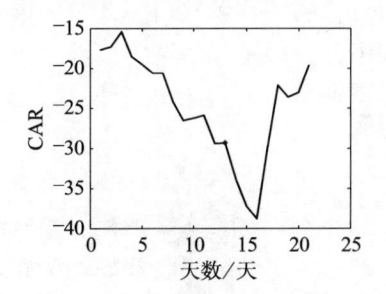

图 5-8 第四类事件 (2008.09.16)
CAR 折线图

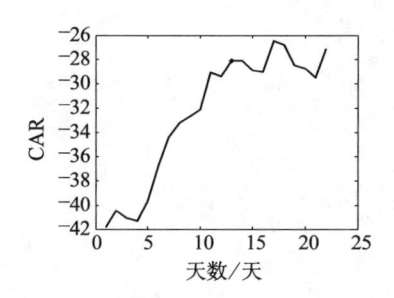

图 5-9　第五类事件（2010.10.20）CAR 折线图

1. 分类研究结果

由于央行的每次利率调整是根据经济发展形势进行的，所以每次利率调整都有其背景和特点。同时，由于股票市场具有一个逐步发展变化的过程，所以利率调整对股票市场的影响也有所不同，我们有必要对其进行分类研究。我们选用超额收益率和累积超额收益率作为研究指标。超额收益率重点反映事件日当天的股票市场是否存在明显反应，如果事件日当天出现了负的超额日收益率，则说明央行利率调整起到抑制股票市场过快发展的作用，是一个利空事件，反之是一个利好事件。累积超额收益率则说明对央行利率调整是否存在提前反应和事后反应。

依据 CAR 折线图在事件窗内上升或下降的变化趋势相似度，我们把 20 次事件分为五类。第一类是 2004~2005 年 2 个利率上调事件，如图 5-5 所示，CAR 变化趋势以 2004 年 10 月 29 日事件为代表。利率上调当日的超额收益率均为负，这说明利率上调对当天股票市场是一个利空消息。由 CAR 曲线可知，利率调整事件后累积超额收益持续下降，这表明股票市场对利率调整出现了事后反应，利率上调起到了抑制股票市场过热的作用。

第二类是 2006 年 4 月 28 日至 2007 年 7 月 20 日的 5 个利率上调事件，如图 5-6 所示，CAR 变化趋势以 2006 年 4 月 28 日为代表。利率上调日 2006 年 4 月 28 日超额收益率由前一日的 1.2122 降到 0.0404，其余 4 个利率上调日超额收益率均为负，这说明利率调整对当天股票市场是一个利空消息。CAR 曲线在利率调整当日出现下降，但是利率调整事件公布后，CAR 呈持续上升趋势，这说明了股票市场对利率调整事件存在事后反应，利率调整事件发生后买入股票仍可获得超额收益。

第三类是 2007 年 8 月 22 日至 2007 年 12 月 21 日以及 2011 年 4 月 6 日的 4 个利率上调事件，如图 5-7 所示，CAR 变化趋势以 2007 年 8 月 22 日事件为代表。利率上调当日上证综指收益率均为正，这说明利率调整对当天股票市场是一个利好消息，这与 2004 年 10 月 29 日~2007 年 7 月 20 日期间央行利率上调对股票市场的利空影响是截然不同的。CAR 曲线在利率调整前的上升过程中有一个明显的下降，在利率调整事件后，CAR 曲线恢复上升趋势，利率调整事件发生后买入股票仍可获得一定的超额收益，股票市场对利率调整事件存在事前和事后反应。

分析 2007 年 8 月 22 日至 2007 年 12 月 21 日的 3 次利率调整事件对股票市场产生利好消息的原因主要有以下两点。其一，央行利率调整的时期与经济运行的整体情况有关，中国股票市场在上述期间为牛市时期，资本市场通过股票市场活跃发展，央行利率调整不能马上对其资本市场产生显著的利空即期作用。其二，股票市场对央行利率调整的反应也取决于投资者对股票市场的预期。一般来说，只有未被投资者预期的信息才会对股票市场产生明显影响，当利率调整事件在公布前完全没有被预期或预期不完全时，利率调整事件才会对股票市场产生影响。当投资者预期到央行利率调整时，利率调整信息公布后对市场影响不明显。

这 4 次利率调整均在事件日前出现累积超额收益率骤降的现象，出现这一异常反应说明央行的利率调整政策有可能已被广大投资者预测。同时，随着人们专业知识水平的普遍提高和对股市相关信息的更加关注，投资者对央行利率调整或多或少地有了一定的预测能力。究其原因有以下两点。其一，央行利率调整不是直接针对股市，而是由货币信贷、投资增长和通货膨胀水平等总体宏观经济水平来决定的。2007 年下半年中国经济发展存在过热趋势，央行利率调整是必然的，投资者应该有所预期。其二，许多前兆预示了央行利率调整的必然性。"零售"特别国债、发行定向票据、上调准备金率一般都会伴随着央行的利率调整，因此投资者能够预测到央行这三种政策公布后利率调整的可能性。根据这一事实和罗波特（1959）关于有效资本市场的划分，我们可以断定目前中国股票市场没有达到半强式有效。

第四类是 2008 年 9 月 16 日至 2008 年 12 月 23 日的 5 个利率下调事件，如图 5-8 所示，CAR 变化趋势以 2008 年 9 月 16 日事件为代表。利率下调日 2008 年 9 月 16 日和 2008 年 11 月 27 日超额收益率均为正，这说明利率下调对当天股票市场是利好消息；其余 3 个利率调整日超额收益率均为负，这说明利率下调对当天股票市场是利空消息。CAR 曲线在利率调整事件后均呈现了不同程度的下降，这表明股票市场对利率调整事件存在事后反应。

第五类是 2010 年 10 月 20 日至 2011 年 2 月 9 日，以及 2011 年 7 月 7 日的 4 个利率上调事件，如图 5-9 所示，CAR 变化趋势以 2010 年 10 月 20 日事件为代表。利率上调日 2010 年 10 月 20 日超额收益率为正，这说明利率上调对当天股票市场是利好消息；其余 3 个利率调整日超额收益率均为负，这说明利率上调对当天股票市场是利空消息。CAR 曲线在利率调整公布前没有出现下降，这说明这几次利率调整没有出现事前反应。CAR 曲线在利率调整当日或下一个事件日出现了下降，但随后又恢复上升的趋势。总体上来说，央行这次加息没有明显起到抑制股票市场过快发展的作用,这可能为央行再次进行利率调整埋下了伏笔。

2. 总体研究结果

为了进一步验证央行利率调整政策对股票市场的影响程度,我们作了 T 检验,结果见表 5-12。在 AAR 中,事件日当天 T 统计量的值为 0.466,在 1% 水平下接受均值为 0 的原假设,这表明利率调整事件对当天的股票市场影响很小。在 CAAR 中,事件日前第四日(−1.820)和事件日前第三日(−1.866)均在 10% 水平下拒绝均值为 0 的原假设,这说明央行利率调整事件有被提前预测到的可能性。上述结果与我们通过事件窗口折线图所分析的结果一致。

表 5-12　利率调整事件的 AR 和 CAR 数据及 T 检验值

事件日	AAR	T	CAAR	T
−12	−0.0047	−1.1360	−0.0047	−1.1360
−11	−0.0098	−1.3330	−0.0145	−1.6720
−10	0.0049	0.9500	−0.0096	−1.1970
−9	0.0047	0.4920	−0.0049	−0.4290
−8	−0.0007	−0.1980	−0.0056	−0.4710
−7	0.0001	0.0100	−0.0055	−0.3130
−6	−0.0027	−0.6760	−0.0082	−0.5290
−5	−0.0082	−1.1920	−0.0164	−0.8210
−4	−0.0183	−2.6250**	−0.0347	−1.8201*
−3	0.0018	0.3970	−0.0329	−1.8660*
−2	0.0109	1.9080*	−0.0219	−1.3000
−1	−0.0052	−1.6320	−0.0272	−1.4950
0	0.0027	0.4660	−0.0245	−1.1170
1	0.0083	1.4990	−0.0162	−0.6850
2	0.0009	0.1690	−0.0153	−0.5870
3	0.0066	1.7570	−0.0087	−0.3400
4	−0.0027	−1.1490	−0.0113	−0.4370
5	−0.0044	−0.3770	−0.0157	−0.4550
6	−0.0021	−0.3110	−0.0178	−0.4350
7	−0.0093	−1.2910	−0.0271	−0.7040
8	0.0006	0.0950	−0.0265	−0.6560
9	−0.0040	−0.8710	−0.0305	−0.7690

*表示在 10% 水平下显著,**表示在 5% 水平下显著,未标注表示在 1% 水平下显著

四、货币政策调整对市场效率影响的小结

本节基于 GARCH 模型的事件研究,对央行近年来的 20 次利率调整从分类和总体的角度分别进行了详细分析,发现不同市场条件下利率调整公告会起到不同的作用。央行利率调整主要是针对固定资产投资、信贷规模、物价水平等实体经济,对股票市场也会产生传导效应。利率调整政策对股票市场发展具有一定的间接调控作用,然而股票市场多次对利率调整呈现反向反应。分析其原因,可能是利率调整政策在公布前就已经被股票市场投资者预测到,或者利率调整的频繁和

连续性使投资者产生了预期。只有未被投资者预期的信息才会对股票市场产生明显影响,当利率调整事件在公布前完全没有被预期或预期不完全时,利率调整事件才会对股票市场产生影响。当投资者预期到央行利率调整时,利率调整信息公布后对市场影响不明显。平均而言,事件日前第四日和事件日前第三日的累计超额收益均值显著不为零,央行的利率调整政策有可能被广大投资者所预测。可见,市场的透明度对政策的传导具有关键作用,提升市场效率应重点考虑市场信息公开等方面的制度完善。

目前中国经济依然存在一定的过热现象,CPI指数继续在高位运行,因此不排除下一阶段继续进行利率调整的可能性。为了能真正发挥利率调整对股票市场的传导效应,使货币政策起到调控实体经济乃至资本市场的作用,央行应当改进调整方式。首先,改善央行利率调整惯有的规律,消除利率调整的预期;其次,更多地采用市场化方式,完善和创新各种政策工具,如重启特种存款、扩大利率浮动空间、发行央行票据、实行差别准备金率等,通过多种工具与利率调整的结合使用,分化单独使用利率调整政策所带来的负面影响;最后,继续实行微调性的货币政策,防止大幅利率调整对银行信贷、股市IPO等造成负面影响。

第三节 财政政策调整与资本市场效率

我国政府在使用货币政策调控市场的同时还配合使用财政政策调控,以期确保市场的稳定与健康。印花税作为一种财政政策工具,多次被作为引导市场趋势、抑制过度投机氛围的一种手段,因而本节将以市场效率的视角,以印花税调整为例分析财政政策调整对资本市场的影响。

为了促进资本市场的平稳发展,我国政府把证券交易印花税作为调控资本市场的重要政策工具,试图通过调整印花税来规范市场主体行为、引导股票市场乃至整个金融市场的稳定运行和健康发展,证券交易印花税的调整成为投资者预测政府宏观政策动向的重要途径,以至于一个印花税调整的传闻就能使股票市场出现大幅波动。2010年3月24日有传言称2010年4月中旬可能提高印花税税率,2010年4月22日传言管理层将公布调整证券交易印花税方案,导致了当日上证指数跌33.8点,跌幅1.11%。2010年11月12日印花税税率调整传闻的再现使市场又一次遭受重创,当日上证指数大跌162.31点,深证成指暴跌958.40点。沪深股指均创下自2009年8月31日以来的14个月最大单日跌幅。可见,印花税税率的调整在某种程度上是市场波动的导火索,然而市场对每次印花税税率的调整的反应不尽相同,印花税税率调整对资本市场效率产生的影响并不明确,而这将是本节关注的重点（史金凤等，2012）。

一、印花税调整与资本市场效率

（一）印花税调整及其影响

我国自1990年首次开征证券交易印花税以来，对印花税作了多次调整，特别是前一段时间。2007年5月30日将税率从1‰调整为3‰，2008年4月24日又将税率从3‰调整为1‰，2008年9月19日再次调整证券交易印花税征收方式，对出让方按1‰的税率单边征收证券交易印花税，对受让方不再征税。我国政府把印花税作为宏观调控股票市场的一项重要工具，试图通过印花税的调整，影响投资者的心理预期机制的传导，从而改变资本的预期收益率，进而达到对股票价格及股票市场运行的调控。

在成熟的市场中，证券价格能够反映可获得的信息，可以为社会资源配置传递准确的信号，可以通过印花税税率的调整实现对资本市场的宏观调控。当市场处于下跌状态时，可以通过降低印花税，降低交易成本，使证券的价值增加，提高交易者的积极性，增强市场的流动性，促使市场朝上涨的方向发展。反之，印花税的增加，提高了交易成本，抑制频繁进出、短线炒作等行为，促使过热的市场趋于冷却。然而，历次印花税调整后的市场行为告诉我们一个事实：这样的调控手段在我国这样一个新兴市场不能很好地发挥作用。

我国市场中存在着大量的噪声交易者，其交易不以股票内在价值为基础，而是只关注证券价格的涨落，试图从价格涨跌中投机而获得收益。噪声交易者已经认识到了印花税调整本应有的作用，印花税的下调会带来市场流动性的增加，证券价值的提高。因而他们预期股价也应升高，为获得更多的收益大量增加股票的持有量，从而会在印花税下调后的短期内出现股价的过度上涨。同时，投资者对市场其他信息的敏感度减弱，证券价格不能充分反映市场信息，导致市场的信息效率降低，可能引起价格的进一步上涨。此时价格的上涨中出现了不以经济为基础的部分，而是以交易者对新信息的理解为支撑的。当投资者认识到这一点时，对市场的预期会变得更加悲观，会忽视证券的内在价值而急于抛售手中的证券，这导致市场大幅回落，从而引起证券价格的大幅波动。因此，印花税调整会引起短期内市场效率的降低。同样，印花税的上调也会产生类似的结果。

此外，印花税的增加，提高了交易成本，认识到这一点的交易者会积极减少自己的交易以避免税收增加对他的影响，从而减少了交易量，降低了价格的波动。然而，价格波动的降低往往伴随着资产价格的下降，资产价格的下降抵消了价格波动的下降，反而会造成资产收益率的波动性随着交易税的征收而明显增加，制造了投机的机会。市场中的投资者更多的不是通过价值投资获得一个平均收益，而是想从价格涨跌中投机获得收益。因此在投资时不会过多考虑交易成本，这使得印花税调节过程传递的更多的是一个政策信号，短期内市场会朝着政策制定者的方向运行，就中长期而言印花税调整则对股票市场几乎没有影响。

（二）印花税调整对资本市场影响的研究现状

目前，人们对证券交易税对金融市场的作用尚未达成一致的认识。证券交易税的支持者认为，证券交易税不仅可以产生大额的财政税收，还能够通过抑制噪音交易者的交易，减少投机，诱导投资者进行相对长期投资来减少过度波动。反对者却认为，证券交易税会增加交易成本，降低证券的价值，减少了流动性，降低市场效率，甚至会迫使一些交易转向其他国家。托宾（Tobin，1984）认为，证券交易税使短期交易者倾向于作长期投资以避免税收带来的损失，从而降低股票价格的波动性，提高市场的稳定性。萨默斯和萨默斯（Summers and Summers，1989）认为，股票市场的波动主要源于噪声交易，交易税的存在增加了交易成本，减少噪声交易，从而使得价格与基本价值的偏离减小。斯蒂格利茨（Stiglitz，1989）认为，没有任何信息或拥有非常好的信息的交易者的交易频率低于噪声交易者的交易频率，因而交易税对噪声交易者的影响更大。因此，提高证券交易税可以减少噪声交易者的交易量，进而降低噪声交易者对股票价格波动的负面影响，有效降低过度波动。罗尔（Roll，1989）通过分析23个国家1987～1989年的股票收益波动，发现波动率不依赖于交易税。乌劳夫（Umlauf，1993）的研究发现，1986年瑞典的交易税增加后，11支交易最活跃的瑞典股票60%的成交量转移到了伦敦，这些转移的成交量相当于瑞典股票市场所有交易量的30%。到1990年，该份额增加到50%左右。坎贝尔和弗鲁特（Campbell and Froot，1995）认为，在金融市场中引入证券交易税有很多缺点。如果在某一金融市场中交易需要交纳证券交易税，而其他市场中不需要，则交易易于从征税市场转移到无征税市场。胡（Hu，1998）分析了亚洲市场14次交易税变化的影响，得出交易税对交易量的影响并没有统计意义上的显著性，其结果不支持交易量因交易税的调整而转移到其他市场的论断。巴塔基等（Baltagi et al.，2006）分析了中国1997年印花税调整对股票市场的影响，发现印花税调整后市场波动率显著增长，市场效率降低。萨胡（Sahu，2008）的研究引入证券交易税对印度股票市场波动和流动性的影响，结果表明，证券交易税的引入对市场的波动没有影响，也不会扭曲流动性。盖尔曼和伯霍普（Gelman and Burhop，2008）研究柏林股票市场交易税调整对市场信息效率的作用，结果不能证明交易税的增加与市场的弱式有效性有负相关关系。

国内关于印花税调整对波动性影响的观点也各有看法。东北财经大学金融工程研究中心与华夏证券研究所联合课题组（2002）对中国证券市场交易费用的市场效应作了经验研究，发现沪深两市对印花税调整反应非常敏感。在10个交易日内市场反应最大，随着时间的推移，反应效应逐渐减小。范南和王礼平（2003）采用统计检验、事件研究和GARCH模型研究发现，印花税上调提高了市场收益的波动性，而印花税下调则降低了市场收益的波动性。史永东和蒋贤锋（2003）认为，税率增加将会提高市场波动性和噪声波动性，税率减少则导致市场波动性和噪声波动性一定程度的下降。曹红辉（2003）认为，过高的印花税率提高了交易成本，降低了投资者预期收益，使得投资者为收回投资成本而扩大了价格波动范围，从而引起市场更大的波动。在股票市场持续非理性上涨时，证券交易印花税并没有起到抑制投机的作用。王新颖（2004）运用单因素方差分析发现，2001年印花税下调对沪深大盘指数波动性的影响较大。

可见，目前国内的研究主要集中于分析印花税调整对收益波动性的影响。然而，随着金融在现代经济中地位的日益突出，金融市场效率的高低成为制约整个经济发展的重要因素，从市场整体上分析政策调整对市场效率的影响具有更重要的意义。因而，我们试图从市场效率角度分析印花税调整对我国股票市场的影响。

二、印花税调整对市场效率影响的研究设计

市场达到弱式有效时，未来股票价格的变化不能由历史价格预测。因此，未来价格变化的无条件期望应等于未来价格变化的所有历史价格条件下的条件期望，即

$$E[P_{t+1} - P_t \mid P_t, P_{t-1}, \cdots] = \mu = E[P_{t+1} - P_t] \tag{5-11}$$

式中，P_t为时刻t的价格；E为一个期望算子；μ为常数。式（5-11）说明在一个弱式有效市场中，投资者任何时候的期望收益均为常数。因而，在这种情况下价格序列可以用下列的随机过程来描述：

$$P_t = \mu + P_{t-1} + \varepsilon_t \tag{5-12}$$

或

$$R_t = \mu + \varepsilon_t \tag{5-13}$$

式中，$R_t = \ln P_t - \ln P_{t-1}$为连续复利收益；$\varepsilon_t$为不相关的零均值随机误差过程。

任何序列与式（5-13）的偏离都可以解释为市场无效的证据，偏离越大意味着市场的效率越低盖尔曼和伯霍普（Gelman and Burhop, 2008）。收益序列自相关性增加暗含着误差序列相关性的增强，说明该序列与式（5-13）的偏离增大。序列中的自相关系数在某种程度上是刻画市场效率的指标。因而本文通过检验政策冲击是否导致序列内相关性的变化来判断其对市场效率的影响。如果政策变化确实致使市场效率的降低，这将导致式（5-14）中除α_0外的所有系数的绝对值的增加

$$R_t = \alpha_0 + \alpha_1 R_{t-1} + \alpha_2 R_{t-2} + \cdots + \alpha_p R_{t-p}$$

$$+\varepsilon_t+\beta_1\varepsilon_{t-1}+\cdots+\beta_q\varepsilon_{t-q} \tag{5-14}$$

引入时间开关变量 D_t 的模型（5-15）适用于在两间段内有不同特征的收益序列，能够很好地捕捉政策冲击引起的结构性转变

$$R_t = \mu_0 + \mu_1 R_{t-1} + \mu_2 D_t R_{t-1} + \varepsilon_t \tag{5-15}$$

其中

$$D_t = \begin{cases} 0, & 1 \leqslant t < t^* \\ 1, & t \geqslant t^* \end{cases}$$

t^* 为时间开关（本文中为印花税调整日），如果政策冲击引起收益序列的结构性变化发生时，时间开关变量的系数将是显著不为零的。如果没有结构变化发生时，时间开关变量的系数将是不显著的。μ_1 反映的是序列中的一阶自相关系数，μ_2 则描述了政策冲击对一阶自相关系数的影响。如果 $\mu_1+\mu_2$ 的绝对值大于 μ_1 的绝对值，则说明收益序列中相关性增强。

由于印花税调整前后时间序列均值方程和方差方程均有可能发生结构变化，本书在均值方程和方差方程均增加了时间开关变量。通过单位根检验、自相关系数、偏自相关系数，以及 AIC、SIC 值等，可知带有时间开关变量的 GARCH 模型（5-16）与（5-17）能很好地拟合所选数据

$$R_t = \mu_0 + \mu_1 R_{t-1} + \mu_2 D_t R_{t-1} + \varepsilon_t$$
$$\mathrm{Var}(\varepsilon_t \mid I_{t-1}) \equiv \sigma_t^2 = \alpha_0 + \sum_{i=1}^{p}\beta_i\varepsilon_{t-i}^2 + \sum_{j=1}^{q}\gamma_j\sigma_{t-j}^2 + \alpha_1 D_t \tag{5-16}$$

式中，I_t 为 $t-1$ 时刻的信息；ε_t 服从广义误差分布。

$$P_t = \mu_3 + \mu_4 D_t + \varepsilon_t \tag{5-17}$$
$$\mathrm{Var}(\varepsilon_t \mid I_{t-1}) \equiv \sigma_t^2 = \alpha_0 + \sum_{i=1}^{p}\beta_i\varepsilon_{t-i}^2 + \sum_{j=1}^{q}\gamma_j\sigma_{t-j}^2 + \alpha_1 D_t$$

修正的 GARCH 模型（5-17）可以更好地分析印花税调整前后价格、收益率及其波动率的变化情况。在该模型均值方程中，μ_3 反映的是印花税调整前市场中价格的平均水平，$\mu_3+\mu_4$ 则描述了印花税调整后市场中价格的均值。如果均值方程的时间开关变量 D_t 的系数 μ_4 是显著不为零的，则意味着印花税的调整引起市场价格的平均水平发生了变化。模型中的方差则可以用来刻画波动率。如果方差方程中的时间开关变量的系数 α_1 是显著不为零的，则说明印花税的调整影响了市场的波动率。如果对应的时间开关变量的系数 α_1 大于零，则说明印花税的调整增大了指数收益率，增强了市场的波动，反之亦然。

三、中国印花税调整对市场效率影响的实证检验

（一）样本与数据选择

本书以 2007 年 5 月 30 日、2008 年 4 月 24 日和 2008 年 9 月 19 日的 3 次印花

税的调整作为事件,分别选用上证指数在 3 次调整日前后的 5 分钟数据(前后各 3 天)作为研究对象(记为 P_t),从市场效率视角分析印花税政策调整对股票市场的影响。由于现代股票市场的交易基于高效的网上交易,新信息的吸收速度相当快,所以选用前后共用了 6 天的 5 分钟数据分析政策的影响。数据的基本统计量如表 5-13 所示。

表 5-13 基本统计量

统计量	2007.05.30		2008.04.24		2008.09.19	
	5 分钟数据	日数据	5 分钟数据	日数据	5 分钟数据	日数据
均值	4179.87	3836.38	3373.22	3623.57	2031.82	2253.93
中数	4233.14	3906.33	3380.74	3473.09	2027.00	2148.27
最大值	4335.69	6092.06	3591.60	5497.90	2269.43	2920.55
最小值	3870.22	1759.39	3116.41	2319.87	1803.26	1706.70
标准差	121.8509	1249.51	161.0622	875.443	135.8509	373.6954
偏度	−0.6637	−0.0451	−0.0813	0.5685	0.1590	0.4050
峰度	2.1814	1.7759	1.2956	2.3231	1.7945	1.7960
JB 统计量	20.2680	18.8332	11.7258	12.1825	12.9523	10.5290
P 值	0.0000	0.0001	0.0028	0.0023	0.0015	0.0052

注:数据来源于 CCER 金融数据库

从表 5-13 中可见,6 个序列的偏度、峰度均与正态分布有差别,且 Jarque-Bera 检验的 P 值小于 0.01,在 1‰ 的水平下显著拒绝原假设,即 6 个序列均不服从正态分布,而表 5-14 说明数据中 ARCH 效应的检验则说明,6 个序列均存在 ARCH 效应,方差是随时间变化的,因而建立具有重尾分布的 GARCH 模型拟合时间序列是更好的选择。

表 5-14 异方差检验

统计量	2007.05.30		2008.04.24		2008.09.19	
	5 分钟数据	日数据	5 分钟数据	日数据	5 分钟数据	日数据
F	906.1272	3970.8400	174.7583	704.4482	2827.5360	743.8123
P 值	0.0000	0.0000	0.0000	0.0000	0.0000	0.0000
LM	163.4619	278.1925	91.7610	134.6521	186.0383	102.8257
P 值	0.0000	0.0000	0.0000	0.0000	0.0000	0.0000

(二)实证结果与分析

通过单位根检验、自相关系数、偏自相关系数及 AIC、SIC 值等,我们选择适合的带有时间开关变量的 GARCH 模型(5-16)拟合三次印花税调整前后各 3 天的 5 分钟数据的对数收益率,来分析印花税调整短期内对市场效率的影响,结果见表 5-15。从模型的残差检验来看,残差序列中都不存在 ARCH 效应,故而所估计的 GARCH 模型很好地描述了各个序列,是合适的模型。

表 5-15　印花税调整对市场效率的影响

系数		$R_t = \mu_0 + \mu_1 R_{t-1} + \mu_2 D_t R_{t-1} + \varepsilon_t$					
		2007.05.30		2008.04.24		2008.09.19	
		估计值	P 值	估计值	P 值	估计值	P 值
均值方程	μ_0	0.0273	0.0274	0.0235	0.4910	0.0000	0.9909
	μ_1	−0.1821	0.0095	0.0974	0.0000	0.1322	0.0000
	μ_2	−0.1820	0.0268	−0.2898	0.0000	0.0168	0.0000
方差方程	α_0	0.0546	0.0000	0.6607	0.0000	0.2482	0.3358
	β_1	−0.7997	0.0000	−1.2304	0.0000	6.1430	0.0696
	γ_1	0.0000	0.9999	−0.9954	0.0000	0.3273	0.0000
	α_1	−0.8289	0.0000	0.5269	0.0000	0.2474	0.3374
残差检验	F	0.8583	0.3550	0.0870	0.7683	0.0160	0.8994
	LM	0.8617	0.3533	0.0876	0.7673	0.0161	0.8990

均值方程中的系数 μ_1、μ_2 均在 1% 的水平下显著不为零，说明序列中存在相关性，而且印花税的调整对收益序列的相关性有显著的影响。在 3 次印花税调整前收益序列的一阶自相关系数约为 −0.18、0.09、0.13，在调整后变为 −0.36、−0.19、0.15，其绝对值均大于调整前的绝对值，表明印花税调整使收益序列的一阶自相关性增强。收益序列中的一阶自相关系数在某种程度上是刻画市场效率的指标，一阶自相关性增强意味着市场信息效率的降低。实证结果说明印花税的调整在短期内造成市场信息效率的降低，频繁地调整印花税将会降低整个市场的效率。所以印花税税率应该保持在一个相对固定的水平上，长期不变，而不应该作为股票市场宏观调控的经常性手段频繁使用。

我们用对原始数据作对数变换得到的收益序列来分析印花税调整对收益率及其波动率在短期和长期内的影响，分别对两组数据拟合前文中带有时间开关的修正的 GARCH 模型（5-17），然后再对 GARCH 模型的残差作异方差检验，估计结果见表 5-16、表 5-17。从表 5-16 和表 5-17 中可见，各个 GARCH 模型的残差检验均显著接受原假设，残差序列中都不存在 ARCH 效应，故而所估计的 GARCH 模型很好地描述了各个序列，是合适的模型。

表 5-16　印花税调整对收益率及其波动率短期影响

系数		$R_t = \mu_3 + \mu_4 D_t + \varepsilon_t$					
		2007.05.30		2008.04.24		2008.09.19	
		估计值	P 值	估计值	P 值	估计值	P 值
均值方程	μ_3	8.3616	0.0000	8.0379	0.0000	−22.1249	0.0000
	μ_4	−0.0583	0.0000	0.1430	0.0000	24.0888	0.0000
方差方程	α_0	0.0000	0.0772	0.0002	0.0000	3935.2630	0.0000
	β_1	0.9649	0.0000	0.7605	0.0000	−0.0018	0.0007
	γ_1	−0.1149	0.3642	0.0001	0.0000	−0.9987	0.0000
	α_1	0.0000	0.0199	0.0002	0.0000	26073.3200	0.0000
残差检验	F	0.0060	0.9384	0.6225	0.4311	−22.1249	0.0000
	LM	0.0061	0.9380	0.6271	0.4284	24.0888	0.0000

表 5-17　印花税调整对收益率及其波动率长期影响

系数		$R_t = \mu_3 + \mu_4 D_t + \varepsilon_t$					
		2007.05.30		2008.04.24		2008.09.19	
		估计值	P 值	估计值	P 值	估计值	P 值
均值方程	μ_3	7.9568	0.0000	8.3951	0.0000	−0.5924	0.0353
	μ_4	0.6129	0.0000	−0.4375	0.0000	0.7558	0.0779
方差方程	α_0	0.0005	0.1938	0.0007	0.0000	10.0944	0.0000
	β_1	1.0549	0.0028	0.6292	0.0000	0.0293	0.0046
	γ_1	−0.0814	0.4861	0.0573	0.4033	−1.0528	0.0000
	α_1	−0.0002	0.5311	−0.0003	0.2132	7.9840	0.0050
残差检验	F	0.0072	0.9327	0.4055	0.5251	0.1895	0.6641
	R^2	0.0072	0.9324	0.4094	0.5223	0.1924	0.6609

　　表 5-16、表 5-17 中的实证结果显示，均值方程中时间开关变量的系数显著不为零，而且前两次印花税税率的调整都表现出对股票收益短期的影响与其长期影响是相反的情况，在印花税调整对收益及其波动长期和短期影响检验的均值方程中，两次检验的时间开关变量的系数符号相反，且显著不为零，可以说印花税的调整对指数收益率有明显的影响，而且该政策的短期作用和长期作用相反。例如，2008 年 4 月 24 日印花税调整，5 分钟数据得出的时间开关变量的系数为 0.1430，而日数据得出的时间开关变量的系数为 −0.4375，均显著不为 0，并且前者为正值，后者为负值。也就是说，印花税税率的下调会使上证指数在之后几天内比下调印花税前上涨更多，然而在之后的几个月，印花税税率下调后的上证指数相对于没有调整的情况下跌得更猛。因而，调整印花税并不能改变大盘的基本态势，达不到预期的效果。

　　方差方程中的时间开关变量的系数在短期内显著不为零，而在日数据拟合的模型中，时间开关变量的系数的 P 值分别为 0.5311 和 0.2132，即时间开关变量的系数不是显著不为零的。故而，印花税的调整在短期内改变了市场的波动率，造成短期内剧烈的震荡，影响了市场的健康发展，但是，这个影响在长期内变得微不足道。也就是说，频繁调整印花税税率，会在短期内引起市场波动增大，造成套利机会，降低市场效率。总之，从市场效率角度来看，印花税的调整在短期内会引起市场效率的降低，价格波动和交易量的增加。基于在均值方程和方差方程中均引入时间开关变量的修正 GARCH 模型所作的实证分析的结果显示，印花税的调整对市场效率、收益率、波动率有显著的影响。印花税税率变动能在短时间内对市场造成剧烈冲击，从长期来看，这不过是徒增了市场波动的幅度而已，不仅避免市场大起大落的初衷不可能实现，甚至会影响市场效率。

四、印花税调整对市场效率影响的小结

本节以 2007 年 5 月 30 日、2008 年 4 月 24 日和 2008 年 9 月 19 日的 3 次印花税的调整作为事件，运用带有虚拟变量的 GARCH 模型，探究财政政策调整对资本市场效率的影响。实证结果与巴塔基等（Baltagi，2006）分析中国 1997 年印花税调整对股票市场的影响得出的结论一致，发现印花税调整后市场波动率显著增长，市场效率降低。但与盖尔曼和伯霍普（Gelman and Burhop，2008）研究柏林股票市场交易税调整对市场信息效率的作用得出的结论不一致。值得注意的是，盖尔曼的结果不能证明交易税的增加与市场的弱式有效性有负相关关系，而本书的实证结果却说明印花税的调整会导致投机机会的增加、市场效率的降低。究其原因，我们认为主要是我国市场的信息透明度低，法制不健全。在成熟的市场上，投资者不能利用公开的信息获得超额收益，印花税调整这一信息的公开不会引起市场的大幅波动，而目前我国证券市场价格的形成缺乏合理性且无内在的稳定机制，价格波动不是主要取决于经济发展状况与公司的基本面情况，而是对内部消息反应敏感。当印花税调整这一关系到所有投资者切身利益的政策的制定和实施并不是很公开透明时，特别像"5.30 印花税调整"，基本上是半夜政策，先得到信息的投资者就可以利用其得到超额收益。因而，在我国资本市场上运用印花税这一政策调控工具还需更加谨慎，应通过媒体充分报道增加信息的透明度，公开征求多方利益相关者的意见，制定法律依据的方法确定其税率，使市场的印花税率保持当前的稳定状态，防止"印花税调整"传闻成为不法分子操纵市场的工具。同时，还需不断完善我国资本市场，建立健全的法律制度，增强市场的公开性和透明度，提高市场的效率。

第四节 小 结

制度的完善是提升资本市场的有效途径，然而不同的政策究竟会对市场产生怎样的影响尚不明确，本章正是着眼于股权分置改革、利率调整、印花税调整来探究制度变革对资本市场的影响，寻求提升资本市场效率的有效途径。我们首先采用三因子模型对比分析股权分置改革前后的资本市场，发现股权分置改革后资本市场的效率提高了，而资本市场的系统性风险减小了，这表示股权分置改革这一完善市场运行机制的制度能够改善资本市场的配置功能，是提升资本市场效率的有效方法。其次，我们采用事件研究法通过分析 20 次利率调整前后市场的表

现，发现不同的市场条件下利率调整会有不同的表现，只有未被投资者预期的信息才会对股票市场产生明显影响，市场信息的透明度对政策的实际效用有很大的影响，货币政策的使用还需市场的进一步健全，加强市场的公开和透明是提升市场效率的有益途径。最后，我们通过带有虚拟变量的 GARCH 模型分析三次印花税调整公告前后市场的效率，发现印花税调整公告后市场波动率显著增长，市场效率降低，印花税税率调整这一财政政策还不能很好地用于市场效率的提高，如何使用财政政策改善资本市场还有待进一步研究。

第六章　上市公司质量改进与资本市场效率

　　上市公司作为资本市场资源配置的主要载体，其质量高低和运作效率，会计业绩和财务情况，尤其是其是否拥有持续、核心的竞争力，反映了公司当前的经营水平、运营效率及市场价值，而公司成长性则反映了企业未来发展前景，决定了股价的长期走势，直接影响股票市场的质量和股票市场对投资者的吸引力，上市公司质量提升是资本市场效率改进的关键和推动力。

　　随着我国股票市场的快速发展，上市公司的数量和规模都有了大的发展，上市公司的数量从1990年的10家增加到2000年的1088家，再到2010年的2063家，股票筹资额也从1991年的5亿元增加到2000年的2103.04亿元，再到2010年的11971.93亿元，2010年年底上市公司股票市价总值也占到了当年GDP的66.69%。因此，从整体上看，上市公司不仅在建立现代企业制度方面成为我国众多企业中的先行者，而且已经成为国民经济各行业的领头兵，也是我国经济运行中最具发展优势的群体。在我国上市公司构成中，较早上市的公司几乎都是国有大中型企业，有着很强的地方经济支柱背景，或者是政府支持企业。随着证券市场的发展，随后上市的公司或者依然是地方经济支柱、地区品牌企业、行业龙头，或者就是业绩好且有发展潜力的企业，因此，各地市战略性新兴产业领域、有较强核心竞争力的自主创新能力型企业步入上市公司行列，其中，高新技术企业占了一定比例。可以说，上市公司引领科技创新，也成为保证证券市场质量和未来繁荣发展的根基。实际上，在2006年国务院发布《国家中长期科学和技术发展规划纲要（2006—2020年）》确立创新型国家发展战略之时，就明确了企业是自主创新主体，以及企业在国家创新体系中的主导地位，在此背景下，我国企业普遍增强了创新意识，加大了研究与开发（R&D，简称研发）的投入力度，并且积极创办、申请加入国家级、省级或市级企业技术中心。持续大额的R&D投入对上市公司的经营业绩、财务结构、成长能力等有积极的作用，对公司核心竞争力形成的促进作用在逐渐凸显，进而会对其市场价值的提高产生重大影响。基于此，本章着眼于股票市场效率提升的原动力，从上市公司的微观层面研究作为公司重大投资的R&D支出对公司价值增长和成长性的作用和效果，进而从上市公司质量改进方面来探讨资本市场效率提升的途径。

本章研究结论为企业可持续发展提供理论指导，论证和支持了企业特别是上市公司自主创新R&D投入、赢利能力和发展潜力是实体经济长足发展的基石，是从根本上稳定股票市场、提升市场效率的关键的观点。

第一节 R&D企业的界定和R&D投资特性

R&D是企业日常生产经营活动的重要部分，是促进该企业发展的主要因素。R&D型企业，主要指R&D活动频繁，R&D投资占企业总投资的比例高的企业。R&D型企业通常设有独立运作的技术中心，负责制订和执行企业技术发展规划。在国际上，学者们普遍认为R&D投资密度高于3%的企业一般具有较强的R&D能力，被称为R&D型企业，而对于高新技术企业而言，R&D投资密度高于5%时才被认为是R&D型企业。国外的大型跨国集团基本上都是R&D型企业，其R&D投资密度一般都远远超过5%，有的甚至超过了20%。相比之下，国内企业的R&D投入相对较少，R&D力量相对薄弱。国家级企业技术中心的认定、高新区的规划、高新技术园区的设立等，为国内企业加大R&D投资密度，迈向R&D型企业创造了条件。

R&D支出是企业的一项特殊支出项目，认识和加深理解R&D投资特性，对体会R&D投资之于企业价值、企业成长性的作用和意义，很有必要。从R&D所形成的科技成果及其转化应用能为企业带来巨大的未来经济利益所体现的收益性特征来看，企业R&D活动实质还是一种长期投资行为，R&D支出是一项长期资产投资计划，于是，企业R&D投资战略决策一经确立，便会在较长时间内影响企业，特别是投资所形成的无形资产可以持久地给企业带来超额收益。但从R&D活动的整个过程和管理来看，无论是作为企业一个独立的研发单位所发生的所有支付，还是作为一个独立核算的R&D项目所发生的支出，R&D又表现为一项日常经营性活动的开支，类似于企业营运资金的运作，如R&D过程中消耗的原材料、直接参与R&D活动人员的薪酬、R&D过程中发生的租金等，这些支付次数频繁，各期发生的金额波动性大，资金占用形态灵活性强，监督和管理成本高，且监管技术难度大，管理层往往更倾向于将其视为日常经营性开支并作费用化处置。正是由于R&D支出兼具长期资产投资与短期经营性支出的双重特性，对R&D支出费用化或资本化的界定，存在很大的模糊性，这导致了管理层对此有很大的自主决定权，于是这种酌量性支出的披露可能会与企业真实情况出现大的偏差。由于管理层在R&D投资的数额上有较大的自主支配空间，对R&D支出的会计计价也一直是相关准则制定机构和会计实务界的一个棘手的难题。在2007年之前，我国会计制度规定企业 R&D 支出均采用费用化处理，计入当期损益。随着技术、人力资源等在企业发展中地位和作用的日益凸显，R&D 支出在企业的经营支出中所占比重越来越大，为了与国际会计准则趋同，2006 年颁布的新会计准则对 R&D 支出的会计处理作了调整，将 R&D 活动分为研究和开发两个阶段，规定研究阶段的支出全部于发生时计入当期损益，对开发阶段的支出，则进行有条件的资本化。

鉴于上述对 R&D 支出具有长期资产投资与短期经营性支出的双重特性的剖析，以及 R&D 支出会计处理模式选择的难断，更考虑到相比企业固定资产投资和日常经营性开支需求的刚性预算而言，R&D 支出表现出软约束投入要求，R&D 项目为管理层进行盈余管理留下了巨大的空间。由于上市公司的信息披露会产生市场反应，业绩亏损表明经营者管理不善，这不仅直接影响经营者的报酬，而且还会影响公司的股票价格，为此，管理层极有可能为了避免亏损、盈余下降或迎合市场预期而利用 R&D 支出进行盈余管理以期制造利好消息。但同时管理层削减 R&D 投资势必会损害公司核心竞争力形成的基础，从长期来看，通过这种盈余管理方式带来的短期利润上升可能会以企业长期价值减少为代价，抑制企业的长期价值增长，并导致股价下跌，对公司长远发展有害而无益。从这个思路出发，探究 R&D 支出的会计盈余管理问题，也是学界关注的一个研究问题，本书的立论观点是市场有效，投资者可以识别并且过滤掉 R&D 信息中的会计盈余管理噪声，认为上市公司披露的 R&D 信息真实、客观、可靠。

第二节 R&D 的价值相关性及研究回顾

R&D 是企业竞争优势和可持续发展能力的重要驱动力之一，是企业在激烈的市场竞争中培育成长能力、形成特色和在市场竞争中胜出的投资保障。对于公开上市交易的公司而言，R&D 投入这一积极的消息流入市场，会被投资者识别和认可，必然带来公司未来价值的提升，从而反映在股票价格中，进而反映在股票收益的未来分配中。但 R&D 投资结果具有很大的不确定性，不仅获得回报的周期可能会很长，而且还有投资失败的可能，颗粒无收，导致巨大的损失。大额的 R&D 投资会减少企业利润分配的资金量，也可能带来未来收益的机会。因此，在风险与收益关系权衡面前，R&D 活动是以潜在的公司高回报为主要特征的，相应地会出现股票市场收益的高回报特征。对于外部投资者而言，关注公司 R&D 投资活动就意味着他们必须在公司的现实利益与长远利益中做出抉择。由此可见，作为现代企业的一种重大投资，在伴随高风险的同时，R&D 活动对企业质量改进是至关重要的，是上市公司做强做大的强大助推器，有助于夯实资本市场微观基础，促使资本流向有增长潜力的好公司，并逐渐淘汰差的公司，实现整体资源的优化配置。

由于R&D支出信息并非上市公司的强制披露项目，利用公开信息搜寻R&D数据较为困难，所以直接利用上市公司R&D信息进行实证研究的文献较少。随着企业R&D信息披露意识的普遍增强，利用上市公司公开信息搜寻R&D支出数据在实际操作方面也具有一定的可行性，鉴于中小企业板（简称中小板）上市公司具有R&D活动密集和成长性突出的显著特征，生物制药行业和电子信息行业上市公司具有高R&D密度，我们分别以中小板、生物制药行业和电子信息行业上市公司为研究对象，探讨作为企业的重大投资——R&D项目对提高企业成长性和提升市场价值的作用。

虽然R&D投资会导致收益性方面存在极大的不确定性和投资风险，但学者倾向于认为，从长远来看，它可以提高企业成长性，具体表现在提高销售增长率、利润增长率、总资产增长率等方面，而这些都是企业价值提升的内在动力。曼斯菲尔德（Mansfield，1962）对美国钢铁行业和石油行业的研究表明，成功进行了R&D活动的样本企业，其销售增长率比同类企业增加了两倍，R&D活动显著促进了公司成长，且小型公司R&D活动对成长性的正向影响尤为明显。莫尔利（Mowery，1983）的研究也发现，1933~1946年美国制造业公司的R&D支出对成长性有明显的促进作用，这种现象在大型公司和小型公司中都存在。之后，又有很多研究进一步证实了"有研发活动的公司比没有研发活动的公司发展更快"或"研发投资对企业成长有正向影响"这一说法，如罗珀（Roper，1997）、蒙特和帕帕尼（Monte and Papagni，2003）等，针对不同的研究样本，采用不同的研究区间，都证实了R&D投资可以有效促进企业的成长性。特别是科德和饶（Coad and Rao，2007）还采用分位数回归方法识别了不同成长阶段R&D投资对公司成长性的影响差异，发现处于高成长阶段的公司，其R&D投资与成长性之间的相关性更强。也有部分研究不支持R&D支出与公司成长性存在正相关关系的结论，如伯塔兹等（Bottazzi et al.，2001）关于世界前150家医药行业公司的研究并未发现R&D产出与公司成长性之间存在关联关系。

对于上市公司来说，R&D投入带来公司未来价值的提升通常反映在股票价格中，股票收益在有效市场理论框架下是衡量公司价值的重要指标，对公司价值的研究可以用股票收益来代替。由于会计收益是衡量公司价值基本面的基础性指标，格拉博斯基和米勒（Grabowski and Mueller，1978）最早研究了R&D投资和无形资产投资对会计收益率的影响，他们根据公司无形资产支出调整会计收益率，通过分析不同行业的公司其R&D密度和调整会计收益率之间的相关性，证明了

R&D密集型行业的公司会出现超额收益。考虑到对于上市公司而言，股票的市场价值更能持续反映出公司内在价值的波动，学者们转而用股票市场价值或股票收益来代表公司价值。帕克斯（Pakes，1985）研究了R&D费用和公司股票市场价值变动的关系，结果发现，长期的R&D活动导致公司股票市场价值的重估，并且R&D费用的增加会带来公司市场价值的提升。程等（Chan et al.，2001）的研究又发现，R&D型公司的平均收益与非R&D型公司的平均收益相似，纵向来看，R&D密度高的公司其投资收益率高，反映出R&D密度与收益率的正相关关系。钱伯斯等（Chambers et al.，2002）则探讨了R&D密集型公司超额收益的来源，实证得出R&D投资水平及其变化与随后公司股票的超额收益正相关，进一步支持了常等2001的结论。格瑞利彻（Griliches，1981）、科伯恩和格瑞利彻（Cockburn and Grilliches，1988）的研究成果都支持了这样的观点：高的R&D投入与高的市场价值相关联。

随着我国企业创新意识的增强及对R&D活动的日益重视，国内学者也开始关注R&D支出对公司价值提升和质量改进的影响。张维迎等（2005）关于中关村科技园区企业的研究显示，与企业处于收缩阶段相比，R&D投入对成长性的影响在企业扩张时更大。周亚虹和许玲丽（2007）用净利润率代表企业业绩，探讨了中国民营企业R&D投入强度对业绩的影响，发现R&D投入在其投入后（不包括投入当期）的一年之内对企业业绩具有显著影响，这种影响呈现倒U形关系。李涛等（2008）对制造业和信息业上市公司的研究指出，科研经费投入和R&D密度（用R&D支出与主营业务收入之比表示）都对公司成长能力有突出贡献。而陈晓红等（2009）则认为技术创新程度与中小企业成长性之间也呈现先升后降的倒U形关系。梁莱歆和韩米晓（2008）则把企业的R&D活动作为高新技术企业价值链的起点和核心，建立了R&D活动对企业总价值贡献的数学模型，指出只有将企业的R&D、生产、营销等活动有机调动和整合起来，才能实现企业价值的最大化。张信东等（2008）则从企业系统风险的角度讨论了R&D投资与系统风险的关系，认为R&D投资给企业带来超额收益的同时也会增加企业的系统风险，并指出只有不断持久的R&D投入才是企业价值持续增长的最根本源泉。

这些研究表明，我国学者也开始关注这个领域问题的研究，但由于R&D支出信息并非上市公司的强制性披露项目，通过公开渠道收集R&D数据较为困难，国内直接利用上市公司R&D数据信息进行实证研究的文献较少。随着企业R&D信息披露意识的普遍提高，利用上市公司公开信息搜寻R&D支出数据在实际操作方面也具一定的可行性，这为本章基于R&D投资手工采集数据资料，从R&D是否能促进企业成长及增加市场价值两个维度，探寻企业R&D投资对改进上市公司质量，夯实资本市场基础，增进资本市场效率，进行相关实证研究奠定了基础。

第三节　R&D 投入与公司成长性

　　为了能在日趋激烈的国际化的竞争环境中赢得更大的生存和发展空间，获得源源不断的成长动力和持久的竞争优势，企业必须主动开展 R&D 活动。在构建创新型国家发展战略方针的指导下，我国政府不仅采取多项优惠政策鼓励公司进行自主研发活动，而且积极地为企业规避 R&D 风险建立保障机制。受各种内外部环境的影响，我国企业已普遍增强了自主创新意识，加大了 R&D 投入，那么，如此持续、大额的 R&D 支出是否真正提升了企业的核心竞争力，是否显著促进了企业的成长？我们先来探讨这一问题（张信东等，2010）。

一、研究假设

　　信号传递理论认为，高质量的公司一般通过传递利好信号将自己与较次的公司区别开，市场通常会对利好信息做出积极反应。受这种理论的影响，投资者总是乐于投资积极披露 R&D 情况的公司，因为企业过去及目前的 R&D 支出在一定程度上意味着其在未来是否可能会有较好的成长能力和发展前景。然而，任何一项 R&D 活动都是一个漫长的过程，从确立项目到产品研制成功，再到产品进入市场，最终只有当新产品在市场上有很好的表现时，R&D 支出才能真正实现经济效益，促进公司快速成长，因此 R&D 支出对公司成长性的影响通常表现出滞后性。同时，在激烈的竞争环境中，企业的研发成果很快会被别人超越，通过自主研发取得的竞争优势可能只能保持较短的时间，因此 R&D 投资也可能表现出短期效应，即随着时间的推移，R&D 支出对公司成长性的促进作用逐渐减弱。基于以上分析提出第一个假设。

　　H_1：R&D 支出对公司成长性有正向促进作用，且这种影响存在一定的滞后性和短期效应。

　　R&D 能力的提高并不仅仅依赖于公司的某一个 R&D 项目，只有通过连续累积的 R&D 投资，公司才能不断开发高新技术，进行资源整合，建立竞争优势，从而使自身在激烈竞争的市场中保持快速成长趋势。由此我们提出第二个假设。

　　H_2：累积 R&D 支出能够促进公司成长。

　　企业生命周期理论认为，公司在其形成、成长、成熟、衰退的不同阶段通常会有不同的成长需求。R&D 支出对成长性的影响可能与企业自身所处的成长阶段有关，处于高成长阶段的公司，其 R&D 支出对成长性的影响可能更大。由此提出第三个假设。

H₃：当公司处于高成长阶段时，其R&D支出对成长性的正向促进作用更大。

二、样本选取与数据来源

鉴于中小企业板上市公司具有研发活动密集和成长性突出的显著特征，我们选取2008年12月31日前在深圳证券交易所中小板上市的273家中小企业作为研究对象，剔除1家金融保险公司（宁波银行），最终以272家公司为我们的研究样本。R&D支出数据来源于中国证券监督管理委员会网站（www.csrc.gov.cn）中小板上市公司的首次招股说明书、增发意向书和年度报告，并以手工方式采集，评价公司成长性的财务数据来源于锐思金融数据库。

三、变量选择及模型设计

我们通过构建回归模型检验公司R&D支出对成长性的影响，以公司成长性为被解释变量，用成长性综合因子衡量。解释变量反映公司相对研发水平，采用R&D强度（RDR）和R&D密度（RDI）两个指标衡量。规模、赢利能力、财务杠杆、公司年龄对公司成长性也有影响（陈晓红等，2008），作为控制变量。相关变量及内涵见表6-1。

表6-1 变量定义表

变量	所选指标	变量符号	变量解释
被解释变量	成长性	Growth	成长性综合因子
解释变量	研发强度	RDR	研发支出与营业收入之比
	研发密度	RDI	研发支出与总员工数之比
控制变量	公司规模	Lnasset	资产总额的对数
	赢利能力	EBIT	息税前利润
	财务杠杆	Lev	资产负债率
	公司年龄	Age	公司的年龄

依据上述变量设计，构建回归模型如下：

$$Growth_t = \alpha_0 + \alpha_1 RDR_{t-j} + \alpha_2 Lnasset_t + \alpha_3 EBIT_t + \alpha_4 Lev_t + \alpha_5 Age_t + \varepsilon_t \quad (6-1)$$

$$Growth_t = \beta_0 + \beta_1 RDI_{t-j} + \beta_2 Lnasset_t + \beta_3 EBIT_t + \beta_4 Lev_t + \beta_5 Age_t + \varepsilon_t \quad (6-2)$$

式中，j为滞后期，取值为0，1，2，3。

四、实证结果与分析

（一）样本公司R&D支出披露情况

由于R&D支出属于上市公司的非强制性披露项目，出于商业秘密保护等目的的考虑，样本公司关于R&D支出情况的自愿披露动机不足。部分公司在年报附注的"管理费用"、"其他营业外支出"等科目中对R&D支出作了披露,也有部分公司以文字描述的方式对公司的R&D情况进行了定性披露。我们采集了这两部分数据,根据统计结果,2004~2007年样本公司年报中R&D支出的平均披露水平为37.43%。

年报中的R&D支出信息披露较少,但大部分公司在首次招股说明书或增发意向书中披露了其R&D支出情况。综合招股说明书、增发意向书和年报信息,样本公司R&D支出披露情况见表6-2。

表6-2 样本公司R&D支出披露情况汇总

年度	披露R&D数据的样本	披露R&D数据的样本比例/%
2007	124	45.59
2006	164	60.29
2005	200	73.53
2004	163	59.93

注:各年度的研究样本数都为272

从表6-2可以看出,2004~2007年样本公司R&D支出的披露水平相对较高,平均为59.83%。说明样本公司不仅频繁地进行了R&D活动,而且也积极地在公开信息中披露了R&D支出,充分体现了该板块公司对R&D活动的重视程度。

(二)公司成长性综合因子

公司成长性的评价涉及众多指标,单一指标虽然简洁明了,但其所反映的信息不全面,而采用多个指标评价公司成长性的方法也有很多。本文选取26个财务指标(包括正指标和逆指标)客观评价公司的成长性,涵盖成长状况的各个方面。这里选用因子分析法建立成长性评价模型,充分利用原始变量信息得到一个公司成长性的综合评价指标。

由于样本公司2004年和2005年的财务数据大量缺失(中小板创立于2004年5月,研究样本中的多数公司在2004年、2005年还未上市),所以我们选取272家公司2006~2008年的财务指标研究其成长性。剔除个别公司有数据缺失的样本观测值后,进行因子分析的面板数据为726。对相关的逆指标取倒数,用主成分分析方法对原始指标提取主因子,提取的前五个主因子解释了总体方差的76.96%,说明所选因子可以包含原始变量的大部分信息,得到的主因子负载矩阵如表6-3所示。

表 6-3　主因子负载矩阵

原始变量	F_1	F_2	F_3	F_4	F_5
流动比率	0.7771	−0.3253	0.4183	0.0153	0.2375
速动比率	0.7839	−0.3245	0.4187	−0.0163	0.2396
超速动比率	0.7775	−0.3276	0.4193	−0.0055	0.2339
资产负债率的倒数	0.7612	−0.3672	0.3664	−0.0486	0.2796
产权比率的倒数	0.7623	−0.3657	0.3706	−0.0483	0.2748
销售净利率	0.8143	0.3522	−0.1426	−0.1468	−0.1233
销售毛利率	0.8199	0.1437	−0.2737	−0.1902	−0.2528
销售成本率的倒数	0.7063	0.1158	−0.1175	−0.2538	−0.2003
资产净利率	0.4462	0.5957	0.0373	−0.2852	−0.2364
净资产收益率	0.1261	0.7048	−0.0085	−0.3412	−0.1716
主营业务利润率	0.8247	0.1393	−0.2675	−0.1962	−0.2434
营业利润率	0.7934	0.3962	−0.1693	−0.1267	−0.1207
成本费用利润率	0.8441	0.2815	−0.1356	−0.1872	−0.1028
资本保值增值率	0.1896	0.2192	0.4602	0.4728	−0.3963
净资产增长率	0.2503	0.0812	0.4362	0.5994	−0.3583
净利润增长率	0.2341	0.5996	−0.2436	0.2402	0.5293
主营业务收入增长率	0.0406	0.3267	0.0674	0.5781	−0.0684
主营业务利润增长率	0.1095	0.4446	−0.0094	0.5504	0.0298
营业利润增长率	0.1916	0.5615	−0.2322	0.2862	0.5501
利润总额增长率	0.2319	0.6288	−0.2452	0.2855	0.5472
总资产增长率	0.3018	0.1724	0.3243	0.6397	−0.3718
应收账款周转率	−0.1156	0.2947	0.6019	−0.2082	0.0476
流动资产周转率	−0.4413	0.5132	0.4596	−0.3322	0.0621
总资产周转率	−0.4156	0.5272	0.5578	−0.2791	0.0671
股东权益周转率	−0.4764	0.5075	0.4817	−0.2512	0.0630
应付账款周转率	−0.1157	0.2942	0.6019	−0.2083	0.0472

由表 6-3 可以看出，第一主因子（F_1）在销售净利率、销售毛利率、销售成本率、主营业务利润率、营业利润率、成本费用利润率上的载荷较大，体现了公司的赢利能力；第二主因子（F_2）反映公司成长能力和基于股东利益的成长性，在资产净利率、净资产收益率、净利润增长率、主营业务收入增长率、主营业务利润增长率、营业利润增长率、利润总额增长率 7 个指标上有较大载荷；第三主因子（F_3）在应收账款周转率、流动资产周转率、总资产周转率、股东权益周转率、应付账款周转率上的载荷较大，反映了公司资金周转状况；第四主因子（F_4）反映公司规模扩张能力，在资本保值增值率、净资产增长率、总资产增长率上有较大的载荷；第五主因子（F_5）在流动比率、速动比率、超速动比率、资产负债率、产权比率 5 个指标上有较大载荷，体现公司的资本结构。以贡献率为权重定

义公司成长性的综合因子 Growth 如下：

$$\text{Growth} = \frac{30.86 \times F_1 + 16.44 \times F_2 + 12.25 \times F_3 + 9.99 \times F_4 + 7.44 \times F_5}{76.96}$$

(6-3)

式中，F_1、F_2、F_3、F_4、F_5 分别为赢利因子、成长因子、资金周转因子、规模因子、资本结构因子。在下面的研究中，用综合成长性因子 Growth 的值来代表企业成长性，将其作为被解释变量与解释变量、控制变量进行回归分析。

(三) R&D 投入对公司成长性影响的初步研究

我们考察了无滞后期、滞后一期、滞后二期、滞后三期和三年累积 R&D 支出对公司成长性的影响。对模型（6-1）和模型（6-2）运用普通最小二乘（OLS）回归方法作回归系数估计和相关检验，回归方程全部通过显著性检验，结果如表 6-4 所示。其中模型的拟合优度较好（R^2 值多数大于 40%），大部分回归系数都显著，说明选择样本数据对模型（6-1）和模型（6-2）的拟合情况良好。

从表 6-4 可见，解释变量（R&D 强度或 R&D 密度）的回归系数值 α_1 和 β_1 都为正数，且多数在 1% 的水平上显著，说明 R&D 支出对公司成长性具有显著的正向影响。同时也能看出，R&D 支出对公司成长性的正向影响存在滞后性。进一步观察表 6-4 中 (2)、(3)、(4) 列系数 α_1 和 β_1 估计值的变化情况可得，公司 R&D 支出对其成长能力的影响显现出滞后一年时促进作用更大的特征，一年后这种正向影响有所减弱，这说明 R&D 支出对公司成长性的促进作用存在短期效应。由此，假设 H_1 得以证实。

表 6-4 R&D 支出与成长性综合因子的均值回归结果

系数	无滞后期 (1)	滞后一期 (2)	滞后二期 (3)	滞后三期 (4)	三年累积 (5)
模型 (6-1)					
α_1	0.2073** (3.30)	0.3082*** (6.46)	0.2434*** (3.79)	0.2335** (2.32)	0.1968*** (6.37)
α_2	0.0064 (0.17)	−0.0793*** (−3.50)	−0.1106*** (−4.22)	−0.1265* (−2.09)	−0.0704 (−1.49)
α_3	0.1083*** (3.83)	0.2095*** (10.55)	0.2082*** (10.16)	0.2560*** (6.71)	0.1961*** (6.30)
α_4	−0.9502*** (−7.36)	−1.3036*** (−15.95)	−1.6565*** (−16.79)	−1.8433*** (−8.58)	−1.7253*** (−9.82)
α_5	−0.0096 (−1.58)	−0.0122*** (−3.31)	−0.0157** (−3.62)	−0.0223** (−2.82)	−0.0145** (−2.43)
R^2	0.2788	0.5536	0.5262	0.4203	0.7011

续表

系数	无滞后期 （1）	滞后一期 （2）	滞后二期 （3）	滞后三期 （4）	三年累积 （5）
\multicolumn{6}{c}{模型（6-2）}
β_1	0.0327*** (2.64)	0.0514*** (5.67)	0.0388** (3.03)	0.0344* (1.74)	0.0342*** (5.82)
β_2	−0.0135 (−0.35)	−0.1015*** (−4.56)	−0.1263*** (−4.93)	−0.1377** (−2.29)	−0.0708 (−1.48)
β_3	0.1087*** (−0.35)	0.2063*** (10.23)	0.2052*** (9.90)	0.2586*** (6.76)	0.1908*** (5.76)
β_4	−0.9862*** (−7.65)	−1.3477*** (−16.44)	−1.6913*** (−17.20)	−1.9064*** (−8.96)	−1.8717*** (−10.72)
β_5	−0.0116** (−2.07)	−0.0152*** (−4.26)	−0.0167*** (−3.93)	−0.0232*** (−2.92)	−0.0207*** (−3.35)
R^2	0.2681	0.5462	0.5215	0.4143	0.6851
样本数	275	426	454	290	160

*、**、***分别表示在10%、5%、1%的水平上显著；括号内为t值

表6-4第（5）列中系数α_1和β_1的估计值为正数，且在1%的水平上通过显著性检验。这说明三年累积R&D支出对公司成长性存在显著的正向影响，因此，累积R&D支出能够促进公司成长，假设H_2也得到了实证支持。值得注意的是，利用累积R&D支出与成长性综合因子Growth建立的回归方程，无论是模型（6-1），还是模型（6-2），其拟合优度都显著提高（R^2值约为70%），这说明累积R&D支出对公司成长性回归的解释效果和模型的可靠性更好。但第（5）列系数α_1和β_1的值并没有明显大于第（2）、第（3）、第（4）列的值，说明累积R&D支出对公司成长性的影响没有单期R&D支出对公司成长性影响的程度高，这一现象值得进一步研究。

从表6-4还可以看出，各控制变量与被解释变量之间也存在显著的相关性。其中，赢利能力与成长性的相关系数显著为正，而规模、长期负债水平、公司年龄与成长性间存在显著的负相关关系。

（四）不同成长阶段R&D投入对公司成长性影响的进一步研究

以上分析证实了R&D支出对公司成长性具有正向影响的结论，但当公司处于不同的成长阶段时，R&D支出对成长性的影响是否存在差异，存在何种差异呢？我们采用分位数回归方法（quantile regression），以5%为间隔，选取19个分位数水平，对模型（6-1）和模型（6-2）作基于分位数回归技术的相关检验。

实证结果显示，在采用滞后一期、滞后二期R&D支出与成长性综合因子建

立的分位数回归方程中,各个方程全部通过显著性检验,模型的拟合优度也较好(Pseudo R^2 的值都大于 30%)。滞后一期、滞后二期时的检验结果类似,为了简化,我们仅将滞后一期的 5 个代表性分位数水平回归结果列于表 6-5。

表 6-5 中系数 α_1 和 β_1 的值为正数,大部分在 1% 的水平上通过了显著性检验。且随着成长性分位数水平的提升,R&D 支出(R&D 强度和 R&D 密度)对成长性的回归系数也逐渐增大,说明与处于低成长阶段相比,处于高成长阶段时公司 R&D 支出对成长性的促进作用更大,假设 H_3 得到证实。

表 6-5 也显示,公司处于不同成长阶段时,各控制变量对成长性的影响也存在差异。规模对公司成长(α_2 和 β_2)具有显著的负面作用,在高成长阶段,负面影响相对较弱;赢利能力与成长性的相关系数(α_3 和 β_3)在各个成长性分位数方程中都显著为正,并且随着成长性分位水平的增加,这种正向影响明显增大;长期负债水平对成长性的影响(α_4 和 β_4)显著为负,且公司处于高成长阶段时,这种负向影响更大;当公司达到一定成长阶段时,年龄对成长性的负向影响(α_5 和 β_5)开始显现,表 6-5 中 25% 成长性分位水平以上,年龄与成长性综合因子的回归系数通过了显著性检验,且在该区间内年龄对成长性的负向影响随公司成长阶段的提升而增强。分位数回归进一步丰富了 OLS 回归中控制变量对成长性影响的结论,体现出控制变量对成长性影响的阶段特征。

表 6-5 R&D 支出对公司成长性影响的分位数回归结果

θ	10%	25%	50%	75%	90%	均值
			模型(6-1)			
α_1	0.1144*** (4.90)	0.1301*** (5.45)	0.1599*** (4.09)	0.2558*** (3.00)	0.5281** (3.98)	0.3082*** (6.46)
α_2	−0.1403*** (−12.89)	−0.1214*** (−10.79)	−0.1038*** (−5.57)	−0.0421 (−1.11)	−0.0438 (−0.88)	−0.0793*** (−3.50)
α_3	0.1462*** (17.34)	0.1613*** (16.80)	0.1867*** (11.62)	0.2055*** (6.02)	0.2513*** (4.55)	0.2095*** (10.55)
α_4	−0.5586*** (−15.95)	−0.8342*** (−22.25)	−1.067*** (−15.88)	−1.3359*** (−8.77)	−1.426*** (−5.27)	−1.3036*** (−15.95)
α_5	−0.0003 (−0.15)	−0.0057** (−2.51)	−0.0099*** (−3.39)	−0.0120** (−2.07)	−0.0150** (−2.23)	−0.0122*** (−3.31)
R^2	0.3528	0.3546	0.3511	0.3665	0.3936	0.5536
			模型(6-2)			
β_1	0.0128*** (3.03)	0.0156*** (5.45)	0.0161* (1.85)	0.0445*** (3.92)	0.0993** (2.59)	0.0342*** (5.82)
β_2	−0.1517*** (−15.45)	−0.1271*** (−10.79)	−0.1264*** (−8.10)	−0.0712*** (−2.76)	−0.0512 (−0.83)	−0.0708 (−1.48)
β_3	0.1556*** (20.15)	0.1612*** (16.80)	0.1895*** (13.43)	0.2062*** (8.37)	0.2449*** (3.34)	0.1908*** (5.76)

续表

θ	10%	25%	50%	75%	90%	均值
β_4	−0.5738*** (−16.63)	−0.8369*** (−22.25)	−1.1040*** (−19.01)	−1.3571*** (−12.45)	−1.5832*** (−4.38)	−1.8717*** (−10.72)
β_5	−0.0017 (−0.88)	−0.0047** (−2.51)	−0.0089*** (−3.52)	−0.0162*** (−3.81)	−0.0232* (−2.35)	−0.0207*** (−3.35)
R^2	0.3450	0.3473	0.3416	0.3692	0.3758	0.6851

*、**、***分别表示在10%、5%、1%的水平上显著；括号内为t值

图 6-1 和图 6-2 刻画了滞后一期、滞后二期 R&D 支出对公司成长性影响的变化趋势，表明公司在处于不同成长期时，公司 R&D 支出对成长性的影响具有明显的阶段特征，其中横轴表示成长性分位数水平，纵轴分别为 R&D 强度、R&D 密度对成长性综合因子 Growth 的回归系数。

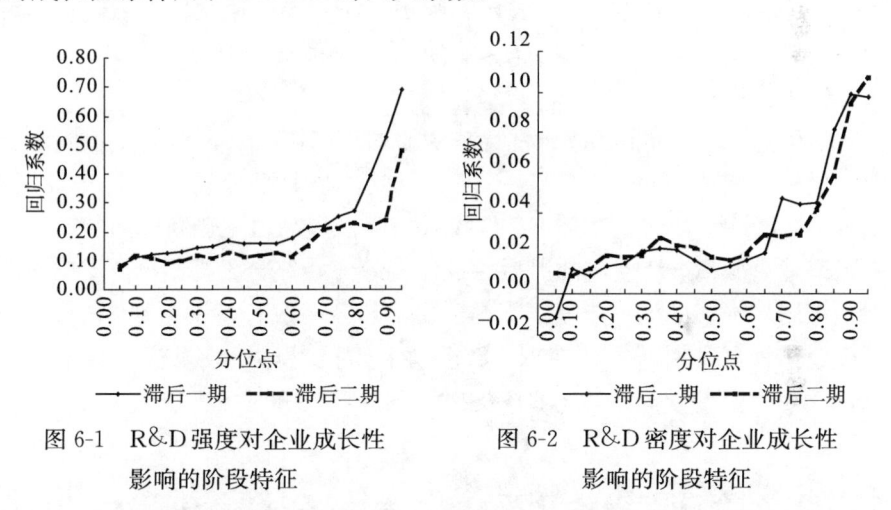

图 6-1 R&D 强度对企业成长性影响的阶段特征

图 6-2 R&D 密度对企业成长性影响的阶段特征

由图 6-1 和图 6-2 可得，R&D 支出（R&D 强度和 R&D 密度）对公司成长性的影响随公司成长阶段的提升呈现增大的趋势，这种现象在 70% 成长性分位点以上尤为明显。说明，与处于慢速成长阶段的公司相比，R&D 投入对成长性的影响在公司处于高成长阶段或成熟阶段时更大。

我们也采用滞后三期 R&D 支出、三年累积 R&D 支出与公司成长性综合因子建立分位数回归方程作了相关研究，但回归效果并不明显，系数 α_1 和 β_1 的估计值多数没有通过显著性检验。分析造成这种结果的原因可能是随着滞后期的增加，公司所处的成长阶段随之也发生了变化，这导致 R&D 支出对成长性影响的滞后效应和阶段性特征的交错融合。

五、R&D 投入与公司成长性关系小结

本书以中小企业板上市公司为研究对象，首先用因子分析法给出一个评价企业成长性的综合因子，然后实证检验了 R&D 支出对公司成长性影响的相关假设，最后用分位数回归方法探寻了 R&D 支出对公司成长性影响的阶段特征。主要结论如下。

第一，R&D 支出对成长性的正向促进作用非常明显，并且这种影响存在 1～3 年的滞后期，研究还发现，R&D 支出对公司成长性影响的短期效应也比较明显。这提示管理层在进行 R&D 决策时应充分考虑 R&D 效果的滞后性及短期效应。

第二，累积 R&D 支出会显著促进公司成长。表明连续的 R&D 活动对公司的成长是非常有益的，任何公司都应该注重 R&D 投资的持续性和长期性。

第三，R&D 支出对高速成长公司的影响要大于成长速度较慢的公司。说明当公司处于高成长阶段时，管理者更应当增加 R&D 经费，充分发挥 R&D 支出对公司成长的促进作用。

综上，R&D 支出对企业成长性存在明显的正向影响，但对处于不同成长阶段的企业，这种正向影响的程度明显不同。因此，企业只有在结合自身发展状况，合理制订 R&D 计划，注重基础 R&D 投入，积极提高自主创新能力的基础上，才能最大限度地克服 R&D 支出的滞后性及短期效应，充分发挥 R&D 支出对公司成长的促进作用。本书的研究丰富了 R&D 支出与公司成长性关系讨论的相关内容，论证了企业作为自主创新主体在 R&D 活动上的投资与持续投资对企业成长的积极贡献，并为投资者依据企业 R&D 支出情况选择投资对象提供了决策依据。

第四节 R&D 投入与公司价值

以上分析证明了企业 R&D 投资对其成长性的促进作用，是企业成长的源泉和内动力，那么，作为在激烈的市场竞争中取得长期优势的基本投资保证，R&D 投入的高低及其持续性对企业市场价值是否也有提升作用，进而是否能够作为指导投资者进行投资决策的一个重要依据呢？本节将予以实证分析。对于上市公司而言，企业市场价值的直接表现是股票价格变化，确切地说是股票定价问题，因此，我们尝试将 R&D 作为定价因子，加入到资产定价因子模型当中，构建以企业系统性风险、规模、账市比、R&D 密度为解释变量的四因子资产定价改进模型，在此基础上，分析 R&D 投入与公司价值之间的相关性。本章选择将披露 R&D 投入较多的生物制药行业和电子信息行业上市公司作为研究样本，在细心挖

掘上市公司披露的年报数据，对披露 R&D 支出的所有公司进行汇总分析基础上，基于加入 R&D 变量的四因子资产定价模型扩展版，从实证角度探究了企业 R&D 投入与公司价值之间的相关性（张信东等，2010）。

一、研究设计

（一）样本选择与数据来源

考虑到我国企业 R&D 相关数据披露的非强制性，我们选择以 R&D 投入较多的生物制药行业和电子信息行业为研究对象，以行业中 2004～2006 年存续的 182 家上市公司为样本范围，剔除了退市及上市不满三年和没有 R&D 数据的公司，得到 2004～2006 年三个会计年度均公布 R&D 数据的上市公司，分别为 65 家、59 家、62 家共 186 家公司年数据。进一步说，考虑到 R&D 活动的长期性和连续性，将三年都公布 R&D 数据的 45 家上市公司共 135 个公司年数据，作为研究样本。相关会计数据来源于上海证券交易所和深圳证券交易所公布的上市公司年报，其中 R&D 数据为手工采集，股票收益数据来源于 CCER 数据库。

（二）相关指标变量的界定

选取股票收益为公司价值及变动的代理变量，遵循 Fama-French 三因子资产定价基本模型，定义如下四个变量为公司股票价格运动规律的解释因子。

（1）公司规模（ME）：国际文献普遍采用发行在外的股票市场价值来衡量公司规模，鉴于中国上市公司股票存在流通股和非流通股之分，股权分置改革之后，又有实际流通股和限售流通股之分，公司规模指标的选取就存在流通市值和总市值之间的两难选择，而陈收和陈立波（2002）研究发现作为度量规模的流通股市值和总市值的选择对不同规模组合收益率的排序没有本质影响，依据这一结论，我们采用公司第 $t-1$ 年年末流通股市值的自然对数来度量公司第 t 年的规模。

（2）账市比：采用公司第 $t-1$ 年年末每股净资产与每股收盘价比值的自然对数来表示第 t 年的账市比。

（3）贝塔系数（β）：衡量公司系统风险的指标。

（4）R&D 密度（RD/A）：用 R&D 投入相对于总资产的比值来表示。

（三）模型构建

作为衡量企业价值及其变动的重要指标，股票价格进而股票收益是最具代表性和综合性的首选。在传统金融研究中，资本资产定价模型（CAPM）和 Fama-French 三因子模型都较好地描述了股票收益率横截面数据的变动。而在当今知识经济特征凸显的时代，公司价值已不仅仅体现为有形资产价值，更多体现在无形资产或 R&D 投入上，R&D 虽然在短期内表现为公司支出的增加，但在长期则表现为公司赢利能力的增加，从根本上提升了公司的未来价值，并反映在股票的长期收益中。我们可以断定，在科技含量高或重视科技投入的公司，R&D 能够作为股票收益的一个解释因子。基于此，下文首先借鉴 Fama-French 三因子资产定价模型中的因子含义，选取公司规模、账市比，以及我们重点关注的 R&D 密度指标，加入 CAMP 模型当中，进而得到 CAMP 模型的扩展版四因子资产定价模型，从实证角度探讨拓展 CAMP 模型提出的合理性，进而探讨 R&D 密度对股票收益的解释力。

$$R_{i,t+1} = \alpha + \theta_1 \ln(ME)_{i,t} + \theta_2 \ln(BM)_{i,t} + \theta_3 \beta_{i,t} + \theta_4 (RD/A)_{i,t} + \varepsilon_{i,t+1} \quad (6-4)$$

式中，R 为股票收益；$\ln(ME)$ 为公司规模变量；$\ln(BM)$ 为公司账市比变量；β 为公司系统风险；RD/A 为公司研发密度；α 为截距项；$\varepsilon_{i,t+i}$ 为随机项；θ_I（$i=1, 2, 3, 4$）为回归系数。其估计值的符号和大小说明了解释变量对被解释变量即公司股票收益率影响的方向及程度。

许和张（Xu and Zhang，2004）的研究表明，日本在 1985~2000 年的股票平均收益与公司的 R&D 投入存在正相关关系，支持了技术创新，即公司 R&D 投入对股票截面收益的解释力。那么在我国，R&D 投入是否也是构成上市公司股票收益的一个解释因子呢？二者的相关性如何呢？引入 R&D 密度因子后的拓展 CAMP 模型（6-4）是否更好地解释了股票收益呢？

二、实证研究结果与分析

（一）变量的描述性统计

按照每年是否披露 R&D 支出数据，我们将所关注的沪深两市生物制药行业和电子信息行业 182 家上市公司分成两类，表 6-6 给出了样本数据的基本描述性统计值。

表 6-6　样本数据的描述性统计

年度	Variables（公司数）	统计量	R_{t+1}	ln（ME）	ln（BM）	RD/A
2004	披露 R&D 的公司（65 家）	Mean	−0.0661	20.3516	−0.8636	0.0095
		Std.	0.2692	0.8017	0.4424	0.0119
	未披露 R&D 的公司（117 家）	Mean	−0.1449	19.3670	−0.8969	0
		Std.	0.2112	0.7533	0.5061	0

续表

年度	Variables（公司数）	统计量	R_{t+1}	ln（ME）	ln（BM）	RD/A
2005	披露R&D的公司（59家）	Mean	0.9429	20.7381	−0.5183	0.0097
		Std.	0.9471	0.8272	0.4339	0.0133
	未披露R&D的公司（123家）	Mean	0.7290	19.8290	−0.7402	0
		Std.	0.7753	0.7912	0.4923	0
2006	披露R&D的公司（62家）	Mean	2.0862	20.5709	−0.6602	0.0100
		Std.	1.3482	0.8687	0.5914	0.0146
	未披露R&D的公司（120家）	Mean	1.7857	20.1482	−0.9487	0
		Std.	1.1006	0.8056	0.5007	0
2004～2006	三年都披露R&D的公司（45家）	Mean	0.8065	20.4253	−0.8048	0.0110
		Std.	1.0509	0.8316	0.4981	0.0149

从表6-6可见，R&D密度的样本平均值历年来都很低，不足1%，说明我国生物制药行业和电子信息行业上市公司的R&D投入不足，缺乏企业核心竞争力提高的技术支持。从纵向看，R&D投入在逐年增加，到2006年已达到1%的平均水平，这说明我国企业越来越重视R&D活动和对R&D活动的投资。表6-6还给出是否披露R&D投入的公司在股票收益、规模和账市比上的差异。在2005年和2006年，披露R&D投入公司的股票收益比没有披露R&D投入的公司股票收益分别高出约0.2和0.3，说明投资者选择具有R&D投入公司得到了较高的市场回报。披露R&D投入公司的标准差比没有披露R&D投入公司的标准差都大，这说明R&D投入在增加公司市场回报的同时也加大了投资风险。同时，表6-6也显示，披露R&D投入公司的规模均大于未披露R&D投入公司，表明大公司更倾向于投资R&D项目。但是两类公司的账市比差别不是很大，平均值都为负数，原因与2004～2005年我国股票市场处于熊市阶段有关。

（二）R&D投入与公司市场价值关系分析

1. R&D密度与股票预期收益关系的回归分析

基于披露R&D数据的公司样本，分别就各年度和三年累积在有无其他解释变量情况下，运用模型（6-4）对R&D密度和股票预期收益之间的关系进行研究。表6-7给出了股票预期收益与规模、账市比、β值和R&D密度的回归结果。相关系数的t统计量值和R^2值均表明，在奠基性的定价三因子基础上加入R&D密度因子后，方程的解释能力明显增强。这在一定意义上论证了R&D密度可以作为第四个解释因子来对股票报酬率做出解释。

细心分析表6-7，可以得出结果。

表 6-7　股票预期收益与 R&D 密度之间关系的回归结果

α	ln (ME)	ln (BM)	β	RD/A	R^2
Panel A：2004 年					
−0.0917 (−2.1180)				8.6414 (0.9309)	0.0136
0.1631 (0.1534)	−0.0129 (−0.2695)	−0.1156 (−1.3924)	−0.0669 (−0.5213)		0.0554
0.2231 (0.2589)	−0.1202 (−0.4800)	−0.1307 (−1.6373)		4.9136 (0.3049)	0.1782
0.1699 (0.1566)	−0.1132 (−0.2704)	−0.1166 (−1.3420)	−0.0676 (−0.5178)	2.1347 (−0.0431)	0.2054
Panel B：2005 年					
0.7904 (5.3657)				16.6379 (1.8131)	0.0545
−0.8787 (−0.2287)	0.0807 (0.4549)	0.1242 (0.4096)	0.2487 (0.4993)		0.0091
−0.2352 (−0.0772)	0.1591 (0.3867)	0.3026 (1.0048)		19.1655 (1.9985)	0.0720
−1.5704 (−0.4181)	0.1083 (0.6251)	0.2801 (0.9182)	0.2983 (0.6147)	19.4668 (2.0158)	0.0985
Panel C：2006 年					
1.7948 (8.6166)				−10.9049 (−0.9182)	0.0139
1.8033 (0.4343)	0.1274 (0.1380)	0.6088 (1.8780)	1.5206 (0.1742)		0.0897
0.8789 (0.2103)	0.0772 (0.3688)	0.7808 (2.4431)		−2.2383 (−0.1870)	0.1315
2.0547 (0.4869)	0.2189 (0.0943)	0.5542 (1.5897)	1.6920 (0.2684)	−5.1077 (−0.4473)	0.2430
Panel D：2004～2006 年					
0.8188 (7.5024)				7.0061 (0.2995)	0.0132
2.0253 (0.8589)	−0.0366 (−0.3287)	0.1580 (0.9082)	−0.1840 (−0.9103)		0.0106
1.2931 (0.1341)	0.0365 (0.3352)	0.3033 (1.6316)		5.3199 (0.7613)	0.0849
1.8482 (0.7757)	0.1298 (−0.2652)	0.1893 (1.0358)	−0.1605 (−0.8260)	4.9078 (0.5709)	0.1524

注：2004 年、2005 年、2006 年上市公司样本数分别为 65 家、59 家、62 家，表中 Panel D 部分的样本数为三年都公布 R&D 数据的上市公司 45 家共 135 个数据。括号内为 t 统计量的值

（1）股票预期收益与公司规模一般呈正相关关系，只有 2004 年的回归结果显示负相关。这与法玛等（Fama，1992）的研究结论相矛盾。导致这种结果的原因有两点：一是中国股市股票还不是全流通，计算出的市值和真正全流通后的总市值有一定差距；二是我国股市对小公司股票的操纵和炒作空间逐渐变小，相应的

规模效应也随之消失。

(2) 股票预期收益与账市比除了 2004 年以外均为正相关关系。如果股票的账市比高，那么市值账面比低。市值反映的是人们对该公司未来的预期，市值低说明披露 R&D 投入的企业未来风险比较大。而相关性不显著的结果可能与中国股市上市公司经营业绩普遍较差、盈余管理现象严重及过度投机有关。盈余管理降低了会计信息对未来赢利预测的可靠性，加上投资者普遍注重短期得失而忽略长期持有收益的投机心理，成熟资本市场普遍存在的账市比效应在中国股市并不显著。

(3) β 系数解释力较弱，这与法玛等 (Fama, 1992) 的研究结果相似。而 2006 年的 β 系数解释力却很强，原因可能是 2006 年正处于熊市向牛市的转变阶段，上市公司股票收益受市场系统性风险影响较大，个股价格随着大盘指数的上升而迅速上涨。

(4) 股票预期收益与 R&D 密度大多呈正相关关系，且相关系数很大。大的相关系数足以说明 R&D 投入对股票预期收益有显著的解释作用。上市公司 R&D 投入对公司股票预期收益具有较大贡献，这一方面说明上市公司 R&D 投入能带来未来增长机会的价值，另一方面说明 R&D 投入产生的未来价值能够被投资者认可，并给予积极的评价，对投资者投资决策有重要的参考价值。而 2006 年出现负相关的原因可能是处于牛市形成时期，投资者更愿意投资那些有题材、收益快的股票，特别是与实物资产相关的股票。虽然 R&D 活动可以创造出新产品，带来更多的未来收益，但牛市中的投资者更倾向于短期决策，更看重短期收益。

2. R&D 密度与同期股票实际收益的回归分析

为了进一步考察 R&D 投入的短期收益性，即短期 R&D 投入对股票实际收益的解释力，针对第 $t+1$ 年 R&D 密度与第 $t+1$ 年股票实际收益建立模型 (6-5) 的实证分析结果见表 6-8（其他变量值均保持原有含义）。

$$R_{i,t+1} = \alpha + \theta_1 \ln(\text{ME})_{i,t} + \theta_2 \ln(\text{BM})_{i,t} + \theta_3 \beta_{i,t} + \theta_4 (\text{RD}/A)_{i,t+1} + \varepsilon_{i,t+1} \quad (6\text{-}5)$$

表 6-8　R_{t+1} 与 $(\text{RD}/A)_{t+1}$ 的回归结果

α	ln (ME)	ln (BM)	β	RD/A	R^2
0.0726 (1.2256)				12.816 (3.2111)	0.0887
−0.1946 (−0.1665)	−0.0021 (−0.0352)	−0.5291 (−5.2407)		8.0435 (1.0326)	0.2879
−0.0406 (−0.0320)	−0.0075 (−0.1237)	−0.5377 (−5.2579)	−0.0492 (−0.2923)	6.6239 (0.9107)	0.2947

注：数据说明同表 6-7

表 6-8 中 R^2 值比表 6-7 的 R^2 值大，说明短期 R&D 投入与同期股票实际收益

的回归拟合状态更好。同时，从回归系数及 t 值的变化上还可以得出，R&D 密度与同期股票实际收益相关性大，对同期股票实际收益的解释力强，这揭示了上市公司 R&D 活动的短期收益特征，同时也表明，披露 R&D 投入的信息能迅速反映到股票价格中。

(三) 累积 R&D 投入与公司市场价值关系分析

在考察了单期 R&D 密度对公司价值、股票预期收益和同期股票实际收益的解释力之后，有必要探究累积 R&D 投入对公司价值及股票收益的解释力，为此建立回归模型如下：

$$R_{i,t+1} = \alpha + \theta_1 \ln(ME)_{i,t} + \theta_2 \ln(BM)_{i,t} + \theta_3 \beta_{i,t} + \theta_4 (CRD/A)_{i,t} + \varepsilon_{i,t+1} \quad (6-6)$$

$$R_{i,t+1} = \alpha + \theta_1 \ln(ME)_{i,t} + \theta_2 \ln(BM)_{i,t} + \theta_3 \beta_{i,t} + \theta_4 (CRD/A)_{i,t+1} + \varepsilon_{i,t+1} \quad (6-7)$$

式中，CRD/A 为累积 R&D 密度，其计算公式如下：

$$(CRD/A)_{i,t} = 0.4(RD/A)_{i,t} + 0.3(RD/A)_{i,t-1} + 0.3(RD/A)_{i,t-2}$$

接下来，也按照累积 R&D 密度与股票预期收益、累积 R&D 密度与同期股票实际收益两个部分进行类似分析，模型 (6-6) 的分析结果见表 6-9，模型 (6-7) 的分析结果见表 6-10。

表 6-9　预期收益与累积平均 R&D 密度的回归结果

α	ln(ME)	ln(BM)	β	CRD/A	R^2
1.7575 (8.6718)				−11.0261 (−0.9843)	0.0220
1.6522 (−0.4067)	0.3965 (0.9727)	0.8340 (2.4198)		−5.6342 (−0.1366)	0.2443
−0.5715 (−0.1616)	0.4498 (0.8975)	0.6849 (1.5487)	0.1378 (0.7743)	−4.8730 (−0.2929)	0.3451

注：鉴于需要第 t 年及其前两年的 R&D 数据计算累积 R&D 密度，同时又要保证样本充足，样本区间只选择 2006 年，即只对一年的累积 R&D 密度和股票预期收益进行回归分析。数据说明同表 6-7

表 6-10　R_{t+1} 与 $(CRD/A)_{t+1}$ 的回归结果

α	ln(ME)	ln(BM)	β	CRD/A	R^2
0.6316 (4.4146)				22.9546 (2.5235)	0.1290
0.9801 (0.3828)	0.2490 (0.3848)	0.8723 (4.0158)		9.1184 (0.8116)	0.4926
−0.7249 (−0.2605)	0.3030 (0.0227)	0.7089 (2.8766)	−0.2787 (−1.5252)	8.7024 (1.1273)	0.5239

注：数据说明同表 6-7

通过表 6-9 与表 6-7 的 Panel C 部分，以及表 6-10 与表 6-8 结果的对比分析，得出与上述结论几近一致的分析结果。在表 6-7 中，累积 R&D 密度的相关系数仍为负数，表明了牛市当中的投资者更看重短期收益。表 6-10 中变量的相关系数和 R^2 值都比表 6-9 显示的结果好，说明累积 R&D 投入对本期股票实际收益的解释力更强。累积 R&D 密度与股票收益相关性及整个模型的 R^2 值的增高，证明了 R&D 活动对股票收益的长期效应。

三、来自国家级企业技术中心的证据

（一）国家认定企业技术中心及样本选取

国家认定企业技术中心始于 1993 年，是由国家发展和改革委员会、科技部、财政部、海关总署和国家税务总局等五部委根据《国家认定企业技术中心管理办法》联合对行业排头兵企业进行认定，旨在激发企业技术研发与创新的热情和信心，建立以企业为主体、以市场为导向，产学研相结合的技术创新体系，增强企业竞争力。企业技术中心获得国家认定后可享受政府财政补贴、进口设备减免税等方面的优惠政策。

要被认定为国家级企业技术中心必须至少满足下列三个条件[①]。R&D 投资密度 3% 以上，且科技活动经费支出额不低于 1500 万元；专职研究与试验发展人员数占全体职工的比例 2% 以上，且不低于 150 人；技术开发仪器设备原值不低于 2000 万元，且新产品销售收入要达到产品销售总收入的 20% 以上。国家认定企业技术中心每两年接受一次评价，不合格者将被撤销资格。国家级企业技术中心是最高级别的企业技术研发机构，是企业技术创新的主体，也是企业技术创新工作的主要依托，是增强企业技术创新能力、市场竞争能力和可持续发展的重要保证。

可见，国家认定企业技术中心是我国研发型企业的代表，这些企业一般都具有较完善的研究、开发、试验条件，有较强的技术创新能力和较高的研究开发投入，拥有具有自主知识产权的核心技术、知名品牌，并具有国际竞争力，研究开发与创新水平在同行业中处于领先地位，以此为样本研究分析 R&D 投资与公司价值或市场收益的关系，具有代表性和指导意义。

截止到 2011 年年底，我国有国家认定企业技术中心 729 家，这些国家级企业技术中心，或者依托于某整体上市公司，或者依托于某上市公司的子公司，或者其所在单位旗下控股某上市公司，它们是我国企业自主创新研发团队的先锋，真正代表了有自主创新能力的企业。因此，将国家级企业技术中心作为研发型企业的代表，考察自主创新 R&D 投资与公司价值、市场收益之间的关系，是来自资

---

① 中华人民共和国国家发展和改革委员会、科学技术部、财政部、海关总署和国家税务总局第 53 号令，《国家认定企业技术中心管理方法》，2007 年 4 月 19 日。

本市场层面关于 R&D 投入的价值相关性的直接证据。

我们依据"国家认定企业技术中心 2007 年评价得分"结果选择样本，该年度参与评价的国家认定企业技术中心共 438 家，选择位于中上等之列即评价得分值在 75 分之上的共计 215 家单位作为本文的研究对象，进一步圈定其中涉足上市交易的企业作为研究样本。为此，对上述 215 家国家认定企业技术中心单位逐个筛选，通过在上海证券交易所、深圳证券交易所和清华金融学术研究数据库等相关平台下检索，确定本文的研究样本，再考虑到样本之间的可比性，将未上市的、在海外上市的、在中国香港上市的，以及有多个上市子公司的国家级企业技术中心单位予以排除，最终选定样本企业共计 121 家（张信东等，2009）。

(二) 研究设计

（1）将研究样本按照市场化程度进行分组。在所选取的 121 家国家级企业技术中心单位中，将整体上市且以 A 股进行交易的企业单位作为 P 组，如广东美的电器股份有限公司、中兴通讯股份有限公司、潍柴动力股份有限公司等；将未整体上市，但旗下有一家子公司上市，且该子公司主营业务与母公司相似，并以 A 股交易的企业单位作为 Q 组，如太原钢铁（集团）有限公司、武汉钢铁（集团）公司、海信集团有限公司等。按照这一分类标准，将本书确定的样本划分为两类，P 组含 48 家企业单位，Q 组含 73 家企业单位，如表 6-11 所示。

表 6-11　国家认定企业技术中心单位样本及分组信息

\multicolumn{6}{c|}{P 组（48 家）}	\multicolumn{9}{c}{Q 组（73 家）}														
股票代码	得分	排名	股票代码	得分	排名	股票代码	得分	排名	股票代码	得分	排名	股票代码	得分	排名
000063	91.6	6	000338	79.6	107	600690	94.4	1	600523	83.4	50	600812	78.9	119
600104	89.2	11	600276	79.6	109	600019	93.1	2	000898	83.3	51	600075	78.9	120
000527	87.7	16	000790	79.5	111	000559	92.0	3	600894	82.7	58	600277	78.9	121
600100	87.1	18	600220	78.9	122	000825	91.8	4	600718	82.5	63	000778	78.6	126
600031	85.8	26	600196	78.8	123	000874	91.8	5	000629	82.5	64	600550	78.5	129
600596	85.6	28	000078	78.8	124	000959	91.6	7	600309	82.4	66	600295	78.4	131
600143	84.6	38	600196	78.3	133	601600	91.3	9	000400	82.1	70	000709	78.3	135
000100	83.6	46	600388	77.9	140	000800	90.0	10	600315	82.0	73	000895	78.2	136
002041	83.6	47	600618	77.7	143	000625	88.8	12	600406	81.8	76	600481	77.9	141
600482	83.4	49	600587	77.3	158	600005	88.3	13	000893	81.0	82	600528	77.7	144
000157	82.9	53	000521	77.0	163	600601	88.0	14	000420	80.9	84	002056	77.7	146
000988	82.8	54	600028	77.0	166	000425	87.8	15	000768	80.8	86	600010	77.6	148
600498	82.6	60	000833	76.9	167	600060	87.4	17	600756	80.7	90	600418	77.1	160
600867	82.6	61	600590	76.6	173	600006	85.9	25	600875	80.5	94	000423	77.1	162
600870	81.4	79	600549	76.5	177	600072	85.6	27	000960	80.5	95	000983	77.0	165
002001	81.2	80	000550	76.4	179	600169	85.5	29	600307	80.4	97	600983	76.4	178

续表

P组（48家）				Q组（73家）					
股票代码	得分	排名	股票代码	得分	排名	股票代码	得分	排名	股票代码	得分	排名
600226	81.0	83	600315	76.4	180	002204	85.4	30	000630	80.3	99	600097	76.3	182
600329	80.8	89	600877	76.3	184	600854	85.2	31	600022	80.0	101	600875	76.1	186
600685	80.7	90	600698	76.1	185	002025	85.2	33	000761	79.9	104	000951	76.1	187
000939	80.6	92	601168	75.9	194	601857	85.2	34	600188	79.8	106	600348	76.0	191
000039	80.5	96	600623	75.8	196	600535	85.0	35	600308	79.6	108	000062	75.8	197
600416	80.4	98	600841	75.6	199	600839	84.4	39	000553	79.3	113	601699	75.7	198
600089	80.0	102	000418	75.5	202	000599	83.8	42	001696	79.2	115	600156	75.5	201
600298	79.9	103	600166	75.0	213	600961	83.5	48	000811	79.1	118	600253	75.2	210
												000733	75.0	215

（2）获取研究样本的市场收益数据。国家级企业技术中心实行淘汰制，即在两年一次的评价中，评价结果为不合格的将被淘汰，2007年参评的企业技术中心在2005年和2006年两年期间基本稳定，于是，将这一期间确定为考核公司市场收益率的研究期间。我们用年度累积收益率和考虑现金红利的年度持有个股收益率两个指标来考察企业的市场收益水平，从清华金融学术研究数据库中获得P组和Q两组企业单位在2005年和2006年的市场收益率数据。

（3）计算各组的平均年度收益率。基于等份额投资组合设计，计算各组的年度平均收益率，即 $R_P = \frac{1}{N_P} \sum_i R_{iP}$，$R_{iP}$ 表示P组中企业的年度收益率，对Q组以同样方法计算。作为对比组，以沪深A股的市场指数收益为参考。

（4）计算各组及市场组合的年度收益率增长幅度。通过对P组国家级企业技术中心、Q组国家级企业技术中心、沪深A股市场组合收益率和收益增长幅度等的比较分析，探讨研发型企业的平均市场收益与市场平均收益之间是否存在差异，以及是否存在研发驱动的市场超额回报。

（三）实证结果与分析和结论

上述研究设计的运行结果汇总列示于表6-12。

表6-12　P组和Q组市场投资收益比较表

组合	考虑现金红利的收益率/%			累积收益率/%		
	2005年度	2006年度	收益增幅/倍	2005年度	2006年度	收益增幅/倍
市场组合的平均收益	−0.1301	0.8888	7.8317	−0.1290	0.8944	7.9333
P组的平均市场收益	−0.0466	1.2520	27.867	−0.0439	1.2661	29.8405
Q组的平均市场收益	−0.0665	1.1257	17.9278	−0.0662	1.1418	18.2477

站在外部投资者的角度，R&D型企业或R&D投资与公司市场收益或市场超额回报之间确实存在依存关系，年度累积收益率和考虑现金红利的年度持有个股收益率两个指标显示同样的实证研究结果，以年度累积收益率为例的具体分析如下。

(1) 投资于P组股票组合与市场组合比较。表6-12显示，该投资选择在2005年度的累积收益率是-0.0439，而同期市场组合的累积收益率为-0.1290，表明在市场平均收益为负或市场普遍投资形势比较差的情况下，投资P组能将损失大幅降低，P组组合在2006年的累积收益率高达1.2661，同期市场组合收益率为0.8944，P组收益是市场组合收益的1.42倍，因此，国家级企业技术中心所属上市企业的投资价值较市场平均水平高。同时，无论从2005年度数据，还是从2006年度数据来看，P组收益均高于Q组收益，这一结果揭示了整体上市企业技术中心单位的投资价值高于部分上市企业技术中心单位，其原因可能是部分上市企业仍受到相关联企业非优良资产运行的负向影响，或者是履行其他社会责任间接成本加大的影响。

(2) 投资于Q组股票组合与市场组合比较。表6-12显示，该投资选择在2005年度的累积收益率是-0.0662，远高于同期市场组合的平均收益，而Q组在2006年度的累积收益率1.1418也远远高于同期市场平均收益值，Q组收益是市场组合收益的1.28倍。这说明即使国家级企业技术中心单位与挂牌上市交易仅存在部分联系，其对应上市公司的市场收益也远高于市场收益的平均水平。而从同期Q组收益低于P组收益的事实看，部分上市的研发型企业相比整体上市的研发型企业，其市场表现明显不足。

(3) 从收益增长幅度比较。根据2005~2006年的收益增长情况，P组收益增长幅度是市场组合收益增长幅度的3.76倍，Q组收益增长幅度是市场组合收益增长幅度的2.3倍，进一步提供了上述结论的支持证据。

综上所述，来自国家级企业技术中心单位的主要结论如下。

第一，国家级企业技术中心所属单位的市场平均收益高于市场组合的平均收益，即研发型企业存在市场超额收益。

第二，整体上市的国家级企业技术中心的平均市场收益高于部分上市国家级企业技术中心的平均市场收益。

四、R&D投入与公司价值关系小结

本部分以国家级企业技术中心和2004~2006年沪深两市生物制药行业和电子

信息行业上市公司为研究对象，通过分组方法和改进的资产定价模型进行实证分析，探讨了公司R&D投入和股票收益，进而与公司价值之间的关系，得出以下结论。

（1）披露R&D投入公司比没有披露R&D投入公司的股票收益大，平均收益高，同时公司的风险也较大；国家级企业技术中心所属单位的市场平均收益高于市场组合的平均收益，即研发型企业存在市场超额收益。进一步说，上市有利于强化企业R&D投入的市场价值认可度，体现为整体上市的国家级企业技术中心的平均市场收益高于部分上市国家级企业技术中心的平均市场收益。

（2）R&D密度对同期股票实际收益有较强的解释力，并且这种作用是非常显著的。这说明上市公司的R&D活动偏重于短期效益，也说明披露R&D投入的信息能迅速地反映到股票价格中。

（3）R&D密度对股票预期收益的解释作用从总体上说是正的，证实了R&D活动对股票收益的影响具有长期性，能够带来企业的未来增长价值的结论。但多数回归结果并不显著，这也表明我国上市公司的R&D投入缺乏连续性、高效性，不能被投资者认可。

综上，R&D投入与股票收益正相关，增加R&D投入能够增加企业价值，提高公司质量，结合R&D活动偏重于短期效益，缺乏连续性、高效性的现状，我国上市公司要真正提升企业价值，就得加大R&D费用的投入力度和保持R&D费用投入的连续性，为企业技术创新提供稳定平台，进而增强R&D成果转化为现实生产力的能力。

第五节 小　　结

本章分别以中小企业板上市公司、生物制药行业和电子信息行业上市公司、国家级企业技术中心为研究对象，探究了R&D投入与企业成长性、公司市场价值之间的关系，证实了R&D投入对公司价值增长、提高公司成长性、改善上市公司质量进而提升资本市场效率等的积极贡献和作用。

首先，运用因子分析法给出了一个评价企业成长性的综合因子，实证检验了R&D投入对公司成长性影响的相关假设，用分位数回归方法探寻了R&D投入对公司成长性影响的阶段特征。研究得出，企业作为自主创新主体在R&D活动上的投资与持续投资对公司成长有积极贡献。其次，借鉴Fama-French三因子模型中的规模、账市比指标的资产定价含义，综合考虑 R&D 作为一个定价因子，加入资产定价模型中，构建了四因子定价模型研究 R&D 投资与公司价值提升的相关性。实证结果指出 R&D 投入与股票收益正相关，增加 R&D 投入能够增加企业价值，提高公司质量。最后，也得到了来自国家级企业技术中心证据的支持。研究结论为企业可持续发展提供了理论指导，论证和支持了企业特别是上市公司，其自主创新 R&D 投入、赢利能力和发展潜力是国民经济长足发展的基石，是从根本上提升资本市场效率的关键。

参 考 文 献

曹红辉.2003-02-26.降低印花税可提高市场效率.上海证券报,第5版.
陈立新.2002.上海股票市场有效性实证研究.中国软科学,(5):36-39.
陈收,陈立波.2002.中国上市公司"规模效应"的实证研究.中国管理科学,(6):8-12.
陈小悦,陈晓,顾斌.1997.中国股票市场弱式效率的实证研究.会计研究,(9):13-17.
陈晓红,李喜华,曹裕.2009.技术创新对中小企业成长的影响:基于我国中小企业板上市公司的实证分析.科学学与科学技术管理,(4):91-98.
陈晓红,王小丁,曾江洪.2008.中小企业债权治理评价与成长性研究:来自中国中小上市公司的经验证据.中国管理科学,16(1):163-171.
陈信元,张田余.1999.资产重组的市场反应:1997年沪市资产重组实证分析.经济研究,(9):47-55.
成思危.2003.虚拟经济论丛.北京:民主与建设出版社.
丁守海.2007.股权分置改革效应的实证分析.经济理论与经济管理,(1):54-59.
东北财经大学金融工程研究中心和华夏证券研究所联合课题组.2002-11-06.交易费用调整对市场影响有多大:中国证券市场交易费用效应的实证研究.中国证券报,第10版.
范龙振,张子刚.1998.深圳股票市场的弱式有效性.管理工程学报,12(1):35-38.
范南,王礼平.2003.我国印花税变动对证券市场波动性影响实证研究.金融研究,(6):38-45.
奉立城.2000.中国股票市场的"周内效应".经济研究,(11):50-57.
高鸿桢.1996.关于上海股市效率性的探讨.厦门大学学报(哲学社会科学版),(40):13-18.
韩贵,王静.2008.基于EGARCH模型的我国股市信息对称性研究.西南交通大学学报(社会科学版),4(7):101-111.
韩立岩,蔡红艳.2002.我国资本配置效率及其与金融市场关系评价研究.管理世界,(1):65-70.
何诚颖,程兴华.2005.基于中国证券市场的有效性研究——以高账市比类上市公司为例.管理世界,(11):145-151.
何刚,陈文静.2008.公共资本和私人资本的生产效率及其区域差异:基于分位数回归模型的研究.数量经济技术经济研究,(9):42-51.
侯彦斌,张玉琴.2009.中国股票市场弱式有效性的实证分析:以上证指数为例.云南财经大学学报,(6):50-51.
胡朝霞.1998.中国股市弱式有效性研究.投资研究,(1):28-34.
胡金焱.2002.中国股票市场弱式有效性的三种统计检验.世界经济文汇,(4):38-48.

胡畏，范龙振.2000.上海股票市场有效性实证检验.预测，(2)：61-64.

胡珍全，唐军.2007.股权分置改革对上市公司经营绩效的影响.南方金融，(2)：64-65.

霍学文.1997.英、美、日资本市场效率比较研究.昆明：云南大学出版社.

贾权.2003.中国股市有效性实证分析.金融研究，(7)：86-92.

靳云汇，李学.2000.中国证券市场半强态有效性检验：买壳上市分析.金融研究，(1)：85-91.

瞿宝忠，徐启航.2010.全流通后中国股市半强有效性的实证研究.统计与决策，(9)：133-135.

李稻葵，汪进，冯俊新.2009.货币政策须对冲市场情绪：理论模型和政策模拟.金融研究，(6)：1-13.

李国俊，李霞.2010.中外股市不同阶段市场有效性的对比分析.中南财经政法大学研究生学报，1(3)：54-59.

李国欣，郭彩琴，郭璐，等.2005.中国股票市场的效率分析.统计与决策，(8)：90-92.

李佳，王晓.2010.中国股票市场有效性的实证研究：基于方差比检验的方法.经济经纬，(1)：137-140.

李名义，张成.2007.我国股票市场资本配置效率研究.北京工商大学学报（社会科学版），(4)：15-20.

李锐，向书坚.2007.局部平稳过程——稳定过程及GARCH模型的比较研究.统计研究，(8)：88-91.

李涛，黄晓蓓，王超.2008.企业科研投入与经营绩效的实证研究：信息业与制造业上市公司的比较.科学学与科学技术管理，(7)：170-174.

李星，陈乐一.2009.货币政策变动对股票市场波动的影响研究.求索，(2)：33-35.

李勇.2009.我国股票市场资本配置效率实证分析.山西财经大学学报，(31)：28-34.

李增泉.2003.国家控股与公司治理的有效性.上海财经大学博士学位论文.

李至斌.2003.我国股票市场资本配置效率的实证分析.宏观经济研究，(8)：60-63.

梁莱歆，韩米晓.2008.基于研发的高新技术企业价值链管理研究.科学学与科学技术管理，(1)：11-15.

廖理，沈红波.2008.Fama-French三因子模型与股权分置改革效应研究.数量经济技术经济研究，(9)：117-125.

林乐芬，展海军.2007.上市公司股权分置改革效应的实证研究.南京大学学报，(6)：118-124.

林毅夫.2001.金融市场发展模式.资本市场，(3)：8-12.

刘赣州.2003.资本市场与资本市场配置效率：基于中国的实证分析.当代经济研究，(11)：69-72.

刘洪，夏帆.2003.我国非正规经济规模的定量估测：现金比率法的修正及实证分析.统计研究，(10)：34-38.

刘维奇.2009.金融复杂性与中国金融效率.北京：科学出版社.

刘维奇，牛晋霞，张信东.2010.股权分置改革与资本市场效率：基于三因子模型的实证检验.会计研究，(10)：65-72.

刘维奇，邢红卫，张云.2012.利率调整对股票市场的传导效应分析.山西大学学报（哲学社会科学版），(1)：118-125.

刘维奇，申秋兰，张信东.2011.私人资本对经济增长影响的区域比较分析：基于股票市场发展的视角.中国工业经济，(12)：35-45.

刘维奇，史金凤.2006.我国证券市场有效性的Wild Bootstrap方差比检验.统计研究，(11)：73-78.

陆蓉，徐龙炳.2004."牛市"和"熊市"对信息的不平衡性反应研究.经济研究，(3)：65-72.

马向前，任若恩.2002.基于市场效率的中国股市波动和发展阶段划分.经济科学，(1)：66-72.

冉茂盛，张宗益，陈茸.2001.运用R/S方法研究中国股票市场有效性.重庆大学学报（自然科学版），(6)：92-95.

沈根祥.2007.限价委托执行时间分布与市场有效性检验.经济经纬，(3)：135-137.

沈艺峰.1996.会计信息披露和我国股票市场半强式有效性的实证分析.会计研究，(1)：14-17.

史代敏，杜丹青.1997.沪深股票市场弱式有效性对比研究.财经科学，(6)：34-36.

史金凤，刘维奇，杨威.2012.印花税调整政策对股票市场效率的影响分析.数理统计与管理（2012-3-31 11：0910-0588.数字出版）.

史永东，何海江，沈德华.2002.中国股市有效性动态变化的实证研究.系统工程理论与实践，(12)：88-92.

史永东，蒋贤锋.2003.中国证券市场印花税调整的效应分析.世界经济，(12)：63-71.

宋歌，李宁.2009.上市公司"大小非"解禁的实证研究：对我国股票市场半强式有效性的检验.经济论坛，(16)：36-39.

宋颂兴，金伟根.1995.上海股票市场有效性实证研究.经济学家，(4)：107-113.

王培辉.2010.货币冲击与资产价格波动：基于中国股市的实证分析.金融研究，(7)：59-69.

王小鲁，樊纲.2004.中国地区差距的变动趋势和影响因素.经济研究，(1)：33-44.

王新颖.2004.印花税调整对股票价格影响的实证研究.税务与经济，(5)：53-56.

王勇智.2006.股权分置改革对上市公司每股收益以及对市场有效性影响的实证分析.市场论坛，(4)：155-156.

吴建环，赵君丽.2007.中国股票市场动态有效性分析.统计与决策，6(8)：109-111.

吴世农.1994.上海股票市场效率的分析与评价.投资研究，(1)：44-47.

吴世农.1996.中国股票市场效率的分析与评价.经济研究，(4)：13-19.

吴世农，黄志功.1997.上市公司盈利信息报告，股价变动与股市效率的实证研究.会计研究，(4)：12-17.

吴世农，许年行．2004．资产的理性定价模型与非理性定价模型的比较研究．经济研究，(6)：105-116．

吴振翔，陈敏．2007．中国股票市场弱式有效性的统计套利检验．系统工程理论与实践，(2)：92-98．

解保华，高荣兴，马征．2002．中国股票市场有效性实证检验．数量经济技术经济研究，(5)：100-103．

肖军，徐信忠．2004．中国股市价值反转投资策略有效性实证研究．经济研究，(3)：55-64．

徐冬林，陈永伟．2009．区域资本流动：基于投资与储蓄关系的检验．中国工业经济，(3)：40-48．

徐涛．2003．中国资本市场配置效率研究．复旦大学博士学位论文．

许涤龙，吕忠伟．2003．深圳证券市场有效性的统计检验．数量经济技术经济研究，(6)：158-160．

许晓磊，黄良文．2002．上市公司被处罚后股价表现的实证研究：对我国股市半强式有效性的检验．统计研究，(8)：67-70．

阎冀楠，张维．1997．上海股市 EMH 实证检验．系统工程学报，(3)：49-56．

杨朝军，蔡明超，洪泳．1998．上海股票市场弱式有效性实证分析．上海交通大学学报，32(3)：65-69．

杨朝军，邢靖，刁喜逢，等．1997．上海股票市场价格行为实证研究．见：刘波．中国证券市场实证分析．上海：学林出版社．

杨善林，杨模荣，姚禄仕．2006．股权分置改革与股票市场价值相关性研究．会计研究，(12)：41-46．

余希．2006．中国证券市场有效性研究．特区经济，(6)：102-103．

俞乔．1994．市场有效、周期异动和股价波动．经济研究，(9)：43-50．

岳正坤，王高．2006．我国资本市场配置效率探究．中南财经政法大学学报，(3)：86-90．

曾五一，赵楠．2007．中国区域资本配置效率及区域资本形成影响因素的实证分析．数量经济技术经济研究，(4)：35-42．

张兵，李晓明．2003．中国股票市场渐进有效性研究．经济研究，(1)：54-61．

张春．2008．公司金融学．北京：中国人民大学出版社．

张敏，陈敏，田萍．2007．再论中国股票市场的弱式有效性．数理统计与管理，6(12)：1091-1099．

张涛．2008．股权分置改革对我国股票市场有效性影响的实证分析．江海学刊，3(6)：75-80．

张维迎，周黎安，顾全林．2005．高新技术企业的成长及其影响因素：分位数回归模型的一个应用．管理世界，(10)：94-101．

张信东．2005．期权债券财务研究．北京：科学出版社．

张信东，姜小丽．2008．企业 R&D 投资与系统风险研究．研究与发展管理，(6)：22-29．

张信东，刘旭东，杨婷．2010．R&D 投入与公司价值的相关性分析：以生物制药行业和电子信息行业的上市公司为例．科技进步与对策，27（23）：59-63．

张信东，尚立强，姜小丽．2009．企业 R&D 投资与市场收益关系：基于国家认定企业技术中心的数据．经济管理，（3）：113-118．

张信东，宋鹏，秦旭艳．2008．旅游经济增长点分析：基于"黄金周"效应的实证．旅游学刊，23（10）：16-22．

张信东，薛艳梅．2010．R&D 支出与公司成长性之关系及阶段特征：基于分位数回归技术的实证研究．科学学与科学技术管理，（6）：28-33．

张雪莹，金德环．2005．金融计量学教程．上海：上海财经大学出版社．

张亦春，周颖刚．2001．中国股市弱式有效吗？金融研究，（3）：34-40．

赵进文，高辉．2009．资产价格波动对中国货币政策的影响——基于 1994~2006 年季度数据的实证分析．中国社会科学，（2）：98-114．

周宏．2003．中国资本市场效率研究．东北财经大学博士学位论文．

周亚虹，许玲丽．2007．民营企业 R&D 投入对企业业绩的影响：对浙江省桐乡市民营企业的实证研究．财经研究，（7）：102-112．

庄新田，黄小原，郑翼舟．2001．基于 DFA 的股价指数自相关分析．东华大学学报（自然科学版），27（3）：28-31．

邹辉文，刘融斌，汤兵勇．2004．证券市场效率理论及其实证研究评述．中国软科学，（9）：38-47．

Alexander S S. 1961. Price movements in speculative markets: trends or random walks. Industrial Management Review, 2 (2): 7-26.

Alexander S S. 1964. Price movements in speculative markets: trends or random walks, No. 2. Industrial Management Review, 5 (2): 25-46.

Allen F, Gale D. 2000. Comparing Financial Systems. Cambridge: MIT Press.

Altman E I. 1968. Financial ratios, discriminant analysis and the prediction of corporate bankruptcy. Journal of Finance, 23: 589-609.

Amihud Y, Mendelson H. 1986. Liquidity and stock returns. Financial Analysts Journal, 42 (3): 43-48.

Antoniou C, Doukas J A, Subrahmanyam A. 2010. Sentiment and momentum. University of California working paper.

Arbel A, Strebel P. 1983. Pay attention to neglected firms. Journal of Portfolio Management, 9 (2): 37-42.

Asli D, Maksimovic V. 1998. Law, finance and firm growth. Journal of Finance, 53 (6): 2107-2137.

Bachelier L. 1900a. Théorie de la speculation. Annales Scientifiques de l'Ecole Normale Supérieure, 3 (17): 21-86.

Bachelier L. 1900b. Theory of Speculation: the Origins of Modern Finance. Princeton: Princeton University Press: 15-79.

Bali T G, Cakici N, Whitelaw R F. 2011. Maxing out: stocks as lotteries and the cross-section of expected returns. Journal of Financial Economics, 99: 427-446.

Ball R. 1978. Anomalies in relationships between securities' yields and yield-surrogates. Journal of Financial Economics, 6 (2-3): 103-126.

Ball R. 2009. The Global financial crisis and the efficient market hypothesis: what have we learned. Journal of Applied Corporate Finance, 21 (4): 8-16.

Ball R, Brown P. 1968. An empirical evaluation of accounting income numbers. Journal of Accounting Research, 6 (2): 159-178.

Ball R, Kothari S P, Shanken J. 1995. Problems in measuring portfolio performance: an application to contrarian investment strategies. Journal of Financial Economics, 38 (1): 79-107.

Baltagi B H, Li D, Li Q. 2006. Transaction tax and stock market behavior: evidence from an emerging market. Empirical Economics, 31 (2): 393-408.

Banz R W. 1981. The relationship between return and market value of common stock. Journal of Financial Economics, 9 (1): 3-18.

Barberis N, Huang M, Santos T. 2001. Prospect theory and asset prices. Quarterly Journal of Economics, 116 (1): 1-53.

Barberis N, Shleifer A, Vishny R. 1998. A model of investor sentiment. Journal of Financial Economics, 49 (3): 307-345.

Barberis N, Thaler R H. 2003. A survey of behavioral finance. In: Constantinides G M, Harris M, Stultz R. Handbook of the Economics of Finance. Amsterdam: Elsevier Press.

Beck T, Levine R, Loayza N. 2000. Finance and the sources of growth. Journal of Financial Economics, 58 (1-2): 261-300.

Beja A. 1977. The limits of price information in market processes. Research Program in Finance Working papers from University of California at Berkeley. Research Program in Finance.

Benartzi S, Thaler R H. 1995. Myopic loss aversion and the equity premium puzzle. Quarterly Journal of Economics, 110 (1): 73-92.

Benartzi S, Thaler R H. 2001. Naive diversification dtrategies in defined contribution saving plans. American Economic Review, 91 (1): 79-98.

Black F. 1986. Noise. The Journal of Finance, 41 (3): 529-543.

Black F, Scholes M. 1973. The pricing of options and corporate liabilities. Journal of Political Economy, 81 (3): 637-654.

Bollerslev T. 1986. Generalized autoregressive conditional heteroscedasticity. Journal of Econometrics, 31 (3): 307-327.

Bollerslev T, Chou R, Kroner K. 1992. ARCH modeling in finance, a review of the theory and empirical evidence. Journal of Econometrics, 52 (1-2): 5-59.

Bottazzi G, Dosi G, Lippi M, et al. 2001. Innovation and corporate growth in evolution of the drug industry. International Journal of Industrial Organization, 19 (7): 1161-1187.

Box G E P, Jenkins G M, Reinsel G C. 1976. Time Series Analysis: Forecasting and Control. San Francisco: Holden-Day.

Brabazon T. 2000. Behavioural finance: a new sunrise or a false dawn? University of Limerick working paper.

Brown R. 1828. A brief account of microscopical observations made in the months of June, July, and August 1827, on the particles contained in the pollen of plants and on the general existence of active molecules in organic and inorganic bodies. The Philosophical Magazine, 4: 161-173.

Cagan P. 1958. The demand for currency relative to the total money supply. Journal of Political Economy, (66): 302-328.

Campbell J Y, Froot K A. 1995. Securities transaction taxes: what about international experiences and migrating markets. In: Securities Transaction Taxes: False Hopes and Unintended Consequences. Hammond: Catalyst Institute.

Campbell J Y, Hilscher J, Szilagyi J. 2008. In search of distress risk. Journal of Finance, 63 (6): 2899-2939

Campbell J Y, Lo A W, Mackinlay A C. 1997. The Econometrics of Financial Markets. Princeton: Princeton University Press.

Campbell J Y, Shiller R J. 1989. Stock prices, earnings, and expected dividends. Journal of Finance, 43 (3): 661-676.

Chambers D, Jennings R, Thompson R. 2002. Excess returns to R&D-intensive firms. Review of Accounting Studies, 7 (2-3): 133-158.

Chan L K C, Jegadeesh N, Lakonishok J. 1996. Momentum strategies. The Journal of Finance, 51 (5): 1681-1713.

Chan L K C, Lakonishok J, Souganis T. 2001. The stock market valuation of research and development expenditures. Journal of Finance, 56 (6): 2431-2456.

Chen L, Robert N M, Zhang L. 2010. An alternative three-factor model. University of Rochester working paper.

Chen N F, Roll R, Ross S A. 1986. Economic forces and the stock market. The Journal of Business, 59 (3): 383-403.

Chen S H, Yen C H. 2002. On the emergent properties of artificial stock markets: the efficient market hypothesis and the rational expectations hypothesis. Journal of Economic Behavior & Organization, 49 (2): 217-239.

Chopra N, Lakonishok J, Ritter J R. 1992. Measuring abnormal performance: do stocks overreact. Journal of Financial Economics, 31 (2): 235-268.

Chow K V, Denning K C. 1983. A simple multiple variance ration test. Journal of Econometrics, 58 (3): 385-401.

Coad A, Rao R. 2008. Innovation and firm growth in high-tech sectors: a quantile regression approach. Research Policy, 37 (4): 633-648.

Cockburn I, Griliches Z. 1988. Industry effects and appropriability measures in the stock market's valuation of R&D and patents. American Economic Review, 78 (2): 419-423.

Cooper M J, Gulen H, Schill M J. 2008. Asset growth and the cross-section of stock returns. Journal of Finance, 63 (4): 1609-1652.

Cootner P H. 1962. Stock prices: random vs. systematic changes. Industrial Management Review, 3 (2): 24-45.

Cowles A. 1944. Stock market forecasting. Econometrica, 12 (3/4): 206-214.

Cowles A. 1960. A revision of previous conclusions regarding stock price behavior. Econometrica, 28 (4): 909-915.

Cowles A. 1993. Can stock market forecasters forecast? Econometrica, 1 (3): 309-324.

Cowles A, Jones H. 1937. Some a posteriori probabilities in stock market action. Econometrica, 5 (7): 280-294.

Cox J C, Ross R A, Rubinstein M. 1979. Option pricing: a simplified approach. Journal of Financial Economics, 7 (3): 229-263.

Cutler D M, Poterba J M, Summers L H. 1989. What moves stock prices? The Journal of Portfolio Management, 15 (3): 4-12.

Daniel K, Hirshleifer D, Subrahmanyam A. 1998. Investor psychology and security market under-and Overreactions. Journal of Finance, 53 (6): 1839-1885.

Daniel K, Titman S. 2006. Market reactions to tangible and intangible information. Journal of Finance, 61 (4): 1605-1643.

De Bondt W F M, Thaler R. 1985. Does the stock market overreact? The Journal of Finance, 40 (3): 793-805.

Dimson E, Marsh P, Staunton M. 2000. Risk and return in the 20th and 21st centuries. Business Strategy Review, 11 (2): 1-18.

Ding Z, Granger C W J, Engle R F. 1993. A long memory property of stock market returns and a new model. Journal of Empirical Finance, 1 (1): 83-106.

Dolley J C. 1933. Characteristics and procedure of common stock split-ups. Harvard Business Review, (11): 401-438.

Emerson R, Hall S G, Zalewska-Mitura A. 1997. Evolving market efficiency with an application to some bulgarian shares. Economics of Planning, 30 (2-3): 75-90.

Engle R F. 1982. Autoregressive Conditional heteroscedasticity with estimates of the variance of UK inflation. Econometrica, 50 (4): 987-1007.

Fama E F. 1963. Mandelbrot and the stable paretian hypothesis. Journal of Business, 36 (4): 420-429.

Fama E F. 1965a. Random walks in stock market prices. Financial Analysts Journal, 21 (5): 55-59.

Fama E F. 1965b. The behavior of stock-market prices. The Journal of Business, 38 (1): 34-105.

Fama E F. 1970. Efficient capital markets: a review of theory and empirical work. Journal of Finance, 25 (2): 384-417.

Fama E F. 1991. Efficient capital markets: Ⅱ. Journal of Finance, 46 (5): 1575-1617.

Fama E F. 1998. Market efficiency, long-term returns, and behavioral finance. Journal of Financial Economics, 49 (3): 283-306.

Fama E F, Blume M E. 1966. Filter rules and stock-market trading. The Journal of Business, 39 (1): 226-241.

Fama E F, Fisher L, Jensen M C, et al. 1969. The adjustment of stock prices to new information. International Economic Review, 10 (1): 1-21.

Fama E F, French K R. 1988. Permanent and temporary components of stock prices. Journal of Political Economy, 96 (2): 246-273.

Fama E F, French K R. 1989. Business conditions and expected returns on stocks and bonds. Journal of Financial Economics, 25 (1): 23-49.

Fama E F, French K R. 1993. Common risk factor in the return on stock and bonds. Journal of Financial Economics, 33 (1): 3-56.

Fama E F, French K R. 1995. Size and book-to-market factors in earnings and returns. The Journal of Finance, 50 (1): 131-155.

Fama E F, French K R. 1996. Multifactor explanations of asset pricing anomalies. Journal of Finance, 51 (1): 55-84.

Fama E F, French K R. 2002. The equity premium. The Journal of Finance, 57 (2): 637-659.

Fama E F, French K R. 2006. Profitability, investment, and average returns. Journal of Financial Economics, 82 (3): 491-518.

Farka M. 2009. The effect of monetary policy shocks on stock prices accounting for endogeneity and omitted variable biases. Review of Financial Economics, 18 (1): 47-55.

Firth M. 1975. The information content of large investment holdings. Journal of Finance, 30 (5): 1265-1281.

French K R, Poterba J. 1991. Investor diversification and international equity markets. American Economic Review, 81 (2): 222-226.

French K R, Roll R. 1986. Stock return variances the arrival of information and the reaction of traders. Journal of Financial Economics, 17 (1): 5-26.

Galindo A, Schiantarelli F, Weiss A. 2007. Does financial liberalization improve the allocation of investment: micro-evidence from developing countries? Journal of Development Economics, 83 (2): 562-587.

Gelman S, Burhop C. 2008. Taxation, regulation and the information efficiency of the Berlin stock exchange, 1892-1913. European Review of Economic History, 12 (1): 39-66.

Gibson G R. 1889. The Stock Exchanges of London, Paris and New York: a Comparison. New York: G. P. Putnman.

Gibson W B. 1873. Lombard Street: a Description of the Money Market. London: Wiley Press.

Godfrey M D, Granger C W J, Morgenstern O. 1964. The random walk hypothesis of stock market behavior. Kyklos, 17 (1): 1-30.

Grabowksi H G, Mueller D C. 1978. Industrial research and development, intangible capital stocks, and firm profit rates. The Bell Journal of Economics, 9 (2): 328-343.

Granger C W J, Morgenstern O. 1963. Spectral analysis of New York stock market prices. Kyklos, 16 (1): 1-27.

Griliches Z. 1981. Market value, R&D, and patents. Economics Letters, 7 (2): 183-187.

Grossman S J. 1976. On the efficiency of competitive stock markets where traders have diverse information. The Journal of Finance, 31 (2): 573-584.

Gutmann P M. 1977. The subterranean economy. Financial Analysts Journal, 33 (6): 26-27.

Hayek F A. 1945. The use of knowledge in society. American Economic, 35 (4) : 519-530.

Hirshleifer D, Hou K, Teoh S H, et al. 2004. Do investors overvalue firms with bloated balance sheet? Journal of Accounting and Economics, 38: 297-331.

Hotelling H. 1933. Analysis of a complex of statistical variables into principal components. Journal of Educational Psychology, 24 (6): 417-441.

Houthakker H S. 1961. Systematic and random elements in short-term price movements. The American Economic Review, 51 (2): 164-172.

Hu S Y. 1998. The effects of the stock transaction tax on the stock market, experiences from Asian markets. Pacific Basin Finance Journal, 6 (3-4): 347-364.

Hurst H E. 1951. Long-term storage capacity of reservoirs. Transactions of The American Society of Civil Engineers, 116: 770-808.

Jaffe J, Westerfield R. 1985. The week-end effect in common stock returns: the international evidence. Journal of Finance, 40 (2): 433-454.

Jegadeesh N. 1990. Evidence of predictable behavior of security returns. The Journal of Finance, 45 (3): 881-898.

Jegadeesh N, Titman S. 1993. Returns to buying winners and selling losers: implications for stock market efficiency. The Journal of Finance, 48 (1): 65-91.

Jegadeesh N, Titman S. 2001. Profitability of momentum strategies: an evaluation of alternative explanations. The Journal of Finance, 56 (2): 699-720.

Jensen M C. 1978. Some anomalous evidence regarding market efficiency. Journal of Financial Economics, 6 (2-3): 95-101.

Kahneman D, Tversky A. 1979. Prospect theory: an analysis of decision under risk. Econometrica, 47 (2): 263-292.

Keim D B. 1983. Size-related anomalies and stock return seasonality: further empirical evidence. Journal of Financial Economics, 12 (1): 13-32.

Keim D B, Stambaugh R F. 1986. Predicting returns in the stock and bond markets. Journal of Financial Economics, 17 (2): 357-390.

Kemp A G, Reid G C. 1971. The random walk hypothesis and the recent behaviour of equity prices in Britain. Economica, 38 (149): 28-51.

Kendall M J, Hill A B. 1953. The analysis of economic time series, part i: price. Journal of the Royal Statistical Society, Series A, 116 (1): 11-34.

Kim J H. 2006. Wild bootstrapping variance ratio test. Economics letter, 92 (1): 38-43.

Kim M J, Nelson C R, Startz R. 1991. Mean reversion in stock prices? a reappraisal of the empirical evidence. The Review of Economic Studies, 58 (3): 515-528.

King R G, Levine R. 1993. Finance and growth: schumpeter might be right. Quarterly Journal of Economics, 108 (3): 717-737.

Laffont J J, Maskin E S. 1990. The effecient market hypothesis and insider trading on the stock market. Journal of Political Economy, 98 (1): 70-93.

Lakonishok J, Vishny R W. 1994. Contrarian investment, extrapolation, and risk. The Journal of Finance, 49 (5): 1541-1578.

Lehmann B N. 1990. Fads, martingales, and market efficiency. The Quarterly Journal of Economics, 105 (1): 1-28.

LeRoy S F, Porter R D. 1981. The present-value relation: tests based on implied variance bounds. Econometrica, 49 (3): 555-574.

Li K, Randall M, Yang F, et al. 2004. Firm specific variation and openness in emerging markets. Review of Economics and Statistics, 86 (3): 658-669.

Lo A W, MacKinlay C A. 1988. Stock market prices do not follow random walks: evidence from a simples pecification test. Review of Financial Studies, 1 (1): 41-66.

Loughran T, Ritter J R. 1995. The new issues puzzle. Journal of Finance, 50 (1): 23-51.

Maenhout P J. 2004. Robust portfolio rules and asset pricing. Review of Financial Studies, 17 (4): 951-983.

Malkiel B G. 1973. A Random Walk down Wall Street. New York: Norton.

Malkiel B G. 1992. Efficient market hypothesis. *In*: Newman P, Milgate M, Eatwell H. New Palgrave Dictionary of Money and Finance. London: Macmillan.

Malkiel B G. 2003. The efficient market hypothesis and its critics. The Journal of Economic Perspectives, 17 (1): 59-82.

Malkiel B G. 2005. Reactions on the efficient market hypothesis: 30 years later. The Financial

Review, 40 (1): 1-9.

Malkiel B G. 2011. The efficient market hypothesis and the financial crisis. working paper.

Mandelbrot B. 1963. The variation of certain speculative prices. The Journal of Business, 36 (4): 394-419.

Mandelbrot B. 1966. Forecasts of future prices: unbiased markets and martingale models. Journal of Business, 39 (1): 242-255.

Mandelbrot B, Van Ness J W. 1968. Fractional Brownian motions, fractional noises and applications. SIAM Review, 10 (4): 422-437.

Mansfield E. 1962. Entry, Gibrat's Law, innovation and the growth of firms. The American Economic Review, 52 (5): 1023-1051.

Marsh T A, Merton R C. 1986. Dividend variability and variance bounds tests for the rationality of stock market prices. The American Economic Review, 76 (3): 483-498.

Mehra R, Prescott E C. 1985. The equity premium: a puzzle. Journal of Monetary Economics, 15 (2): 145-161.

Monte A D, Papagni E. 2003. R&D and the growth of firms: empirical analysis of a panel of Italian firms. Research Policy, 32 (6): 1003-1014.

Moore A B. 1962. A Statistical analysis of common stock prices. Ph. D. Dissertation from Graduate School of Business in University of Chicago.

Moosa I. 2007. The vanishing January effect. International Research Journal of Finance and Economics, 7 (7): 92-103.

Mowery D C. 1983. Industrial research and firm size, survival, and growth in American manufacturing, 1921-1946: an assessment. The Journal of Economic History, 43 (4): 953-980.

Nelson D B. 1991. Conditional heteroskedasticity in asset returns: a new approach. Econometrica, 59 (2): 347-370.

Novy-Marx R. 2010. The other side of value: good growth and the gross profitability premium. University of Chicago working Paper.

Odean T. 1998. Are investors reluctant to realize their losses? Journal of Finance, 53 (5): 1775-1798.

Osborne M F M. 1962. Periodic structure in the Brownian motion of stock prices. Operations Research, 10 (3): 345-379.

Osborne M F M, Murphy J E. 1984. Financial analogs of physical Brownian motion, as illustrated by earnings. The Financial Review, 19 (2): 153-172.

Pakes A. 1985. On patents, R&D, and the stock market rate of return. Journal of Political Economy, 93 (2): 390-409.

Pang J, Wu H. 2009. Financial markets, financial dependence, and the allocation of capital. Journal of Banking & Finance, 33 (5), 810-818.

Pearce D K, Roley V V. 1985. Stock prices and economic news. Journal of Business, 58 (1): 49-67.

Rajan R G, Zingales L. 1998. Financial dependence and growth. American Economic Review, 88 (3): 559-586.

Reinganum M R. 1983. The anomalous stock market behavior of small firms in January: empirical tests for tax-loss selling effects. Journal of Financial Economics, 12 (1): 89-104.

Rigobon R, Sack B. 2004. The impact of monetary policy on asset prices. Journal of Monetary Economics, 51 (8): 1553-1575.

Ritter J R. 1991. The long-run performance of initial public offerings. Journal of Finance, 46 (1): 3-27.

Roberts H V. 1959. Stock-market "patterns" and financial analysis: methodological suggestions. Journal of Finance, 14 (1): 1-10.

Roberts H V. 1967. Statistical versus clinical prediction of the stock market. CRSP working paper.

Roll R. 1989. Price volatility, international market links, and their implications for regulatory policies. Journal of Financial Services Research, 3 (2-3): 211-246.

Roll R. 1994. What every CFO should know about scientific progress in economics: what is known and what remains to be resolved. Financial Management, 23 (2): 69-75.

Roper S. 1997. product innovation and small business growth: a comparison of the strategies of German, UK and Irish companies. Small Business Economics, 9 (6): 523-537.

Sahu D. 2008. Does Securities transaction tax distort market microstructure? Evidence from Indian stock market. http://papers.ssrn.com/sol3/papers.cfm?abstract_id=1088348 [2009-12-16].

Samuelson P A. 1965. Proof that properly anticipated prices fluctuate randomly. Industrial Management Review, 6 (2): 41-49.

Schwert G W. 2003. Anomalies and market efficiency. In: Constaninides G M, Harris M, Stultz R. Handbook of the Economics of Finance. Amsterdam: Elsevier Press.

Sen A. 1975. The concept of efficiency. In: Parkin M, Nobayed R. Contemporary Issues in Economics. Manchester : Manchester Universities Press.

Sevastjanov P, Dymova L. 2009. Stock screening with use of multiple criteria decision making and optimization. Omega, 37 (3): 659-671.

Shefrin H. 2000. Beyond Greed and Fear. Boston: Harvard Business School Press.

Shefrin H, Statman M. 2000. Behavioral portfolio theory. Journal of Finance and Quantitative Analysis, 35 (2): 127-151.

Shiller R J. 1981. Do stock prices move too much to be justified by subsequent changes in dividends? American Economic Review, 71 (3): 421-436.

Siegel J J. 1998. Stocks for the Long Run. New York: Mcgraw-Hill Press.

Sloan R G. 1996. Do stock prices fully reflect information in accruals and cash flows about future earnings? Accounting Review, 71 (3): 289-315.

Steiger W. 1964. A test of non-randomness in stock price changes. *In*: Cootner P H. The Random Character of Stock Market Prices. Cambridge: The MIT Press.

Stiglitz J E. 1989. Using tax policy to curb speculative short-term trading. Journal of Financial Services Research, 3 (2-3): 101-115.

Summers L H, Summers V P. 1989. When financial markets work too well: a cautious case for a securities transaction tax. Journal of Financial Services Research, 3 (2-3): 261-86.

Timmermann A, Clive W J, Granger R. 2004. Efficient market hypothesis and forecasting. International Journal of Forecasting, 20 (1): 15-27.

Titman S, Wei K C J, Xie F. 2004. Capital investments and stock returns. Journal of Financial and Quantitative Analysis, 39 (4): 677-700.

Tobin, J. 1984. On the efficiency of the financial system. Lloyd's Bank Review, 153: 1-15.

Tóth B, Kertész J. 2006. Increasing market efficiency: evolution of cross-correlations of stock returns. Physica A, 360 (2): 505-515.

Tsai C L. 2011. The reaction of stock returns to unexpected increases in the federal funds rate target. Journal of Economics and Business, 63 (2): 121-138.

Tversky A N, Daniel K. 1974. Judgments under uncertainty: heuristics and biases. Science, 185 (4157): 1124-1131.

Umlauf S R. 1993. Transaction taxes and the behavior of Swedish stock market. Journal of Financial Economics, 33 (2): 227-240.

Wang Y J. 2009. Combining grey relation analysis with FMCGDM to evaluate financial performance of Taiwan container lines. Expert Systems with Applications, (36): 2424-2432.

Working H. 1934. A random-difference series for use in the analysis of time series. Journal of the American Statistical Association, 29 (185): 11-24.

Working H. 1949. The investigation of economic expectations. The American Economic Review, 39 (3): 150-166.

Working H. 1958. A theory of anticipatory prices. The American Economic Review, 48 (2): 188-199.

Working H. 1960. Note on the correlation of first differences of averages in a random chain. Econometrica, 28 (4): 916-918.

Wurgler J. 2000. Financial markets and the allocation of capital. Journal of Financial Economics, 58 (1/2): 187-214.

Xing Y. 2008. Interpreting the value effect through the Q-theory: an empirical investigation. Review of Financial Studies, 21: 1767-1795.

Xu M, Zhang C. 2004. The explanatory power of R&D for the cross-section of stock returns: Japan 1985-2000. Pacific-Basin Finance Journal, 12 (3): 245-269.

Zhang X, Ni L, Chen Y. 2012. Lower leverage puzzle in China's listed firms: an empirical study based on firm efficiency. International Journal of Management & Enterprise Development, 12 (1): 54-72.

Zhang Y. 1999. Toward a theory of marginally efficient markets. Physica A, 269 (1): 30-44.

后 记

2011年7月5日,英国纽卡斯尔机场接机口,我在喜悦、不平静的等待和憧憬中,迎来了即将陪伴我度过英国访学最后40天的亲人——73岁首次迈出国门的父亲,还有本书合作者史金凤博士。接下来,在环境优美的杜伦小镇,在宽敞便利的房东住所,在友善热情的邻里相处中,在善解慈爱的父亲陪伴下,我和金凤全身心地将大部分时间投入本书的撰写当中。因为,我们有个约定,在归国之前完成书稿任务。

在那段紧张而又充实的日子里,我和金凤每日相约在杜伦大学商学院,商讨本书各章节内容的布局、有效性文献内涵的梳理、现有效率判别方法的分类规整、提出改进方法的创新点提炼、形成观点字里行间的表达、重构实证检验结果的再解释、已有成果的取舍,等等。商讨、凝思、伏案,时间过得飞快。午间,回到距离商学院仅10分钟步程的黑斯廷斯大街(Hastings Avenue),父亲精心准备的午餐已经摆在眼前,土豆炒肉、莜面鱼鱼、清炒菜花,还有紫菜蛋汤。在异国他乡三人常常围在一起吃饭、叙情的日子,是笔者访学生涯里最为幸福的一幕。片刻的午休过后,我和金凤又行走在高尔夫球场旁通往达勒姆(Durham Business School,DBS)的小路上,有时还有父亲的陪同。在英国,行走是赏景、悦目、洗心、换脑、休息的最佳方式之一,也是接触英国当地人的最好途径之一,我们乐于将休息调整的安排选在步行途中。夏日,天黑得很晚,我们一般会加班到20:30左右,又是父亲早早熬好米粥、做好菜肴,饭后三人一同走在凉爽、宁静的杜伦小镇,送金凤回家,往返1个小时的步行,一点也不觉得累,反倒惬意得很,有时太晚了,金凤干脆就在客厅沙发上凑合一宿。日复一日,书稿进度在推进,但任务越显繁重,追求质量和完美是我们共同的风格,容不得为图省事而敷衍。在书稿任务面前,我们几次策划带着父亲去伦敦和剑桥,还电话询问旅行社可否接纳70多岁的老人入团。我们知道这一安排将会减少一周的写作时间,纠结了许久,最终,还是留下了深深的遗憾,这也许将成为我对父亲一生无法弥补的愧疚!

本书的出版首先要感谢父亲的理解和支持,衷心祝福他老人家身体康健,生活快乐!

从本书的缜密构思到着手写作,几近两年,甚至一拖再拖,其间,经历了在杜伦集中赶写的日子,也经历了时差8小时下我与金凤的Skype meeting沟通,还夹杂了10名待毕业硕士研究生学位论文的辅导任务,以及金凤博士学位毕业论文的修改完善，事无巨细，每一项任务都需要时间，我们感受到的只是时间太少、时间过得太快！本书没能如约付印，但换来的必定是笔者呈递上的满意答卷。我们知道，研究没有止境，质量难达完美，所幸今日终于可以提交付印，略感欣慰，然而后续研究已经在开展，忙碌的日子依然在继续，这就是工作的意义，这也是生活的意义。

  本书凝聚了山西大学管理科学与工程专业金融工程团队的部分成果和劳动。本书的部分内容吸收了近年来我和学生从事科研活动所取得的成果，但出于本书系统性的考虑和相关研究结果可比性的要求，其中实证部分均作了样本数据的延伸和扩展，统一了样本考察时段和样本数据来源，具体体现在第三章和第五章。第四章关于资本市场配置效率的判别和实证部分，新方法提出的原理和模型源自本团队近年来承担课题任务的思想积累与思考，也是目前我们继续探索的研究内容。本书第二章较系统、全面地评述了目前在市场定价效率研究方面的几乎全部代表性成果，对每篇重要文献的核查，对检验原理与方法、样本数据特征、得出的结论及贡献点等的梳理，是一项量大且需要细心挖掘个中思想脉络的文献整理和研究工作，倾注了笔者极大的心血。而在第七章如何从实体经济主要载体——上市公司层面切入，探究R&D投入对公司成长和R&D投入的价值相关性实证部分，囿于R&D支出的非会计强制披露项目制度缺陷，我们没有做到用统一的样本数据进行该章各部分的实证分析，有些许遗憾。因此，本书的文献梳理、数据采集与整理、实证计算与分析等部分的形成过程凝聚了我们金融工程团队成员的心血和劳动，在此一并表示最真诚的感谢！他们是贺亚楠、陈艺萍、刘巧、董孝伍、谷洪萍、张明明、白晓旭、宋鹏等，章顺、马小美、王宁、刘新新等认真仔细地校对了书稿，牛晋霞、薛艳梅、邢红卫、张云、姜小丽、杨婷、秦旭艳、刘旭东、尚利强等也付出过辛勤的劳动，感谢大家！

  本书的编写受到教育部新世纪优秀人才支持计划"企业投融资行为与资本市场效率"课题（NCET-09-0869）和教育部人文社会科学研究项目"我国新型资本市场的效率特征及有效性判别方法研究"（06JA630035）和"储蓄分流与金融效率"（07JA630027）的资助，也得到山西大学建校110周年出版基金的资助，在书稿最终形成之际，也感谢教育部科技司、社科司和山西大学等部门相关人员和相关专家的帮助和支持。

  最后，这本作品值得献给我们最伟大的支持者——我的爱人刘维奇教授和金凤的爱人杨威博士，没有他们所给予的家庭关爱和理解，默默的帮助和支持，本书的完成将遥遥无期。

张信东

于太原，劳动节之夜